人民法院案例选

CHINA LAW REPORT

2019年 第6辑 总第136辑

最高人民法院中国应用法学研究所 / 编

人民法院出版社

图书在版编目（CIP）数据

人民法院案例选. 总第136辑 / 最高人民法院中国应用法学研究所编. -- 北京 ：人民法院出版社，2019. 11

ISBN 978 - 7 - 5109 - 2665 - 5

Ⅰ. ①人… Ⅱ. ①最… Ⅲ. ①案例 - 汇编 - 中国 Ⅳ. ①D920. 5

中国版本图书馆 CIP 数据核字（2019）第248043号

人民法院案例选　2019年第6辑（总第136辑）

最高人民法院中国应用法学研究所　编

责任编辑　兰丽专　　　**执行编辑**　马　倩
出版发行　人民法院出版社
地　　址　北京市东城区东交民巷27号（100745）
电　　话　（010）67550526（责任编辑）　67550558（发行部查询）
65223677（读者服务部）
客服QQ　2092078039
网　　址　http：//www. courtbook. com. cn
E - mail　courtpress@ sohu. com
印　　刷　河北鸿祥信彩印刷有限公司
经　　销　新华书店

开　　本　787毫米×1092毫米　1/16
字　　数　274千字
印　　张　15. 25
版　　次　2019年11月第1版　2019年11月第1次印刷
书　　号　ISBN 978 - 7 - 5109 - 2665 - 5
定　　价　58. 00元

《人民法院案例选》
编辑委员会

出版说明

《人民法院案例选》是最高人民法院最早创办的案例研究连续出版物，也是我国改革开放以后出版时间最早、延续时间最长、出版册数最多的案例研究书籍。创办二十多年来，《人民法院案例选》坚持“反映审判面貌，总结审判经验，研究审判理论，服务审判工作”的编选方针，突出“真实、全面、及时、说理”的编辑特色，从一个侧面记载了人民法院审判工作发展的轨迹，反映人民法院审判活动的面貌，展示了人民法院审判工作的成就，受到了学术界与实务界的普遍关注和喜爱，在全国法院、社会各界乃至国际上都产生了广泛的影响、取得了良好的声誉、得到了广泛的认可，成为法研所乃至最高人民法院的品牌性刊物。

随着法律界对案例分析和案例指导需求的增长，关于案例分析的书刊越来越多，竞争也越来越激烈。同时，也出现了很多问题。一是虽然平台增多，但缺乏集中性、系统性；二是虽然数量增大，但缺乏精选性、经济性；三是虽然来源多元化，但缺乏权威性，给法律工作者使用案例增加了难度。因此，《人民法院案例选》将作出符合读者期待的变化，改为月刊。

改版后的《人民法院案例选》将继续秉承“反映审判面貌、司法水平和指导审判工作并重”的编辑方针，形成“全面、及时、权威、开放”的编辑特色。考虑到最高人民法院发布、评析、编辑案例的权威性和说服力，改版后的《人民法院案例选》将全面收集最高人民法院以各种载体发布的各类典型案例，按照读者最普遍的阅读习惯重新编辑，按月集中展现在读者面前，形成“指导性案例”“公报案例”“审判指导与参考”“典型案例发布”等栏目。同时，《人民法院案例选》继续保留经典的“专题策划”“案例精析”栏目，展现各地法院的优秀案例和司法智慧。

此外，为增强互动性和可读性，《人民法院案例选》增设了“域外撷英”“专家关注”等栏目。为发挥《人民法院案例选》培育思想、褒奖学术的理念，特推出“案香浮动”栏目，刊登某位法官的三至五个优秀裁判案例，挖掘其中裁判精髓，充分展现专家型法官的个人风采、人生经历、著述思想及对司法事业的热爱与贡献。

为进一步适应案例工作发展的新形势、新要求，提高案例的质量、编写与报送效率，《人民法院案例选》对案例编写报送体例做了部分修改和完善，具体要求请参阅“中国应用法学网”刊载的《〈人民法院案例选〉案例编写体例与报送规范》。

由于水平所限，本书在编辑过程中存在的不当之处，敬祈读者批评、指正。

编　者

二〇一九年一月

目录 / CONTENTS

人民法院案例选
2019年第6辑·总第136辑

一、专题策划·海事海商

二、案例精析

刑 事

民 事

商　事

知识产权

行政及国家赔偿

海事海商

一、专题策划·海事海商

【编者按】 《海商法》于1993年7月1日正式实施，在规范我国海上运输关系和船舶关系、促进海上运输和经济贸易发展、为人民法院审理海事海商纠纷案件提供法律依据等方面发挥了重要作用。

为贯彻落实依法治国基本方略，推动实施“一带一路”和海洋强国战略部署，实现由航运大国、贸易大国向交通强国、贸易强国的转变，为维护航运、贸易各方正当权益，维护航运经济秩序，维护海洋权益，保护海洋环境提供法律保障，更好促进航运事业和经济发展，立法机关已经将《海商法》修改列入立法议程。制定一部与航运、贸易的新发展、新形态相适应，具有前瞻性和引领性的海商法，司法实践经验的总结不能缺席。最高人民法院截至2019年7月发布的指导性海事海商案例是海事海商审判经验总结形式之一，具有海商法立法参考和司法指导、参考的作用和意义。故《人民法院案例选》本辑特别推出《海商法》实施25周年海事海商专题。

指导案例16号

中海发展股份有限公司货轮公司申请设立海事赔偿责任限制基金案

（最高人民法院审判委员会讨论通过　2013年1月31日发布）

关键词：海事诉讼　海事赔偿责任限制基金　海事赔偿责任限额计算

【裁判要旨】

1. 对于申请设立海事赔偿责任限制基金的，法院仅就申请人主体资格、事故所涉及的债权性质和申请设立基金的数额进行程序性审查。有关申请人实体上应否享有海事赔偿责任限制，以及事故所涉债权除限制性债权外是否同时存在其他非限制性债权等问题，不影响法院依法作出准予设立海事赔偿责任限制基金的裁定。

2. 《海商法》第二百一十条第二款规定的“从事中华人民共和国港口之间的运输的船舶”，应理解为发生海事事故航次正在从事中华人民共和国港口之间运输的船舶。

【相关法条】

《中华人民共和国海事诉讼特别程序法》第一百零六条第二款　海事法院收到利害关系人提出的书面异议后，应当进行审查，在十五日内作出裁定。异议成立的，裁定驳回申请人的申请；异议不成立的，裁定准予申请人设立海事赔偿责任限制基金。

《中华人民共和国海商法》第二百一十条第二款　总吨位不满300吨的船舶，从事中华人民共和国港口之间的运输的船舶，以及从事沿海作业的船舶，其赔偿限额由国务院交通主管部门制定，报国务院批准后施行。

【基本案情】

中海发展股份有限公司货轮公司（以下简称货轮公司）所属的“宁安11”轮，于2008年5月23日从秦皇岛运载电煤前往上海外高桥码头，5月26日在靠泊码头过程中触碰码头的2号卸船机，造成码头和机器受损。货轮公司遂于2009年3月9日向上海海事法院申请设立海事赔偿责任限制基金。货轮公司申请设立非人身伤亡海事赔偿责任限制基金，数额为2242643计算单位（折合人民币25442784.84元）和自事故发生之日起至基金设立之日止的利息。

上海外高桥发电有限责任公司、上海外高桥第二发电有限责任公司作为第一异议人，中国人民财产保险股份有限公司上海市分公司、中国大地财产保险股份有限公司上海分公司、中国平安财产保险股份有限公司上海分公司、安诚财产保险股份有限公司上海分公司、中国太平洋财产保险股份有限公司上海分公司、中国大地财产保险股份有限公司营业部、永诚财产保险股份有限公司上海分公司等7位异议人作为第二异议人，分别针对货轮公司的上述申请，向上海海事法院提出了书面异议。上海海事法院于2009年5月27日就此项申请和异议召开了听证会。

第一异议人称：“宁安11”轮系因船长的错误操作行为导致了事故发生，应对本次事故负全部责任，故申请人无权享受海事赔偿责任限制。“宁安11”轮是一艘可以从事国际远洋运输的船舶，不属于从事中国港口之间货物运输的船舶，不适用《交通部关于不满300总吨船舶及沿海运输、沿海作业船舶海事赔偿限额的规定》（以下简称《船舶赔偿限额规定》）第四条规定的限额，而应适用《海商法》第二百一十条第一款第二项规定的限额。

第二异议人称：事故所涉及的债权性质虽然大部分属于限制性债权，但其中清理残骸费用应当属于非限制性债权，申请人无权就此项费用申请限制赔偿责任。其他异议意见和理由同第一异议人。

上海海事法院经审理查明：申请人系“宁安11”轮登记的船舶所有人。涉案船舶触碰事故所造成的码头和机器损坏，属于与船舶营运直接相关的财产损失。另，“宁安11”轮总吨位为26358吨，营业运输证载明的核定经营范围为“国内沿海及长江中下游各港间普通货物运输”。

【裁判结果】

上海海事法院于2009年6月10日作出（2009）沪海法限字第1号民事裁定：驳回异议人的异议，准许申请人设立海事赔偿责任限制基金，基金数额为人民币2544278484元和该款自2008年5月26日起至基金设立之日止的银行利息。宣判后，异议人中国人民财产保险股份有限公司上海市分公司提出上诉。上海市高级人民法院于2009年7月27日作出（2009）沪高民四（海）限字第1号民事裁定：驳回上诉，维持原裁定。

【裁判理由】

法院生效裁判认为：根据《最高人民法院关于适用〈中华人民共和国海事诉讼特别程序法〉若干问题的解释》第八十三条的规定，申请设立海事赔偿责任限制基金，应当对申请人的主体资格、事故所涉及的债权性质和申请设立基金的数额进行审查。

货轮公司是“宁安11”轮的船舶登记所有人，属于《海商法》第二百零四条和《海事诉讼特别程序法》第一百零一条第一款规定的可以申请设立海事赔偿责任限制基金的主体。异议人提出的申请人所属船舶应当对事故负全责，其无权享受责任限制的意见，因涉及对申请人是否享有赔偿责任限制实体权利的判定，而该问题应在案件的实体审理中解决，故对第一异议人的该异议不作处理。

鉴于涉案船舶触碰事故所造成的码头和机器损坏，属于与船舶营运直接相关的财产损失，依据《海商法》第二百零七条的规定，责任人可以限制赔偿责任。因此，第二异议人提出的清理残骸费用属于非限制性债权，申请人无权享有该项赔偿责任限制的意见，不影响法院准予申请人就所涉限制性债权事项提出的设立海事赔偿责任限制基金申请。

关于“宁安11”轮是否属于《海商法》第二百一十条第二款规定的“从事中华人民共和国港口之间的运输的船舶”，进而应按照何种标准计算赔偿限额的问题。鉴于“宁安11”轮营业运输证载明的核定经营范围为“国内沿海及长江中下游各港间普通货物运输”，涉案事故发生时其所从事的也正是从秦皇岛港至上海港航次的运营。因此，该船舶应认定为“从事中华人民共和国港口之间的运输的船舶”，而不宜以船舶适航证书上记载的船舶可航区域或者船舶有能力航行的区域来确定。为此，异议人提出的“宁安11”轮所准予航行的区域为近海，是一艘可以从事国际远洋运输船舶的意见不予采纳。申请人据此申请适用《海商法》第二百一十条第二款和《船舶赔偿限额规定》第四条规定的标准计算涉案限制基金的数额并无不当。异议人有关适用《海商法》第二百一十条第一款第（二）项规定计算涉案基金数额的主张及理由，依据不足，不予采纳。

鉴于事故发生之日国际货币基金组织未公布特别提款权与人民币之间的换算比率，申请人根据次日公布的比率1∶11.345计算，异议人并无异议，涉案船舶的总吨位为26358吨，因此，涉案海事赔偿责任限额为〔（26358－500）×167＋167000〕×50%＝2242643特别提款权，折合人民币25442784.84元，基金数额应为人民币25442784.84元和该款自事故发生之日起至基金设立之日止按中国人民银行同期活期存款利率计算的利息。

指导案例31号

江苏炜伦航运股份有限公司诉米拉达玫瑰公司船舶碰撞损害赔偿纠纷案

（最高人民法院审判委员会讨论通过 2014年6月23日发布）

关键词：民事 船舶碰撞损害赔偿 合意违反航行规则 责任认定

【裁判要旨】

航行过程中，当事船舶协商不以《1972年国际海上避碰规则》确立的规则交会，发生碰撞事故后，双方约定的内容以及当事船舶在发生碰撞事故时违反约定的情形，不应作为人民法院判定双方责任的主要依据，仍应当以前述规则为准据，在综合分析紧迫局面形成原因、当事船舶双方过错程度及处置措施恰当与否的基础上，对事故责任作出认定。

【相关法条】

《中华人民共和国海商法》第一百六十九条 船舶发生碰撞，碰撞的船舶互有过失的，各船按照过失程度的比例负赔偿责任；过失程度相当或者过失程度的比例无法判定的，平均负赔偿责任。

互有过失的船舶，对碰撞造成的船舶以及船上货物和其他财产的损失，依照前款规定的比例负赔偿责任。碰撞造成第三人财产损失的，各船的赔偿责任均不超过其应当承担的比例。

互有过失的船舶，对造成的第三人的人身伤亡，负连带赔偿责任。一船连带支付的赔偿超过本条第一款规定的比例的，有权向其他有过失的船舶追偿。

【基本案情】

2008 年 6 月 3 日晚，原告江苏炜伦航运股份有限公司所有的“炜伦 06”轮与被告米拉达玫瑰公司所有的“MIRANDA ROSE”轮（以下简称“玫瑰”轮）在各自航次的航程中，在上海港圆圆沙警戒区相遇。当日 23 时 27 分，由外高桥集装箱码头开出的另一艘外轮“里约热内卢快航”轮与“玫瑰”轮联系后开始实施追越。23 时 32 分，“里约热内卢快航”轮引航员呼叫“炜伦 06”轮和位于“炜伦 06”轮左前方约 0.2 海里的“正安 8”轮，要求两轮与其绿灯交会。“正安 8”轮予以拒绝并大角度向右调整航向，快速穿越到警戒区北侧驶离。“炜伦 06”轮则在“里约热内卢快航”轮引航员执意要求下，同意绿灯交会。“玫瑰”轮随即与“炜伦 06”轮联系，也要求绿灯交会，“炜伦 06”轮也回复同意。23 时 38 分，当“炜伦 06”轮行至“玫瑰”轮船艏偏左方向，发现“玫瑰”轮显示红灯，立即联系“玫瑰”轮，要求其尽快向左调整航行。“炜伦 06”轮随后开始减速，但“玫瑰”轮因“里约热内卢快航”轮追越尚未驶过让清，距离较近，无法向左调整航向。23 时 41 分，“炜伦 06”轮与“里约热内卢快航”轮近距离交会，位于“玫瑰”轮左前方、距离仅 0.2 海里。此时，“炜伦 06”轮、“玫瑰”轮均觉察危险，同时大角度向左转向。23 时 42 分“炜伦 06”轮右后部与“玫瑰”轮船艏右侧发生碰撞。事故造成原告遭受救助费、清污费、货物减损费、修理费等各项损失共计人民币 4504605.75 元。

原告遂以“玫瑰”轮违反双方关于“绿灯交会”的约定为由，诉请法院判令“玫瑰”轮承担 80% 的责任。被告则提出，原告应就涉案碰撞事故承担 90% 的责任，且原告主张的部分损失不合理。

【裁判结果】

上海海事法院于 2011 年 9 月 20 日作出（2010）沪海法海初字第 24 号民事判决：一、被告米拉达玫瑰公司应于本判决生效之日起十日内向原告江苏炜伦航运股份有限公司赔偿损失人民币 2252302.79 元；二、被告米拉达玫瑰公司应于本判决生效之日起十日内向原告江苏炜伦航运股份有限公司赔偿上述款项的利息损失，按照中国人民银行同期活期存款利率标准，从 2008 年 6 月 3 日起计算至判决生效之日止；三、对原告江苏炜伦航运股份有限公司的其他诉讼请求不予支持。宣判后，当事人双方均未上诉，判决已发生法律效力。

【裁判理由】

法院生效裁判认为：在两轮达成一致意见前，两轮交叉相遇时，本应“红灯交会”。“玫瑰”轮为了自己进北槽航道出口方便，首先提出“绿灯交会”的提议。该提议违背了《1972年国际海上避碰规则》（以下简称《72避碰规则》）规定的其应承担的让路义务。但是，“炜伦06”轮同意了该违背规则的提议。此时，双方绿灯交会的意向应是指在整个避让过程中，双方都应始终向对方显示本船的绿灯舷侧。在这种特殊情况下，没有了《72避碰规则》意义上的“让路船”和“直航船”。因此，当两轮发生碰撞危险时，两轮应具有同等的避免碰撞的责任，两轮均应按照《72避碰规则》的相关规定，特别谨慎驾驶。但事实上，在达成绿灯交会的一致意向后，双方都认为对方会给自己让路，未能对所处水域的情况进行有效观察并对当时的局面和碰撞危险作出充分估计，直至紧迫危险形成后才采取行动，最终无法避免碰撞。综上，两轮均有瞭望疏忽、未使用安全航速、未能尽到特别谨慎驾驶的义务并尽早采取避免碰撞的行为，都违反了《72避碰规则》中有关瞭望、安全航速和避免碰撞的行动等规定，对碰撞事故的发生责任相当，应各承担50%的责任。

被告系“玫瑰”轮的船舶所有人，根据《最高人民法院关于审理船舶碰撞纠纷案件若干问题的规定》的规定，应就“玫瑰”轮在涉案碰撞事故中对原告造成的损失承担赔偿责任。法院根据双方提供的证据，核定了原告具体损失金额，按照被告应负的责任份额，依法作出如上判决。

指导案例52号

海南丰海粮油工业有限公司诉中国人民财产保险股份有限公司海南省分公司海上货物运输保险合同纠纷案

（最高人民法院审判委员会讨论通过 2015年4月15日发布）

关键词：民事 海事 海上货物运输保险合同 一切险 外来原因

【裁判要旨】

海上货物运输保险合同中的“一切险”，除包括平安险和水渍险的各项责任外，还包括被保险货物在运输途中由于外来原因所致的全部或部分损失。在被保险人不存在故意或者过失的情况下，由于相关保险合同中除外责任条款所列明情形之外的其他原因，造成被保险货物损失的，可以认定属于导致被保险货物损失的“外来原因”，保险人应当承担运输途中由该外来原因所致的一切损失。

【相关法条】

《中华人民共和国保险法》第三十条 采用保险人提供的格式条款订立的保险合同，保险人与投保人、被保险人或者受益人对合同条款有争议的，应当按照通常理解予以解释。对合同条款有两种以上解释的，人民法院或者仲裁机构应当作出有利于被保险人和受益人的解释。

【基本案情】

1995年11月28日，海南丰海粮油工业有限公司（以下简称丰海公司）在中国人民财产保险股份有限公司海南省分公司（以下简称海南人保）投保了由印度尼西亚籍“哈卡”轮（HAGAAG）所运载的自印度尼西亚杜迈港至中国洋浦港的4999.85吨桶装棕榈油，投保险别为一切险，货价为3574892.75美元，保险金额为3951258美元，保险费为18966美元。投保后，丰海公司依约向海南人保支付了保险费，海南人保向丰海公司发出了起运通知，签发了海洋货物运输保险单，并将海洋货物运输保险条款附于保单之后。根据保险条款规定，一切险的承保范围除包括平安险和水渍险的各项责任外，海南人保还“负责被保险货物在运输途中由于外来原因所致的全部或部分损失”。该条款还规定了5项除外责任。上述投保货物是由丰海公司以CNF价格向新加坡丰益私人有限公司（以下简称丰益公司）购买的。根据买卖合同约定，发货人丰益公司与船东代理梁国际代理有限公司（以下简称梁国际）签订一份租约。该租约约定由“哈卡”轮将丰海公司投保的货物5000吨棕榈油运至中国洋浦港，将另1000吨棕榈油运往香港。

1995年11月29日，“哈卡”轮的期租船人、该批货物的实际承运人印度尼西亚PT. SAMUDERA INDRA公司（以下简称PSI公司）签发了编号为DM/YPU/1490/95的已装船提单。该提单载明船舶为“哈卡”轮，装货港为印度尼西亚杜迈港，卸货港为中国洋浦港，货物唛头为BATCH NO. 80211/95，装货数量为4999.85吨，清洁、运费已付。据查，发货人丰益公司将运费支付给梁国际，梁国际已将运费支付给PSI公司。1995年12月14日，丰海公司向其开证银行付款赎单，取得了上述投保货物的全套（3份）正本提单。1995年11月23日至29日，“哈卡”轮在杜迈港装载31623桶、净重5999.82吨四海牌棕榈油启航后，由于“哈卡”轮船东印度尼西亚PT. PERUSAHAAN PELAYARAN BAHTERA BINTANG SELATAN公司（以下简称BBS公司）与该轮的期租船人PSI公司之间因船舶租金发生纠纷，“哈卡”轮中止了提单约定的航程并对外封锁了该轮的动态情况。

为避免投保货物的损失，丰益公司、丰海公司、海南人保多次派代表参加“哈卡”轮船东与期租船人之间的协商，但由于船东以未收到租金为由不肯透露“哈卡”轮行踪，多方会谈未果。此后，丰益公司、丰海公司通过多种渠道交涉并多方查找“哈卡”轮行踪，海南人保亦通过其驻外机构协助查找“哈卡”轮。直至1996年4月，“哈卡”轮走私至中国汕尾被我海警查获。根据广州市人民检察院穗检刑免字（1996）64号《免予起诉决定书》的认定，

1996年1月至3月，"哈卡"轮船长埃里斯·伦巴克根据BBS公司指令，指挥船员将其中11325桶、2100多吨棕榈油转载到属同一船公司的"依瓦那"和"萨拉哈"货船上运走销售，又让船员将船名"哈卡"轮涂改为"伊莉莎2"号（ELIZAⅡ）。1996年4月，更改为"伊莉莎2"号的货船载剩余货物20298桶棕榈油走私至中国汕尾，4月16日被我海警查获。上述20298桶棕榈油已被广东省检察机关作为走私货物没收上缴国库。1996年6月6日丰海公司向海南人保递交索赔报告书，8月20日丰海公司再次向海南人保提出书面索赔申请，海南人保明确表示拒赔。丰海公司遂诉至海口海事法院。

丰海公司是海南丰源贸易发展有限公司和新加坡海源国际有限公司于1995年8月14日开办的中外合资经营企业。该公司成立后，就与海南人保建立了业务关系。1995年10月1日至同年11月28日（本案保险单签发前）就发生了4笔进口棕榈油保险业务，其中3笔投保的险别为一切险，另1笔为"一切险附加战争险"。该4笔保险均发生索赔，其中有因为一切险范围内的货物短少、破漏发生的赔付。

【裁判结果】

海口海事法院于1996年12月25日作出（1996）海商初字第096号民事判决：一、海南人保应赔偿丰海公司保险价值损失3593858.75美元；二、驳回丰海公司的其他诉讼请求。宣判后，海南人保提出上诉。海南省高级人民法院于1997年10月27日作出（1997）琼经终字第44号民事判决：撤销一审判决，驳回丰海公司的诉讼请求。丰海公司向最高人民法院申请再审。最高人民法院于2003年8月11日以（2003）民四监字第35号民事裁定，决定对本案进行提审，并于2004年7月13日作出（2003）民四提字第5号民事判决：一、撤销海南省高级人民法院（1997）琼经终字第44号民事判决；二、维持海口海事法院（1996）海商初字第096号民事判决。

【裁判理由】

最高人民法院认为：本案为国际海上货物运输保险合同纠纷，被保险人、保险货物的目的港等均在中华人民共和国境内，原审以中华人民共和国法律作为解决本案纠纷的准据法正确，双方当事人亦无异议。

丰海公司与海南人保之间订立的保险合同合法有效，双方的权利义务应受保险单及所附保险条款的约束。本案保险标的已经发生实际全损，对此发货人丰益公司没有过错，亦无证据证明被保险人丰海公司存在故意或过失。保险标的的损失是由于“哈卡”轮船东 BBS 公司与期租船人之间的租金纠纷，将船载货物运走销售和走私行为造成的。本案争议的焦点在于如何理解涉案保险条款中一切险的责任范围。

二审审理中，海南省高级人民法院认为，根据保险单所附的保险条款和保险行业惯例，一切险的责任范围包括平安险、水渍险和普通附加险（即偷窃提货不着险、淡水雨淋险、短量险、沾污险、渗漏险、碰损破碎险、串味险、受潮受热险、钩损险、包装破损险和锈损险），《中国人民银行关于〈海洋运输货物“一切险”条款解释的请示〉的复函》亦作了相同的明确规定。可见，丰海公司投保货物的损失不属于一切险的责任范围。此外，鉴于海南人保与丰海公司有长期的保险业务关系，在本案纠纷发生前，双方曾多次签订保险合同，并且海南人保还作过一切险范围内的赔付，所以，丰海公司对本案保险合同的主要内容、免责条款及一切险的责任范围应该是清楚的，故认定一审判决适用法律错误。

根据涉案“海洋运输货物保险条款”的规定，一切险除了包括平安险、水渍险的各项责任外，还负责被保险货物在运输过程中由于各种外来原因所造成的损失。同时保险条款中还明确列明了五种除外责任，即：（1）被保险人的故意行为或过失所造成的损失；（2）属于发货人责任所引起的损失；（3）在保险责任开始前，被保险货物已存在的品质不良或数量短差所造成的损失；（4）被保险货物的自然损耗、本质缺陷、特性以及市价跌落、运输迟延所引起的损失；（5）本公司海洋运输货物战争险条款和货物运输罢工险条款规定的责任范围和除外责任。从上述保险条款的规定看，海洋运输货物保险条款中的一切险条款具有如下特点：

1. 一切险并非列明风险，而是非列明风险。在海洋运输货物保险条款中，平安险、水渍险为列明的风险，而一切险则为平安险、水渍险再加上未列明的运输途中由于外来原因造成的保险标的的损失。

2. 保险标的的损失必须是外来原因造成的。被保险人在向保险人要求保险赔偿时，必须证明保险标的的损失是因为运输途中外来原因引起的。外来原因可以是自然原因，亦可以是人为的意外事故。但是一切险承保的风险具有不确定性，要求是不能确定的、意外的、无法列举的承保风险。对于那些预期的、确定的、正常的危险，则不属于外来原因的责任范围。

3. 外来原因应当限于运输途中发生的，排除了运输发生以前和运输结束后发生的事故。只要被保险人证明损失并非因其自身原因，而是由于运输途中的意外事故造成的，保险人就应当承担保险赔偿责任。

根据《保险法》的规定，保险合同中规定有关于保险人责任免除条款的，保险人在订立合同时应当向投保人明确说明，未明确说明的，该条款仍然不能产生效力。据此，保险条款中列明的除外责任虽然不在保险人赔偿之列，但是应当以签订保险合同时，保险人已将除外责任条款明确告知被保险人为前提。否则，该除外责任条款不能约束被保险人。

关于中国人民银行的复函意见。在保监委成立之前，中国人民银行系保险行业的行政主管机关。1997 年 5 月 1 日，中国人民银行致中国人民保险公司《中国人民银行关于〈海洋运输货物保险“一切险”条款解释的请示〉的复函》中，认为一切险承保的范围是平安险、水渍险及被保险货物在运输途中由于外来原因所致的全部或部分损失。并且进一步提出：外来原因仅指偷窃、提货不着、淡水雨淋等。1998 年 11 月 27 日，中国人民银行在对《中保财产保险有限公司关于海洋运输货物保险条款解释》的复函中，再次明确一切险的责任范围包括平安险、水渍险及被保险货物在运输途中由于外来原因所致的全部或部分损失。其中外来原因所致的全部或部分损失是指 11 种一般附加险。鉴于中国人民银行的上述复函不是法律法规，亦不属于行政规章。根据《立法法》的规定，国务院各部、委员会、中国人民银行、国家审计署以及具有行政管理职能的直属机构，可以根据法律和国务院的行政法规、决定、命令，在本部门的权限范围内，制定规章；部门规章规定的事项应当属于执行法律或者国务院的行政法规、决定、命令的事项。因此，保险条款亦不在职能部门有权制定的规章范围之内，故中国人民银行对保险条款的解释不能作为约束被保险人的依据。另外，中国人民银行关于一切险的复函属于对保险合同条款的解释。而对于平等主体之间签订的保险合同，依法只有人民法院和仲裁机构才有权作出约束当事人的解释。为此，上述复函不能约束被保险人。要使该复函所做解释成为约束被保险人的合同条款，只能是将其作为保险合同的内容附在保险单中。之所以产生中国人民保险公司向主管机关请示一切险的责任范围，主管机关对此作出答复，恰恰说明对于一切险的理解存在争议。而依据保险法第 31 条的规定，对于保险合同的条款，保险人与投保人、被保险人或者受益人有争议时，人民法院或者仲裁机关应当作有利于被保险人和受益人的解释。作为行业主管机关作出对本行业有利的解释，不能适用于非本行业的合同当事人。

综上，应认定本案保险事故属一切险的责任范围。二审法院认为丰海公司投保货物的损失不属一切险的责任范围错误，应予纠正。丰海公司的再审申请理由依据充分，应予支持。

指导案例 110 号

交通运输部南海救助局诉阿昌格罗斯投资公司、香港安达欧森有限公司上海代表处海难救助合同纠纷案

（最高人民法院审判委员会讨论通过　2019 年 2 月 25 日发布）

关键词：民事　海难救助合同　雇佣救助　救助报酬

【裁判要旨】

1.《1989 年国际救助公约》和我国《海商法》规定救助合同“无效果无报酬”，但均允许当事人对救助报酬的确定可以另行约定。若当事人明确约定，无论救助是否成功，被救助方均应支付报酬，且以救助船舶每马力小时和人工投入等作为计算报酬的标准时，则该合同系雇佣救助合同，而非上述国际公约和我国海商法规定的救助合同。

2. 在《1989 年国际救助公约》和我国海商法对雇佣救助合同没有具体规定的情况下，可以适用我国合同法的相关规定确定当事人的权利义务。

【相关法条】

《中华人民共和国合同法》第八条　依法成立的合同，对当事人具有法律约束力。当事人应当按照约定履行自己的义务，不得擅自变更或者解除合同。

依法成立的合同，受法律保护。

第一百零七条　当事人一方不履行合同义务或者履行合同义务不符合约定的，应当承担继续履行、采取补救措施或者赔偿损失等违约责任。

《中华人民共和国海商法》第一百七十九条 救助方对遇险的船舶和其他财产的救助，取得效果的，有权获得救助报酬：救助未取得效果的，除本法第一百八十二条或者其他法律另有规定或者合同另有约定外，无权获得救助款项。

【基本案情】

交通运输部南海救助局（以下简称南海救助局）诉称："加百利"轮在琼州海峡搁浅后，南海救助局受阿昌格罗斯投资公司（以下简称投资公司）委托提供救助、交通、守护等服务，但投资公司一直未付救助费用。请求法院判令投资公司和香港安达欧森有限公司上海代表处（以下简称上海代表处）连带支付救助费用7240998.24元及利息。

法院经审理查明：投资公司所属"加百利"轮系希腊籍油轮，载有卡宾达原油54580吨。2011年8月12日5时左右在琼州海峡北水道附近搁浅，船舶及船载货物处于危险状态，严重威胁海域环境安全。事故发生后，投资公司立即授权上海代表处就"加百利"轮搁浅事宜向南海救助局发出紧急邮件，请南海救助局根据经验安排两艘拖轮进行救助，并表示同意南海救助局的报价。

8月12日20时40分，上海代表处通过电子邮件向南海救助局提交委托书，委托南海救助局派出"南海救116"轮和"南海救101"轮到现场协助"加百利"轮出浅，承诺无论能否成功协助出浅，均同意按每马力小时3.2元的费率付费，计费周期为拖轮自其各自的值班待命点备车开始起算至上海代表处通知任务结束、拖轮回到原值班待命点为止。"南海救116"轮和"南海救101"轮只负责拖带作业，"加百利"轮脱浅作业过程中如发生任何意外南海救助局无需负责。另，请南海救助局派遣一组潜水队员前往"加百利"轮探摸，费用为：陆地调遣费1万元；水上交通费55000元；作业费每8小时4万元，计费周期为潜水员登上交通船开始起算，到作业完毕离开交通船上岸为止。8月13日，投资公司还提出租用"南海救201"轮将其两名代表从海口运送至"加百利"轮。南海救助局向上海代表处发邮件称，"南海救201"轮费率为每马力小时1.5元，根据租用时间计算总费用。

与此同时，为预防危险局面进一步恶化造成海上污染，湛江海事局决定对"加百利"轮采取强制过驳减载脱浅措施。经湛江海事局组织安排，8月18日"加百利"轮利用高潮乘潮成功脱浅，之后安全到达目的港广西钦州港。

南海救助局实际参与的救助情况如下：

南海救助局所属“南海救116”轮总吨为3681，总功率为9000千瓦（12240马力）。“南海救116”轮到达事故现场后，根据投资公司的指示，一直在事故现场对“加百利”轮进行守护，共工作155.58小时。

南海救助局所属“南海救101”轮总吨为4091，总功率为13860千瓦（18850马力）。该轮未到达事故现场即返航。南海救助局主张该轮工作时间共计13.58小时。

南海救助局所属“南海救201”轮总吨为552，总功率为4480千瓦（6093马力）。8月13日，该轮运送2名船东代表登上搁浅船，工作时间为7.83小时。8月16日，该轮运送相关人员及设备至搁浅船，工作时间为7.75小时。8月18日，该轮将相关人员及行李运送上过驳船，工作时间为8.83小时。

潜水队员未实际下水作业，工作时间为8小时。

另查明涉案船舶的获救价值为30531856美元，货物的获救价值为48053870美元，船舶的获救价值占全部获救价值的比例为38.85%。

【裁判结果】

广州海事法院于2014年3月28日作出（2012）广海法初字第898号民事判决：一、投资公司向南海救助局支付救助报酬6592913.58元及利息；二、驳回南海救助局的其他诉讼请求。投资公司不服一审判决，提起上诉。广东省高级人民法院于2015年6月16日作出（2014）粤高法民四终字第117号民事判决：一、撤销广州海事法院（2012）广海法初字第898号民事判决；二、投资公司向南海救助局支付救助报酬2561346.93元及利息；三、驳回南海救助局的其他诉讼请求。南海救助局不服二审判决，申请再审。最高人民法院于2016年7月7日作出（2016）最高法民再61号民事判决：一、撤销广东省高级人民法院（2014）粤高法民四终字第117号民事判决；二、维持广州海事法院（2012）广海法初字第898号民事判决。

【裁判理由】

最高人民法院认为，本案系海难救助合同纠纷。中华人民共和国加入了《1989年国际救助公约》（以下简称《救助公约》），救助公约所确立的宗旨在本案中应予遵循。因投资公司是希腊公司，“加百利”轮为希腊籍油轮，本案具有涉外因素。各方当事人在诉讼中一致选择适用中华人民共和国法律，根据《涉外民事关系法律适用法》第三条的规定，适用中华人民共和国法律对本案进行审理。我国《海商法》作为调整海上运输关系、船舶关系的特别法，应优先适用。海商法没有规定的，适用我国《合同法》等相关法律的规定。

海难救助是一项传统的国际海事法律制度，救助公约和我国海商法对此作了专门规定。《救助公约》第十二条、《海商法》第一百七十九条规定了“无效果无报酬”的救助报酬支付原则，《救助公约》第十三条、《海商法》第一百八十条及第一百八十三条在该原则基础上进一步规定了报酬的评定标准与具体承担。上述条款是对当事人基于“无效果无报酬”原则确定救助报酬的海难救助合同的具体规定。与此同时，救助公约和我国海商法均允许当事人对救助报酬的确定另行约定。因此，在救助公约和我国海商法规定的“无效果无报酬”救助合同之外，还可以依当事人的约定形成雇佣救助合同。

根据本案查明的事实，投资公司与南海救助局经过充分磋商，明确约定无论救助是否成功，投资公司均应支付报酬，且“加百利”轮脱浅作业过程中如发生任何意外，南海救助局无需负责。依据该约定，南海救助局救助报酬的获得与否和救助是否有实际效果并无直接联系，而救助报酬的计算，是以救助船舶每马力小时，以及人工投入等事先约定的固定费率和费用作为依据，与获救财产的价值并无关联。因此，本案所涉救助合同不属于救助公约和我国海商法所规定的“无效果无报酬”救助合同，而属雇佣救助合同。

关于雇佣救助合同下的报酬支付条件及标准，救助公约和我国海商法并未作具体规定。一、二审法院依据《海商法》第一百八十条规定的相关因素对当事人在雇佣救助合同中约定的固定费率予以调整，属适用法律错误。本案应依据我国《合同法》的相关规定，对当事人的权利义务予以规范和确定。南海救助局以其与投资公司订立的合同为依据，要求投资公司全额支付约定的救助报酬并无不当。

综上，二审法院以一审判决确定的救助报酬数额为基数，依照海商法的规定，判令投资公司按照船舶获救价值占全部获救财产价值的比例支付救助报酬，适用法律和处理结果错误，应予纠正。一审判决适用法律错误，但鉴于一审判决对相关费率的调整是以当事人的合同约定为基础，南海救助局对此并未行使相关诉讼权利提出异议，一审判决结果可予维持。

指导案例111号

中国建设银行股份有限公司广州荔湾支行诉广东蓝粤能源发展有限公司等信用证开证纠纷案

（最高人民法院审判委员会讨论通过　2019年2月25日发布）

关键词：民事　信用证开证　提单　真实意思表示　权利质押　优先受偿权

【裁判要旨】

1. 提单持有人是否因受领提单的交付而取得物权以及取得何种类型的物权，取决于合同的约定。开证行根据其与开证申请人之间的合同约定持有提单时，人民法院应结合信用证交易的特点，对案涉合同进行合理解释，确定开证行持有提单的真实意思表示。

2. 开证行对信用证项下单据中的提单以及提单项下的货物享有质权的，开证行行使提单质权的方式与行使提单项下货物动产质权的方式相同，即对提单项下货物折价、变卖、拍卖后所得价款享有优先受偿权。

【相关法条】

《中华人民共和国海商法》第七十一条　提单，是指用以证明海上货物运输合同和货物已经由承运人接收或者装船，以及承运人保证据以交付货物的单证。提单中载明的向记名人交付货物，或者按照指示人的指示交付货物，或者向提单持有人交付货物的条款，构成承运人据以交付货物的保证。

《中华人民共和国物权法》第二百二十四条 以汇票、支票、本票、债券、存款单、仓单、提单出质的，当事人应当订立书面合同。质权自权利凭证交付质权人时设立；没有权利凭证的，质权自有关部门办理出质登记时设立。

《中华人民共和国合同法》第八十条第一款 债权人转让权利的，应当通知债务人。未经通知，该转让对债务人不发生效力。

【基本案情】

中国建设银行股份有限公司广州荔湾支行（以下简称建行广州荔湾支行）与广东蓝粤能源发展有限公司（以下简称蓝粤能源公司）于2011年12月签订了《贸易融资额度合同》及《关于开立信用证的特别约定》等相关附件，约定该行向蓝粤能源公司提供不超过5.5亿元的贸易融资额度，包括开立等值额度的远期信用证。惠来粤东电力燃料有限公司（以下简称粤东电力）等担保人签订了保证合同等。2012年11月，蓝粤能源公司向建行广州荔湾支行申请开立8592万元的远期信用证。为开立信用证，蓝粤能源公司向建行广州荔湾支行出具了《信托收据》，并签订了《保证金质押合同》。《信托收据》确认自收据出具之日起，建行广州荔湾支行即取得上述信用证项下所涉单据和货物的所有权，建行广州荔湾支行为委托人和受益人，蓝粤能源公司为信托货物的受托人。信用证开立后，蓝粤能源公司进口了164998吨煤炭。建行广州荔湾支行承兑了信用证，并向蓝粤能源公司放款84867952.27元，用于蓝粤能源公司偿还建行首尔分行的信用证垫款。建行广州荔湾支行履行开证和付款义务后，取得了包括本案所涉提单在内的全套单据。蓝粤能源公司因经营状况恶化而未能付款赎单，故建行广州荔湾支行在本案审理过程中仍持有提单及相关单据。提单项下的煤炭因其他纠纷被广西防城港市港口区人民法院查封。建行广州荔湾支行提起诉讼，请求判令蓝粤能源公司向建行广州荔湾支行清偿信用证垫款本金84867952.27元及利息；确认建行广州荔湾支行对信用证项下164998吨煤炭享有所有权，并对处置该财产所得款项优先清偿上述信用证项下债务；粤东电力等担保人承担担保责任。

【裁判结果】

广东省广州市中级人民法院于2014年4月21日作出（2013）穗中法金民

初字第158号民事判决：支持建行广州荔湾支行关于蓝粤能源公司还本付息以及担保人承担相应担保责任的诉请，但以信托收据及提单交付不能对抗第三人为由，驳回建行广州荔湾支行关于请求确认煤炭所有权以及优先受偿权的诉请。建行广州荔湾支行不服一审判决，提起上诉。广东省高级人民法院于2014年9月19日作出（2014）粤高法民二终字第45号民事判决：驳回上诉，维持原判。建行广州荔湾支行不服二审判决，向最高人民法院申请再审。最高人民法院于2015年10月19日作出（2015）民提字第126号民事判决：支持建行广州荔湾支行对案涉信用证项下提单对应货物处置所得价款享有优先受偿权，驳回其对案涉提单项下货物享有所有权的诉讼请求。

【裁判理由】

最高人民法院认为，提单具有债权凭证和所有权凭证的双重属性，但并不意味着谁持有提单谁就当然对提单项下货物享有所有权。对于提单持有人而言，其能否取得物权以及取得何种类型的物权，取决于当事人之间的合同约定。建行广州荔湾支行履行了开证及付款义务并取得信用证项下的提单，但是由于当事人之间没有移转货物所有权的意思表示，故不能认为建行广州荔湾支行取得提单即取得提单项下货物的所有权。虽然《信托收据》约定建行广州荔湾支行取得货物的所有权，并委托蓝粤能源公司处置提单项下的货物，但根据物权法定原则，该约定因构成让与担保而不能发生物权效力。然而，让与担保的约定虽不能发生物权效力，但该约定仍具有合同效力，且《关于开立信用证的特别约定》约定蓝粤能源公司违约时，建行广州荔湾支行有权处分信用证项下单据及货物。因此，根据合同整体解释以及信用证交易的特点，表明当事人真实意思表示是通过提单的流转而设立提单质押。本案符合权利质押设立所须具备的书面质押合同和物权公示两项要件，建行广州荔湾支行作为提单持有人，享有提单权利质权。建行广州荔湾支行的提单权利质权如果与其他债权人对提单项下货物所可能享有的留置权、动产质权等权利产生冲突的，可在执行分配程序中依法予以解决。

指导案例112号

阿斯特克有限公司申请设立海事赔偿责任限制基金案

（最高人民法院审判委员会讨论通过　2019年2月25日发布）

关键词：民事　海事赔偿责任限制基金　事故原则　一次事故　多次事故

【裁判要旨】

《海商法》第二百一十二条确立海事赔偿责任限制实行“一次事故，一个限额，多次事故，多个限额”的原则。判断一次事故还是多次事故的关键是分析事故之间是否因同一原因所致。如果因同一原因发生多个事故，且原因链没有中断的，应认定为一次事故。如果原因链中断并再次发生事故，则应认定为形成新的独立事故。

【相关法条】

《中华人民共和国海商法》第二百一十二条　本法第二百一十条和第二百一十一条规定的赔偿限额，适用于特定场合发生的事故引起的，向船舶所有人、救助人本人和他们对其行为、过失负有责任的人员提出的请求的总额。

【基本案情】

阿斯特克有限公司向天津海事法院提出申请称，其所属的“艾侬”轮收到养殖损害索赔请求。对于该次事故所造成的非人身伤亡损失，阿斯特克有限公司作为该轮的船舶所有人申请设立海事赔偿责任限制基金，责任限额为422510特别提款权及该款项自2014年6月5日起至基金设立之日止的利息。

众多养殖户作为利害关系人提出异议，认为阿斯特克有限公司应当分别设立限制基金，而不能就整个航次设立一个限制基金。

法院查明：涉案船舶韩国籍“艾依”轮的所有人为阿斯特克有限公司，船舶总吨位为2030吨。2014年6月5日，“艾依”轮自秦皇岛开往天津港装货途中，在河北省昌黎县、乐亭县海域驶入养殖区域，造成了相关养殖户的养殖损失。

另查明，“艾依”轮在本案损害事故发生时使用英版1249号海图，该海图已标明本案损害事故发生的海域设置了养殖区，并划定了养殖区范围。涉案船舶为执行涉案航次所预先设定的航线穿越该养殖区。

再查明，郭金武与刘海忠的养殖区相距约500米左右，涉案船舶航行时间约2分钟；刘海忠与李卫国等人的养殖区相距约9000米左右，涉案船舶航行时间约30分钟。

【裁判结果】

天津海事法院于2014年11月10日作出（2014）津海法限字第1号民事裁定：一、准许阿斯特克有限公司提出的设立海事赔偿责任限制基金的申请。二、海事赔偿责任限制基金数额为422510特别提款权及利息（利息自2014年6月5日起至基金设立之日止，按中国人民银行确定的金融机构同期一年期贷款基准利率计算）。三、阿斯特克有限公司应在裁定生效之日起三日内以人民币或法院认可的担保设立海事赔偿责任限制基金（基金的人民币数额按本裁定生效之日的特别提款权对人民币的换算办法计算）。逾期不设立基金的，按自动撤回申请处理。郭金武、刘海忠不服一审裁定，向天津市高级人民法院提起上诉。天津市高级人民法院于2015年1月19日作出（2015）津高民四终字第10号民事裁定：驳回上诉，维持原裁定。郭金武、刘海忠、李卫国、赵来军、齐永平、李建永、齐秀奎不服二审裁定，申请再审。最高人民法院于2015年8月10日作出（2015）民申字第853号民事裁定，提审本案，并于2015年9月29日作出（2015）民提字第151号民事裁定：一、撤销天津市高级人民法院（2015）津高民四终字第10号民事裁定。二、撤销天津海事法院（2014）津海法限字第1号民事裁定。三、驳回阿斯特克有限公司提出的设立海事赔偿责任限制基金的申请。

【裁判理由】

最高人民法院认为,《海商法》第二百一十二条确立海事赔偿责任限制实行事故原则,即“一次事故,一个限额,多次事故,多个限额”。判断一次还是多次事故的关键是分析两次事故之间是否因同一原因所致。如果因同一原因发生多个事故,但原因链没有中断,则应认定为一个事故。如果原因链中断,有新的原因介入,则新的原因与新的事故构成新的因果关系,形成新的独立事故。就本案而言,涉案“艾侬”轮所使用的英版海图明确标注了养殖区范围,但船员却将航线设定到养殖区,本身存在重大过错。涉案船舶在预知所经临的海域可能存在大面积养殖区的情形下,应加强瞭望义务,保证航行安全,避免冲撞养殖区造成损失。根据涉案船舶航行轨迹,涉案船舶实际驶入了郭金武经营的养殖区。鉴于损害事故发生于中午时分,并无夜间的视觉障碍,如船员谨慎履行瞭望和驾驶义务,应能注意到海面上悬挂养殖物浮球的存在。在昌黎县海洋局出具证据证明郭金武遭受实际损害的情形下,可以推定船员未履行谨慎瞭望义务,导致第一次侵权行为发生。依据航行轨迹,船舶随后进入刘海忠的养殖区,由于郭金武与刘海忠的养殖区毗邻,相距约500米,基于船舶运动的惯性及船舶驾驶规律,涉案船舶在当时情形下无法采取合理措施避让刘海忠的养殖区,致使第二次侵权行为发生。从原因上分析,两次损害行为均因船舶驶入郭金武养殖区之前,船员疏于瞭望的过失所致,属同一原因,且原因链并未中断,故应将两次侵权行为认定为一次事故。船舶驶离刘海忠的养殖区进入开阔海域,航行约9000米,时长约半小时后进入李卫国等人的养殖区再次造成损害事故。在进入李卫国等人的养殖区之前,船员应有较为充裕的时间调整驾驶疏忽的心理状态,且在预知航行前方还有养殖区存在的情形下,更应加强瞭望义务,避免再次造成损害。涉案船舶显然未尽到谨慎驾驶的义务,致使第二次损害事故的发生。两次事故之间无论从时间关系还是从主观状态均无关联性,第二次事故的发生并非第一次事故自然延续所致,两次事故之间并无因果关系。阿斯特克有限公司主张在整个事故发生过程中船员错误驶入的心理状态没有变化,原因链没有中断的理由不能成立。虽然两次事故的发生均因“同一性质的原因”,即船员疏忽驾驶所致,但并非基于“同一原因”,引起两次事故。依据“一次事故,一次限额”的原则,涉案船舶应分别针对两次事故设立不同的责任限制基金。一、二审法院未能全面考察养殖区的位置、两次事故之间的因果关系及当事人的主观状态,作出涉案船舶仅造成一次事故,允许涉案船舶设立一个基金的认定错误,依法应予纠正。

二、案例精析

【编者按】 各级人民法院坚持“反映审判全貌，总结审判经验，服务审判工作”的编辑方针，突出“真实、全面、及时、说理”的编辑特色，报送了一批具有典型性、新类型、重大疑难复杂案例，对指导审判业务、宣传国家法制、预防和化解社会矛盾纠纷，促进法学教育与理论研究作出了积极努力。《人民法院案例选》将继续坚持这一优良传统，并通过中国应用法学研究所责任编辑撰写编后补评等方式，对判决和评析中虽未提及但比较重要的或评析不充分的问题，进行补充评析，以期达到总结经验教训、指导审判业务、促进理论研究的目的。

刑 事

晏红强盗窃案

——公安机关立案侦查的犯罪事实不成立时
主动交代其他同种罪行应认定为自首

关键词：刑事 盗窃 同种事实 自首

【裁判要旨】

公安机关立案侦查的犯罪事实不成立，被采取强制措施的被告人主动交代办案机关未掌握的同种罪行的，应当以自首论，对被告人从轻或减轻处罚。

【相关法条】

《中华人民共和国刑法》第六十七条 犯罪以后自动投案，如实供述自己的罪行的，是自首。对于自首的犯罪分子，可以从轻或者减轻处罚。其中，犯罪较轻的，可以免除处罚。

被采取强制措施的犯罪嫌疑人、被告人和正在服刑的罪犯，如实供述司法机关还未掌握的本人其他罪行的，以自首论。

犯罪嫌疑人虽不具有前两款规定的自首情节，但是如实供述自己罪行的，可以从轻处罚；因其如实供述自己罪行，避免特别严重后果发生的，可以减轻处罚。

《最高人民法院关于处理自首和立功具体应用法律若干问题的解释》第二条 根据刑法第六十七条第二款的规定，被采取强制措施的犯罪嫌疑人、被告人和已宣判的罪犯，如实供述司法机关尚未掌握的罪行，与司法机关已掌握的或者判决确定的罪行属不同种罪行的，以自首论。

《最高人民法院、最高人民检察院关于办理职务犯罪案件认定自首、立功等量刑情节若干问题的意见》没有自动投案，但有下列情形之一的，以自首论：（2）办案机关所掌握的线索针对的犯罪事实不成立，在此范围外犯罪分子交代同种罪行的。

【案件索引】

一审：江西省上高县人民法院（2018）赣0923刑初94号（2018年5月3日）

【基本案情】

江西省上高县人民检察院指控：2016年3月份的一天，被告人晏红强采取爬窗入室的方法，在上高县田心镇坪溪村被害人况志敏卧室内，盗得三星牌平板电脑一台、iphone5s手机一部、vivo手机一部。经上高县价格认证中心认定，被盗物品价值人民币3340元。

法院经审理查明，2016年3月份，上高县公安局接到报案称该县田心镇井陂村村民孙某家被盗，公安民警通过排查发现被告人晏红强有重大作案嫌疑，后于2018年2月1日抓获被告人晏红强。被告人晏红强抓获归案后主动供述了其在2016年3月份在该县田心镇坪溪村被害人况某家中盗窃手机、平板电脑等财物（价值3340元）的事实。依据被告人晏红强的供述，公安民警通过询问被害人况某（此前未报案）确认了被告人晏红强主动供述的盗窃事实。公诉机关仅以被告人晏红强在况某家盗窃的事实向法院提起公诉。

【裁判结果】

2018年5月3日，江西省上高县人民法院作出（2018）赣0923刑初94号刑事判决：被告人晏红强犯盗窃罪，判处拘役四个月，并处罚金2000元。

【裁判理由】

法院生效判决认为：被告人晏红强以非法占有为目的，入户秘密窃取他人财物，价值3340元，数额较大，其行为构成盗窃罪，应当以盗窃罪追究其刑事责任。被告人晏红强虽因盗窃嫌疑被抓获归案，但其涉嫌的该起盗窃事实并未证实系其所为，而被告人晏红强主动交代的本案这起盗窃事实，公安机关并未掌握，对被告人晏红强应当以自首论，依法从轻处罚。

一审判决后，被告人晏红强未上诉；公诉机关亦未抗诉，判决现已发生效力。

【案例注解】

对被告人晏红强是否以自首论有两种观点：第一种观点认为，不以自首论，被告人晏红强被抓获归案后，其如实供述的罪行，与公安机关掌握的罪行是同种罪行，依据《最高人民法院关于处理自首和立功具体应用法律若干问题的解释》（法释〔1998〕8号，下称《解释》）第四条的规定，可酌情从轻处罚，但不能以自首论。第二种观点认为，应当以自首论，因为公安机关立案侦查的事实不成立，而被告人晏红强主动供述的罪行公安机关并未掌握。法院生效判决采纳了第二种意见。理由是：

一、以自首论并不违背现有司法解释的规定

不以自首论的理由是被告人晏红强主动交代的罪行与公安机关掌握的罪行属同种罪行，其依据是《解释》第二条的规定，即被采取强制措施的犯罪嫌疑人、被告人和已判刑的罪犯，只有如实供述司法机关尚未掌握的罪行，且该罪行与司法机关已掌握的或者判决确定的罪行属不同种罪行的，才能以自首论；若属同种罪行的，只能依据《解释》第四条的规定，酌情从轻处罚，而不能认定自首。而本案中，公安机关立案侦查的事实和被告人晏红强主动交代的事实虽属同种罪行，但公安机关立案侦查的事实并未证实是被告人晏红强所为，也没有证据证实公安机关掌握了被告人晏红强其他任何犯罪事实或者线索，所以本案中该条规定的“司法机关已掌握的或者判决确定的罪行”这个前提不存在，要求被告人晏红强主动供述与公安机关掌握的不同种罪行便无从谈起，因此，这种情况下对被告人晏红强主动交代公安机关未掌握的犯罪事实，以自首论，并不违反该规定。

二、以自首论符合自首有关司法文件精神的规定

依据《最高人民法院、最高人民检察院关于办理职务犯罪案件认定自首、

立功等量刑情节若干问题的意见》（法发〔2009〕13 号，下称《意见》）的规定“没有自动投案，但有下列情形之一的，以自首论：（1）……（2）办案机关所掌握的线索针对的犯罪事实不成立，在此范围外犯罪分子交代同种罪行的”。虽然《意见》针对的是职务犯罪案件作出的，但自首制度是刑法总则规定的刑事法律制度，对刑法分则设立的全部罪名应同等适用，不能区别对待。本案被告人晏红强的情形显然符合《意见》的规定，对被告人晏红强也可以参照适用，应当已自首论。

三、以自首论符合自首制定设立的初衷

自首制度，是一项以惩办和宽大相结合的刑事政策为根据确立的刑罚裁量制度。目的是为了鼓励犯罪分子主动投案，瓦解犯罪势力，减少社会不安定因素，能反映犯罪分子的认罪、悔罪表现，对公安机关及时侦破案件，惩罚犯罪具有重要意义。本案中，被告人晏红强主动交代公安机关没有掌握的犯罪事实，可见其有悔罪表现；其主动供述对公安机关侦破案件也起到了关键作用，如果不是被告人晏红强主动交代，公安机关都掌握不了该案犯罪事实，被告人晏红强的犯罪行为就不能得到法律的制裁。

（**一审法院独任审判员** 赵金才

编写人 江西省上高县人民法院 李春泉

责任编辑 周维明

审稿人 李玉萍）

程启忠运输毒品案

——购毒者接收物流寄递毒品行为的性质认定

关键词：刑事 共犯 运输毒品 物流寄递 非法持有毒品

【裁判要旨】

在没有证据证明购毒者是为了实施贩卖、运输毒品等其他犯罪的情况下，购毒者接收物流寄递毒品行为应认定为非法持有毒品罪。

【相关法条】

《中华人民共和国刑法》第三百四十七条 走私、贩卖、运输、制造毒品，无论数量多少，都应当追究刑事责任，予以刑事处罚。走私、贩卖、运输、制造毒品，有下列情形之一的，处十五年有期徒刑、无期徒刑或者死刑，并处没收财产：（一）走私、贩卖、运输、制造鸦片一千克以上、海洛因或者甲基苯丙胺五十克以上或者其他毒品数量大的；（二）走私、贩卖、运输、制造毒品集团的首要分子；（三）武装掩护走私、贩卖、运输、制造毒品的；（四）以暴力抗拒检查、拘留、逮捕，情节严重的；（五）参与有组织的国际贩毒活动的。走私、贩卖、运输、制造鸦片二百克以上不满一千克、海洛因或者甲基苯丙胺十克以上不满五十克或者其他毒品数量较大的，处七年以上有期徒刑，并处罚金。走私、贩卖、运输、制造鸦片不满二百克、海洛因或者甲基苯丙胺不满十克或者其他少量毒品的，处三年以下有期徒刑、拘役或者管制，并处罚金；情节严重的，处三年以上七年以下有期徒刑，并处罚金。单位犯第二款、第三款、第四款罪的，对单位判处罚金，并对其直接负责的主管人员和其他直接责任人员，依照各该款的规定处罚。利用、教唆未成年人走私、贩卖、运输、制造毒品，或者向未成年人出售毒品的，从重处罚。对多次走私、贩卖、运输、制造毒品，未经处理的，毒品数量累计计算。

第三百四十八条　非法持有鸦片一千克以上、海洛因或者甲基苯丙胺五十克以上或者其他毒品数量大的，处七年以上有期徒刑或者无期徒刑，并处罚金；非法持有鸦片二百克以上不满一千克、海洛因或者甲基苯丙胺十克以上不满五十克或者其他毒品数量较大的，处三年以下有期徒刑、拘役或者管制，并处罚金；情节严重的，处三年以上七年以下有期徒刑，并处罚金。

【案件索引】

一审：辽宁省沈阳市苏家屯区人民法院（2016）辽0111刑初337号（2017年1月5日）

二审：辽宁省沈阳市中级人民法院（2017）辽01刑终118号（2017年4月18日）

【基本案情】

沈阳市苏家屯区人民检察院指控，2016年3月8日，被告人程启忠以每只1500元的价格卖给汉口一齐姓男子6只幼犬；3月10日，程启忠与齐姓男子达成协议，齐姓男子以鸽子和毒品抵顶其应当支付的买狗钱，3月15日，齐姓男子将毒品装在一个鸽笼内通过铁路托运给程启忠，3月16日，程启忠委托在沈阳北站工作的王功洁代为取鸽笼，王功洁取出鸽笼后将鸽笼放在车内，后王功洁被民警抓获，民警在鸽笼内搜出三袋白色晶体和一袋红色片剂（七粒），当晚21时许，被告人程启忠按约定到沈阳市苏家屯区蕙兰六街25号楼楼下取鸽笼时被公安机关抓获。经鉴定，白色晶体净重136.10克，红色片剂净重0.68克，均检出甲基苯丙胺成分。

检察机关认为，被告人的行为已构成运输毒品罪，提请法院依照《刑法》第三百四十七条第二款之规定惩处。

被告人对检察机关指控的事实有异议，辩称其没有运输毒品，不知道发过来的是毒品，当时收到信息说鸽子已到让去取，没有看见东西，笔录是打印好让其签字，其不知道是怎么回事，是被冤枉的。

辩护人的辩护意见是：该案证据不足，指控的罪名不成立，被告人不构成运输毒品罪。

法院经审理查明，2016年3月8日，被告人程启忠向湖北省汉口一姓齐的男子以每只1500元的价格出售6只狗崽（德国牧羊犬幼崽），3月10日，程启忠与齐姓男子达成协议，齐姓男子以鸽子和毒品抵顶其应当支付的买狗钱，并通过铁路进行托运。3月15日，齐姓男子通过铁路托运一个鸽笼给程启忠，收货人“程三”，3月16日，程启忠委托在沈阳北站工作的王功洁代为提取鸽笼，王功洁取出鸽笼并将鸽笼放在轿车内后，即被公安民警抓获，在鸽笼内搜出三袋白色晶体和一袋红色片剂（七粒）。当晚21时许，被告人程启忠按约定到沈阳市苏家屯区蕙兰六街25号楼楼下取该鸽笼时被公安民警抓获。经鉴定，白色晶体净重136.10克，红色片剂净重0.68克，均检出甲基苯丙胺成分。

沈阳市苏家屯区人民法院认为，被告人程启忠违反国家对毒品的管理制度，明知是毒品而予以运输，已构成运输毒品罪。检察机关指控被告人的犯罪成立。被告人程启忠的辩护人认为该案证据不足，指控的罪名不成立的辩护意见，因无事实和法律依据，不予采纳。

【裁判结果】

辽宁省沈阳市苏家屯区人民法院于2017年1月5日作出（2016）辽0111刑初337号刑事判决：认定被告人程启忠犯运输毒品罪，判处有期徒刑十五年，剥夺政治权利五年，没收财产人民币10万元。宣判后，被告人程启忠不服判决，向沈阳市中级人民法院提出上诉。沈阳市中级人民法院于2017年4月18日作出（2017）辽01刑终118号刑事判决：改判程启忠犯非法持有毒品罪，判处有期徒刑九年，并处罚金人民币5万元。

【裁判理由】

法院生效裁判认为：上诉人程启忠供述的毒品上线“齐姓男子”现未查实，故无法认定毒品下线程启忠直接参与涉案毒品的运输过程，机打的包裹单上发件人名为“程三”，亦无法推定程启忠系发件人，且出行记录显示程启忠在案发前未到武汉，无法证实其邮寄包裹；现场检测报告书证实程启忠系吸毒人员，程启忠供述其购买毒品用于自吸，原公诉机关亦未指控或证实程启忠购买毒品系用于贩卖等其他犯罪的目的。综上，上诉人程启忠作为购毒者，明知是贩毒者通过物流方式寄递的毒品而予以接收，且没有证据证实其为了实施贩卖毒品等其他犯罪，毒品数量达到非法持有毒品的最低数量标准，故上诉人程启忠的行为不应评价为毒品上线运输毒品的共犯或帮助犯，而以非法持有毒品罪评价更为客观，原判定罪及量刑均应依法调整，故对该案予以改判。

【案例注解】

本案涉及购毒者接收贩毒者通过物流寄递方式交付毒品行为的定性问题。2008 年最高人民法院印发的《全国部分法院审理毒品犯罪案件工作座谈会纪要》对于接收物流寄递方式交付的毒品并未作出明确规定，如果没有证据证明购毒者是为了实施贩卖毒品等犯罪。对于其单纯接收物流寄递毒品的行为，应当认定为运输毒品罪还是非法持有毒品罪，实践中存在不同意见。

第一种意见认为，贩毒者通过物流寄递方式交付毒品的行为因购毒者的购买、送货要求而发生，购毒者提供收件地址、电话等信息，购毒者与贩毒者有通过物流寄递方式运输毒品的共同犯罪故意，应当认定为运输毒品罪的共犯。司法实践中以该意见处理此类案件的做法较为普遍。程启忠运输毒品案中，一审法院在审理时即认为程启忠作为购毒者指使他人接收贩毒者通过物流寄递方式交付的毒品，其行为系运输毒品的重要环节，应为毒品上线运输行为的共犯或者具有运输毒品的帮助行为，应构成运输毒品罪。

第二种意见认为，贩毒者通过物流寄递方式运输毒品的行为应视为毒品交付行为的组成部分，对购毒者不应再认定为运输毒品罪，购毒者接收毒品数量达到较大以上的，应认定为非法持有毒品罪。

笔者同意第二种意见，理由如下：

第一，从非法持有毒品罪的发展来看，将接收通过物流寄递方式交付的毒品行为定性为非法持有毒品罪符合该罪的立法精神。我国 1979 年《刑法》并没有将非法持有毒品单独规定为犯罪，究其原因，是当时考虑到非法持有毒品行为的非独立性，认为其可以为贩卖、运输毒品等犯罪行为所吸纳。而在无法确定毒品持有者持有大量毒品的行为究竟是走私、贩卖、运输、窝藏等何种毒品犯罪行为的前提或后续环节的情况下，犯罪分子就可能因法律疏漏而逃脱法律制裁。基于此，1990 年《全国人民代表大会常委员会关于禁毒的决定》（以下简称《决定》）对非法持有毒品的行为规定了相应的刑事责任。1994 年最高人民法院对该《决定》作出的司法解释提出，根据已查获的证据，不能认定非法持有较大数量毒品是为了进行走私、贩卖、运输或者窝藏毒品犯罪的，才构成本罪。因此，1997 年《刑法》修订后将非法持有毒品罪正式纳入刑法典中，而非法持有毒品罪的立法精神并未改变。2014 年最高人民法院发布的《全国法院毒品犯罪审判工作座谈会纪要》亦延续该立法精神，提出对于没有证据证明购毒者为了实施贩卖毒品等其他犯罪，达到非法持有毒品罪的定罪标准的，一般以非法持有毒品罪定罪处罚。因此，将程启忠案定性为非法持有毒品罪符合该罪的立法精神和法律构成。

第二，将购毒者接收物流寄递毒品行为定性为运输毒品罪存在理论缺陷，是对共犯理论的曲解和泛化。根据我国《刑法》规定，一般共同犯罪的成立要求必须同时具备三个条件：一是犯罪主体要求二人以上；二是犯罪客观方面要求有共同的犯罪行为；三是犯罪主观方面要求行为人有共同的犯罪故意。据此，构成运输毒品共同犯罪应当具备以下条件：从主体方面看，运输毒品共同犯罪必须是二人以上共同实施运输毒品犯罪；从客观方面看，各毒品共同犯罪人必须有共同参与运输毒品犯罪的行为，即各共同毒品犯罪人的行为都是指向运输毒品犯罪，而且互相联系、互相配合，成为一个统一的运输毒品犯罪的整体，每个犯罪人的行为都是共同运输毒品犯罪行为的一个有机组成部分；各共同毒品犯罪人之间必须具备实施运输毒品犯罪的共同故意，各共同犯罪人之间存在运输毒品犯罪的意思联络。在程启忠案中，如认定程启忠构成运输毒品罪需具备两个基本条件：其一，程启忠具有运输毒品的目的，除此之外，无其他目的；其二，程启忠实施了运输毒品的行为。本案被告人程启忠的行为是否构成运输毒品罪的关键，并不在于程启忠是否为“齐姓男子”提供了邮寄地址，而是在于程启忠是否具有运输毒品的目的及实施了运输毒品的行为。从本案证据看，被告人程启忠没有与毒品上线“齐姓男子”托运毒品的共谋，亦未实施托运毒品的行为，仅在其作为购毒者收取包裹环节被公安机关查获。因此，程启忠属于接收毒品的人。从程启忠的供述及相关证据可以看出，程启忠和“齐姓男子”联系的目的在于购买并接收通过邮包寄来的毒品，而非将毒品由武汉运到沈阳的过程。本案所查获毒品确实系从武汉邮寄而来，但该毒品的运输过程并不是程启忠所关心的，也不是他所能控制的，程启忠追求的是对“邮包”的接收。这与运输毒品罪行为人的主观目的是不同的。在没有证据证实程启忠具有运输目的及与齐姓男子共谋实施运输行为的情况下，程启忠的行为就不构成运输毒品罪的共犯。且如果将购毒者接收贩毒者通过物流寄递方式交付的毒品简单定性为运输毒品罪，势必会将所有购毒者认定为运输毒品罪，打击面过大，亦与宽严相济的刑事审判政策相悖。

第三，实践中，行为人持有毒品行为往往不具有独立性，而是与贩卖、运输毒品等行为相联系，是贩卖、运输毒品等行为的前提或后续环节，购毒者具有接收物流寄递方式交付的毒品的行为，只有在购毒者拒不说明毒品的来源，而司法机关根据已查获的证据，又不能认定非法持有较大数量的毒品是为了进行贩卖、运输等其他毒品犯罪的，才构成非法持有毒品罪，因此，将购毒者接收贩毒者通过物流寄递方式交付的毒品的行为定性为非法持有毒品罪是以没有证据证明购毒者、接收者是为了实施贩卖、运输毒品等其他犯罪为前提的。这就要求公安机关在毒品案件侦查中，注意调取证据的严谨性、及时性、准确性，以确保对毒品犯罪的准确打击，避免因证据调取不足而放纵毒品犯罪。如果能够证明购毒者、接收者存在参与运输毒品，或以实施贩卖走私毒品为目的等情况，即按照购毒者、接收者实际触犯的运输毒品罪、走私、贩卖毒品罪认定，而不能单纯将接收通过物流寄递方式交付的毒品的行为评价为运输毒品罪的共犯。然而，毒品案件的证据收集具有一定难度，对该类案件证据的收集是否全面关系到购毒者、接收者行为定性问题。实践中应注重从以下几方面收集证据：首先，审查物流寄递毒品的来源。公安机关应调取购毒者供述毒品上线的信息，调取货运单查询毒品的发货人，调取发货日物流公司的监控录像，对购毒者签署的字迹与货运单上签署的字迹进行文字鉴定，均可以确定购毒者是否为发货人以及是否参与运输毒品的过程。本案中，程启忠供述的毒品上线“齐姓男子”现未查实，亦无证据证实程启忠具有参与邮寄毒品包裹的行为，机打的包裹单上发件人名为“程三”，亦无法推定程启忠系发件人，且出行记录显示程启忠在案发前未到武汉，无法证实其具有邮寄包裹的行为。其次，审查购毒者是否具有贩卖毒品等其他目的。公安机关应调取购毒者购买毒品的主观目的的口供，确定其口供的合理性，判断其是否具有贩卖毒品的主观目的。程启忠案中程供述购买毒品为自己吸食，对于贩卖等其他毒品犯罪的主观故意是零口供，亦无证据证实程启忠购买毒品系用于贩卖等其他犯罪的目的。因此，程启忠作为购毒者，明知是贩毒者通过物流方式寄递的毒品而予以接收，且没有证据证实其为了实施贩卖毒品等其他犯罪，毒品数量达到非法持有毒品的最低数量标准，符合非法持有毒品罪的构成要件，因此二审法院对程启忠改判为非法持有毒品罪，对原判定罪及量刑均依法调整。

在司法实践中，审判机关应严格证据规则，对涉毒犯罪分子认定犯罪事实和确定罪名时要慎重，努力做到准确定性，按照宽严相济的刑事审判政策，对犯罪分子给予适当的刑罚。

（**一审法院合议庭成员** 曲 宁 常景宁 李贞川
二审法院合议庭成员 朱晓光 边 锋 魏冬梅
编写人 辽宁省沈阳市中级人民法院 魏冬梅
责任编辑 周维明
审稿人 李玉萍）

贾海亮诈骗案

——诈骗犯罪中诈骗数额的认定

关键词：刑事　诈骗数额　财产损失　犯罪成本

【裁判要旨】

在诈骗犯罪中，诈骗数额的认定应当以被害人的实际损失为基础，被害人实际取得的有现实经济价值的犯罪成本应当予以扣除。

【相关法条】

《中华人民共和国刑法》第二百六十六条　诈骗公私财物，数额较大的，处三年以下有期徒刑、拘役或者管制，并处或者单处罚金；数额巨大或者有其他严重情节的，处三年以上十年以下有期徒刑，并处罚金；数额特别巨大或者有其他特别严重情节的，处十年以上有期徒刑或者无期徒刑，并处罚金或者没收财产。本法另有规定的，依照规定。

【案件索引】

一审：北京市西城区人民法院刑事判决书（2018）京0102刑初607号(2018年10月17日)。

【基本案情】

北京市西城区人民检察院指控被告人贾海亮伙同他人以非法占有为目的，虚构事实、隐瞒真相，骗取他人财物的行为，触犯了《刑法》第二十五条、第二百六十六条，应当以诈骗罪追究其刑事责任，且系共同犯罪。提请依法惩处。

被告人贾海亮辩称：其没有虚构事实或隐瞒真相，没有参与公诉机关指控的第二起事实，在第一起事实中，也仅是帮着接人。其辩护人的主要辩护意见为：（1）公诉机关没有提供其他共同犯罪人的相关材料，本案不是共同犯罪。（2）被告人贾海亮如实供述犯罪事实。

法院经审理查明：被告人贾海亮于2017年6月至9月间，伙同他人，在北京市西城区宣武门外大街×××号苹果手机店等地，以帮助手机店冲销量赚取兼职费为名，由贾海亮等人支付首付和少量兼职费，骗取被害人申请分期贷款购买手机，并由贾海亮等人最终获取手机，由被害人实际承担贷款及其他费用，具体事实如下：

2017年6月20日，被告人贾海亮伙同张志超（另案处理）等人骗取被害人王源钰、史文强向捷信消费金融有限公司分期贷款购买2部iphone 7plus 256G手机，造成二被害人承担贷款及其他费用共计人民币17125.92元，被告人贾海亮支付王源钰、史文强各800元报酬。赃款已由张志超家属代为退赔。

2017年9月12日，被告人贾海亮等人骗取被害人江谨妤向捷信消费金融有限公司分期贷款购买1部oppo牌r9s plus 64G手机，造成被害人江谨妤承担贷款及其他费用人民币3672.48元，被告人贾海亮支付江谨妤770元报酬。

2017年10月20日，被告人贾海亮被民警抓获。

【裁判结果】

北京市西城区人民法院于2018年10月17日作出（2018）京0102刑初607号号刑事判决：一、被告人贾海亮犯诈骗罪，判处有期徒刑一年二个月，并处罚金人民币二千元。二、责令被告人贾海亮退赔人民币二千九百零二元四角八分发还被害人江谨妤。三、在案扣押的手机予以变卖，变卖款并入判决主文第二项执行。

宣判后，被告人贾海亮未提出上诉，判决已发生法律效力。

【裁判理由】

法院生效裁判认为：被告人贾海亮伙同他人以非法占有为目的，虚构事实、隐瞒真相，骗取他人财物，且数额较大的行为，侵犯了公民的财产权利，已构成诈骗罪，且系共同犯罪，依法应予惩处。北京市西城区人民检察院指控被告人贾海亮犯诈骗罪成立。关于被告人贾海亮的辩解及其辩护人提出的本案不是共同犯罪的辩护意见，已被在案证据所否定，法院不予采纳；辩护人提出的被告人如实供述的意见，理由不足，法院不予采纳。

【案例注解】

犯罪数额是犯罪事实的重要组成部分，其对案件定罪量刑具有重要意义，也是审判中用于衡量犯罪行为侵害法益严重程度的主要标准。特别是诈骗案件，诈骗数额直接影响认定案件的事实及被告人量刑的区间。

本案是一起非常典型的诈骗案件，但是案件中涉及到四个与犯罪有关的数额，一个是涉案手机的价格，一个是贷款数额及相关费用，一个是贷款的首付费用，一个是所谓的兼职费。那么诈骗数额到底应当如何认定呢?

一、诈骗数额的认定应当以被害人的实际损失为基础

审判实践中对于本案诈骗数额认定的标准争议很大，当时主要有两种截然不同的观点：

一种观点认为，被告人实际上是为了骗取手机，而最终也取得了手机，所以本案的诈骗对象是手机，那么诈骗金额应当认定为手机价格。

另一种观点认为，本案中被害人实际上是在被欺骗的状态下进行的贷款，被害人实际上处分的是贷款及相关费用，所以本案诈骗金额应当是贷款及相关费用。

诈骗罪是行为人通过实施欺骗的行为，使被害人陷入一定的错误认识，被害人又基于该错误的认识对自己的财产进行处分，从而使行为人或者第三人取得该财产，被害人遭受财产损失的犯罪。但是诈骗数额的认定，理论和实践部门的一直争议较大，目前主要有五种观点：主观说、所得说、交付说、损失说、双重标准说。

主观说认为，诈骗数额应当以行为人主观目的中期望获得的数额为标准进行认定。所得说认为，诈骗数额应当以客观上行为人能够通过实施诈骗行为而获得的财产数额的多少作为认定标准。交付说认为，诈骗数额应当以被害人基于认识错误而处分的数额的多少作为认定标准。损失说认为，诈骗数额应当以行为人诈骗行为实际使他人受到损失的数额作为认定标准。双重标准说认为，诈骗数额应当从犯罪形态的不同情况出发，在既遂状态下，以被骗人实际处分的财产数额作为认定标准，在未遂状态下，以行为人主观上希望获取的财产数

额作为标准。①

笔者认为，在实践中，损失说更为科学，也更符合刑法打击侵犯财产的犯罪，保护公民合法财产权利的目的。

本案中，被告人是以通过虚假交易赚取兼职费用为由，使得被害人陷入协助被告人刷销量、不实际发生购买手机的行为、也不会产生相关贷款及费用的错误认识，诱骗被害人自愿提供信息，以被害人的名义购买手机并签订贷款合同，并将手机最终交付给了被告人。其中被告人支出了贷款首付费用和被害人的兼职费用，取得了手机，被害人实际上损失了贷款及相关费用，获取了兼职费用。

犯罪的本质特征在于其主观恶性与客观危害相一致，对犯罪行为认定所依据的事实，也要从行为人主观的恶性和行为的社会危害性方面把握。

第一，本案中，被害人在错误认识中处分了手机，承担了贷款及相关费用。那么可以说手机是贷款及相关费用的对价物，被告人收取了手机，也就是让被害人承担了贷款及相关费用的损失。第二，被告人实施诈骗行为的时候，其虽然想骗取的是手机，实际上只取得了手机，但是其在通过这种行为实施诈骗的时候，其应该能够认识到被害人将会为此承担贷款及相关费用，被害人也实际上遭到了要承担贷款及相关费用的损失。因此，将被害人的实际损失认定为犯罪数额的基础符合主客观相一致的原则。第三，如果认定犯罪数额为手机价格，法院判决中只能判令追缴手机的价格，虽然被告人获利被追回，但被害人对手机价格和贷款及相关费用之间的差额无法继续追偿。这不符合刑法对于被害人财产的保护原则，也不符和刑法所规定的公平正义原则。而将被害人实际损失认定为犯罪数额，可以在最大限度上保护被害人的合法财产权利，有效消弭被告人的违法行为给交易行为带来的损害。

犯罪的本质是有一定的社会危害性，而社会危害性的内容是对合法权益的侵犯。因此，被害人被侵害的法益就是实际损失，应当是认定诈骗罪犯罪数额的根本，该损失数额实际上表示了诈骗犯罪的社会危害性严重程度，被害人有实际损失，其法益才受到侵害，才能成立诈骗犯罪。因此，法院在诈骗数额的认定时以被害人的实际损失为基础是有实践意义的。

二、被害人实际取得的有现实经济价值的犯罪成本应当予以扣除

犯罪成本是被告人为实施犯罪行为而付出的物质成本。特别是在诈骗案中，犯罪成本非常常见，比如，为实施诈骗犯罪而购买工具、租用场地等。在法庭审理中，被告人支付给被害人的财物，在认定诈骗数额时是否需要扣将，

① 王作富：《刑法分则实务研究》，中国方正出版社 2010 年版，第 1285 页。

直接影响到诈骗罪的成立与否，也关系到被害人被骗财物的退赔和追缴数额，是非常关键的争议焦点。

法律及司法解释中并未提到犯罪成本的问题，但一些规范性文件中的具体规定为司法实践中提供了借鉴性参考。比如，《最高人民法院关于审理诈骗案件具体应用法律的若干问题的解释》（法发〔1996〕32号）第二条“利用经济合同进行诈骗的，诈骗数额应当以行为人实际骗取的数额认定，合同标的数额可以作为量刑情节予以考虑”。第九条“对于多次进行诈骗，并以后次诈骗财物归还前次诈骗财物，在计算诈骗数额时，应当将案发前已经归还的数额扣除，按实际未归还的数额认定，量刑时可将多次行骗的数额作为从重情节予以考虑”。该解释虽然已经废止，但其所确立的“实际骗取原则”仍在司法实践广为运用。《全国法院审理金融犯罪案件工作座谈会纪要》（法发〔2001〕8号）“具体认定金融诈骗犯罪的数额时，应当以行为人实际骗取的数额计算。对于行为人为实施金融诈骗活动而支付的中介费、手续费、回扣等，或者用于行贿、赠与等费用，均应计入金融诈骗的犯罪数额。但应当将案发前已归还的数额扣除”。《最高人民法院关于审理非法集资刑事案件具体应用法律若干问题的解释》（法释〔2010〕18号）第五条“集资诈骗的数额以行为人实际骗取的数额计算，案发前已归还的数额应予扣除。行为人为实施集资诈骗活动而支付的广告费、中介费、手续费、回扣，或者用于行贿、赠与等费用，不予扣除”。

也就是说，作为一般原则，诈骗数额应以行为人实际骗取的数额进行认定，作为犯罪成本体现的广告费、中介费、手续费、回扣以及行贿、赠与等费用并不能在犯罪数额中予以扣除。但是，是否所有的犯罪成本都不能扣除呢？

而本案中，将被害人的实际损失认定为犯罪数额，被害人实际财产损失因为被告人犯罪成本支出而部分弥补，那么这部分被弥补的损失应当从诈骗数额中扣除，才能最终认定为犯罪金额，予以定罪量刑，这也是罪责刑相一致原则的体现。还有，这部分可以被扣除的犯罪成本，笔者认为只有交付给被害人或者使被害人有现实经济价值犯罪成本才能考虑扣除，因为占有财产是实现财产权利的前提和基础，被害人失去了对财物的占有和控制才造成损失，被告人的犯罪成本被被害人占有和控制，才能减轻被害人的财产损失。法院生效的判决中将被害人实际已经取得的兼职费用从犯罪数额中予以扣除符合我们刑法的立法精神。

（**一审法院合议庭成员** 张传荣　王双静　罗　健
编写人 北京市西城区人民法院　孟丽娟
责任编辑 周维明
审稿人 李玉萍）

甄国锐故意杀人案

——毒品所致精神障碍者刑事责任能力的审查与认定

关键词：刑事　毒品所致精神障碍　原因　自由行为　刑事责任能力

【裁判要旨】

自愿摄入毒品所致精神障碍的人犯罪，应当负刑事责任。

法官应注重从形式和实质两个方面加强对精神病司法鉴定意见的审查，确立以法官为主导的精神障碍者刑事责任能力审查机制。

【相关法条】

《中华人民共和国刑法》第十八条　精神病人在不能辨认或者不能控制自己行为的时候造成危害结果，经法定程序鉴定确认的，不负刑事责任，但是应当责令他的家属或者监护人严加看管和医疗；在必要的时候，由政府强制医疗。

间歇性的精神病人在精神正常的时候犯罪，应当负刑事责任。

尚未完全丧失辨认或者控制自己行为能力的精神病人犯罪的，应当负刑事责任，但是可以从轻或者减轻处罚。

醉酒的人犯罪，应当负刑事责任。

【案件索引】

一审：北京市第二中级人民法院（2016）京02刑初117号（2017年7月19日）

死刑复核程序：北京市高级人民法院（2017）京刑核25235740号（2017年12月27日）

【基本案情】

法院经审理查明：被告人甄国锐于2015年1月13日凌晨，在北京市东城区北河胡同吉祥服务站内，因琐事与该服务站的工作人员王惠兰（女，殁年57岁）发生争执，遂持木质条形钝器猛击其头部、躯干部等部位，后持菜刀砍切其颈部，造成王惠兰颅脑损伤及创伤失血性休克，最终致头颈部离断死亡。被告人甄国锐于作案当日向北京市公安局东城分局投案。

针对被告人甄国锐作案时的精神状态，在案有三份鉴定意见，分别为：（1）北京回龙观医院精神疾病司法鉴定科出具的精神疾病司法鉴定意见书：被鉴定人甄国锐诊断为妄想状态，限制刑事责任能力。（2）北京市公安局强制治疗管理处司法鉴定中心出具的精神病司法鉴定意见书：被鉴定人甄国锐诊断为精神活性物质所致的精神障碍，实施违法行为时处于精神活性物质导致的精神与行为异常状态，但由于吸食毒品系自陷性行为，为法律所禁止，评定为完全刑事责任能力。（3）法大法庭科学技术鉴定研究所出具的司法鉴定意见：被鉴定人2015年1月13日作案时处于妄想状态。从精神障碍分类学上，有理由推断被鉴定的上述以妄想、幻觉为主要表现的精神障碍系由精神活性物质所致。按照《中国精神障碍分类与诊断标准（第三版）》（CCMD－3），被鉴定人诊断为精神活性物质所致精神障碍。

【裁判结果】

北京市第二中级人民法院于2017年7月19日作出（2016）京02刑初117号刑事判决，认定被告人甄国锐作案时受精神病理因素的影响，控制能力受损，判决：一、被告人甄国锐犯故意杀人罪，判处死刑，缓期二年执行，剥夺政治权利终身。二、在案扣押物品木方条四根、菜刀一把、双肩背包一个予以没收。宣判后，被告人甄国锐未提起上诉，检察院未提起抗诉，一审法院报请北京市高级人民法院核准死刑。北京市高级人民法院于2017年12月27日作出（2017）京刑核25235740号刑事裁定，核准死刑，缓期二年执行。

【裁判理由】

法院生效判决认为：根据司法部发布的《司法鉴定程序通则》第二十三条“司法鉴定人进行鉴定，应当依下列顺序遵守和采用该专业领域的技术标准、技术规范和技术方法：（一）国家标准；（二）行业标准和技术规范；（三）该专业领域多数专家认可的技术方法”之规定，北京回龙观医院精神疾病司法鉴定科出具的鉴定意见，全文未见对相关标准和技术规范的引用；北京市公安局强制治疗管理处司法鉴定中心出具的鉴定意见，在对甄国锐作案时的精神状态进行分析诊断时，所引用的《中国精神障碍分类与诊断标准（第三版）》系行业标准和技术规范，但在对甄国锐作案时的刑事责任能力进行判断时，未引用明确的标准和技术规范；法大法庭科学技术鉴定研究所在对甄国锐作案时的精神状态进行分析诊断时，引用了《中国精神障碍分类与诊断标准（第三版）》，在对甄国锐作案时的刑事责任能力进行判断时，所引用的《精神障碍者刑事责任能力评定指南》系国家标准。据此，对法大法庭科学技术鉴定研究所出具的上述鉴定意见予以采信，该鉴定意见依照上述国家标准虽认为对甄国锐作案时的刑事责任能力不作评定，但亦证实被告人甄国锐作案时受精神病理因素的影响控制能力受损。被告人甄国锐故意非法剥夺他人生命，致人死亡，其行为已构成故意杀人罪，且所犯罪行特别严重，依法应予惩处。鉴于被告人甄国锐犯罪后自动投案，如实供述自己罪行，构成自首，以及其作案时控制能力受损等情节，依法对其判处死刑，可不予立即执行。

【案例注解】

本案争议的焦点是被告人甄国锐的刑事责任能力问题。被告人甄国锐有长期吸毒史，针对其刑事责任能力，在案有三份鉴定意见，出现三种不同的鉴定结果，法官应如何进行审查与认定成为本案审理的焦点。

目前，我国法律对毒品所致精神障碍者的刑事责任能力问题尚无明确规定，致使司法实践中存在不同的认识。2016 年司法部颁布的《精神障碍者刑事责任能力评定指南》（SF/Z JD104002－2016）5.2.5 条款规定：“对毒品所致精神障碍者，如为非自愿摄入者按 5.1 条款评定其刑事责任能力；对自愿摄入者，如果精神症状影响其辨认或控制能力时，不宜评定其刑事责任能力，可进行医学诊断并说明其作案时精神状态。”此鉴定指南对自愿摄入毒品所致精神障碍者的刑事责任能力问题暂不评定，亦采取了回避的态度。

一、毒品所致精神障碍者刑事责任能力评定现状

法官是司法的最终裁判者，“法律明确时，法官遵守法律；法律不明确时，法官则探求法律的精神”。[①] 针对毒品所致精神障碍者刑事责任能力问题，法官不能无所适从，而应结合精神病司法鉴定意见作出裁判。司法实践中，对非自愿摄入毒品所致精神障碍者的刑事责任能力问题几无争议，而对于自愿摄入毒品所致精神障碍者刑事责任能力问题则不无争议，主要存在完全刑事责任能力与限制刑事责任能力两种不同观点。据调查统计，在自愿摄入毒品所致精神障碍者刑事责任能力认定意见中，有 72.1% 的法官认定为完全刑事责任能力，有 25.6% 的法官认定为限定刑事责任能力。[②]

（一）完全刑事责任能力

持此观点者认为，吸毒本身为法律所禁止，因吸毒行为所致的违法犯罪行为当然应该受到严惩，且吸毒成瘾本身属于自陷性行为，行为人明知吸食毒品后会出现精神异常，却不吸取教训，继续主动吸食毒品，虽然作案时丧失辨认能力和控制能力，但该状态系其主动吸食毒品所致，在选择吸食毒品时具有完整的辨认能力和控制能力，应当能预见其行为后果，因此主张评定为完全责任能力。[③] 更有论者提出，对吸毒者刑事责任能力的评定应参照刑法对醉酒者的规定来评定，对《刑法》第十八条第四款进行修改，将“醉酒的人犯罪，应当负刑事责任”修改为“因故意或过失行为自行招致辨认和控制能力减弱或丧失的，不适用第一款和第四款之规定。”[④]

（二）限制刑事责任能力

持此观点者认为，对自愿吸毒者，在评定刑事责任能力时，应结合行为人对毒品的心理态度与辨认和控制能力受损程度两者来考虑，如果说发生危害行为当时确实陷于辨认或控制能力丧失时，可评为限定责任能力。[⑤] 该观点一度

---

① ［法］孟德斯鸠：《论法的精神》（下册），商务印书馆 1961 年版，第 197 页。

② 张盛宇等：《毒品所致精神障碍者刑事责任能力审判认定调查研究》，载《中国司法鉴定》2016 年第 4 期。

③ 林红：《我所 2011 年—2015 年毒品所致精神障碍刑事责任能力评定结果分析》，载《基层医学论坛》2016 第 20 期。

④ 吴真：《再议毒品所致精神障碍者的刑事责任能力评定》，载《中国司法鉴定》2010 年第 1 期。

⑤ 蔡伟雄：《毒品所致精神障碍者的刑事责任能力评定问题探析》，载《中国司法鉴定》2006 年 5 期。

成为全国司法精神病鉴定届的主流认识。①

二、毒品所致精神障碍者刑事责任能力的域外考察

"他山之石，可以攻玉"，毒品所致精神障碍者刑事责任能力问题是普遍性的法律问题，考察域外立法例和司法实践，将有利于完善我国的法律规定。

（一）英美法系国家

英美法系国家注意区分自愿醉态（voluntary intoxication）与非自愿醉态（involuntary intoxication）。此处重点介绍自愿醉态情况。自愿醉态是行为人知道或应当知道其所饮用的酒或服用的毒品、药物可能会引起醉态仍主动饮用或服用之而引起的醉态。② 对自愿醉态下犯罪者的刑事责任问题，英美法系国家注意区分"特定故意犯罪"（crimes of specific intent）与"一般故意犯罪"（crimes of general intent）。当被告人面临特定故意犯罪指控时，醉态可以作为辩护理由，而在一般故意犯罪指控中，醉态不是辩护理由。一般故意犯罪最好的解释是 recklessness（轻率），特定故意犯罪意味着 intention（蓄意）。③ 美国《模范刑法典》规定，在自我招致的醉态否定犯罪构成要素的情况下，被告人可以出示醉态证据。醉态证据只有在构成犯罪要求证明蓄意、目的、明知等的情况下才会被采用。但是如果某种犯罪主观上要求的是轻率，而被告人在醉态之下没有意识到其在清醒状态下能够意识到的危险时，排除醉态证据作为辩护理由。可见，英美法系国家在处理醉态者刑事责任时，体现了较强的刑法谦抑性。

英美法系国家通过判例确立了特定犯罪中醉态证据可以作为辩护理由的醉态理论。一方面，醉态理论强调自愿摄入毒品所致的醉态具有有责性，因为行为人明知摄入毒品所致的醉态会对其行为能力产生影响，"人们现在已经知道酒精饮料以及其他致人醉态物能给人的行为造成影响。在这种明知的情况下，饮酒、服用毒品之类的醉态物的行为从道德上就等同于对危害行为具有轻率、疏忽。"④ 另一方面，在处罚醉态下的犯罪行为时，又必须考虑行为人处于醉态的客观事实，于是允许在特定故意犯罪中出示醉态证据，以否定犯罪构成所必须具备的特定故意要素，如蓄意、故意等。实际上，英美法系国家对毒品所致精

---

① 张钦廷等：《毒品所致精神障碍者刑事责任能力评定存在问题及对策》，载《中国司法鉴定》，2018 年第 3 期。

② ［美］Richard G. Singer，John Q. La Fond：《刑法学》（注释本），王秀梅注，中国方正出版社 2003 年版，第 462 页。

③ ［英］乔纳森·赫林：《刑法学》（第 3 版）（影印本），法律出版社 2003 年版，第 369 页。

④ ［英］乔纳森·赫林：《刑法学》（第 3 版）（影印本），法律出版社 2003 年版，第 465 页。

神障碍者刑事责任能力问题采取了折中的态度，即当犯罪主观要件为 intentionally 或 purposely（蓄意地）、knowingly（故意地）时，自愿醉态是辩护理由；当主观要件为 recklessly（轻率地）、negligently（疏忽地）时，不是辩护理由。①

（二）大陆法系国家

大陆法系国家对毒品所致精神障碍者的刑事责任能力评定大多建立在“原因自由行为（action libera in cause）”理论基础之上，认为行为人对故意或过失使自己陷入无责任能力状态所实施的违法犯罪行为，应当承担刑事责任，但各个国家对毒品所致精神障碍者刑事责任能力的规定亦存在差异。

以德国、西班牙为代表，对毒品所致精神障碍者刑事责任能力的规定相对宽松，如《德国刑法典》第 323 条 a 中的第一款规定，“故意或过失饮酒或使用其他麻醉品，使自己处于无责任能力或不能排除其无责任能力的醉酒状态下实施犯罪行为的，处五年以下自由刑或罚金刑，如果他在该状态中实施违法的行为却因为他由于昏醉已是责任无能力或者因为没有排除责任无能力而因此不能处罚他的话。”《西班牙刑法典》第 20 条第 2 项规定，“以下情况免除刑事责任：实施违法行为时因吸食酒精性饮料、毒品、麻醉品、扰乱精神物质或者能产生类似效力的物质而处于其药性发作期间，阻碍当事人理解其行为的违法性或者按照其理解实施的行为。但亦须符合以下条件：非故意实施犯罪，或者未曾预见或者无法预见其行为，或者已产生对某物质的依赖性虽未吸食但造成症状的影响之下。”第 21 条第 2 项：“以下情况减轻刑事责任：严重过量地吸食前条第 2 项规定的物质而造成的违法行为。”

以意大利、俄罗斯为代表，肯定毒品所致精神障碍者具有刑事责任能力，拒绝减免刑罚。如《意大利刑法典》第 91 条、第 92 条、第 93 条规定，“因意外事件或者不可抗力而处于完全的醉酒状态，从而在实施行为时不具有理解或意思能力的，不是可归罪的。如果醉酒状态是不完全的，但仍能大大降低理解或意思能力，却不能排除该能力，刑罚予以减轻”“如果醉酒状态不是产生于意外事件或者不可抗力，即不排除，也不降低可归罪性。如果醉酒状态是为了实施犯罪或者准备借口的目的而预先安排的，刑法予以增加”“当行为是在麻醉品作用下实施时，也适用前两条规定”。《俄罗斯刑法典》第 23 条规定：“在使用酒精饮料、麻醉品或其他迷幻药物而导致的不清醒状态中实施犯罪的人，应当承担刑事责任。”

原因自由行为是指具有责任能力的行为人，故意或者过失使自己一时陷入

① ［美］史蒂文·L·伊曼纽尔：《刑法学》（影印本），中信出版社 2003 年版，第 84 ~ 88 页。

丧失或者尚未完全丧失责任能力的状态，并在该状态下实施了符合构成要件的违法行为。使自己陷入丧失或者尚未完全丧失责任能力状态的行为，称为原因行为；在该状态下实施的客观构成要件的违法行为，称为结果行为。由于行为人可以自由决定自己是否陷入上述状态，故称为原因自由行为。[①] 自愿摄入毒品的行为属于原因行为，因摄入毒品陷入精神障碍状态下实施的违法犯罪行为属于结果行为。原因自由行为理论认为，虽然行为人在实施不法行为时，处于责任能力障碍状态，是不自主的，但是行为人具有决定是否陷入责任能力障碍的自由，因此，处罚自愿摄入毒品的人犯罪，并不违背责任原则。

三、毒品所致精神障碍者刑事责任能力的立法完善

目前，我国刑法对醉酒的人犯罪作出了规定，而对于具有比较意义的毒品所致精神障碍的人犯罪尚无明确规定。为统一司法，有必要修改《刑法》第十八条第四款的规定："醉酒的人犯罪，或因毒品所致精神障碍的人犯罪，应当负刑事责任。"我国是传统的大陆法系国家，此规定的理论基础依旧是原因自由行为理论。基于刑法法益保护的原则和刑罚目的的要求，以及刑事政策的考虑，原因自由行为具有可罚性。

（一）法益保护原则的要求

法益是指法所保护的利益。刑法的机能是法益保护，犯罪的本质是法益侵害或者法益侵害的危险性。法益保护原则要求刑事立法必须以保护法益为目的。毒品所致精神障碍者实施的犯罪行为，多表现为暴力性犯罪，如故意杀人、故意伤害等，具有严重的法益侵害性。从一般人的法感情考虑，因毒品而使自己陷入丧失辨认控制能力状态，其所实施的法益侵害行为为社会所不能容忍，有追究责任的必要。再者，毒品本身具有严重的危害性，追究毒品所致精神障碍者犯罪的刑事责任，不会导致禁止对社会有利的行为，也不会导致对国民的自由进行不合理的限制。

（二）刑罚目的的要求

刑罚目的是刑法任务正当化的依据，《刑法》第二条规定，刑法的任务是用刑罚同一切犯罪行为作斗争，以保护国家、社会和公民利益。刑罚的目的包括报应目的和预防目的两部分。无论基于何种目的，惩罚毒品所致精神障碍者犯罪都符合刑罚目的的要求。一方面，毒品所致精神障碍者犯罪具有严重的法益侵害性，为民众所不容，从刑罚报应目的出发，刑法应对其做出否定性评

① 张明楷：《刑法学》，法律出版社2011年版，第284页。

价，对其施以刑罚，以安抚民众的内心情感，维护社会正义观念。“如果把正义观念的实现也视作一种追求，那么报应刑的目的就在于平衡犯罪人的罪责，满足民众对犯罪人的憎恨，赢得被害人和社会公众对刑法的认同。”① 另一方面，刑罚具有特殊预防和一般预防的目的，对毒品所致精神障碍的人犯罪适用刑罚，使之永久地或一定期间内丧失再犯的能力，以达到防卫社会的目的。同时，对其他社会公民也起到警示和威慑的功能，让人们知道因毒品所致精神障碍者实施犯罪行为同样会受到刑罚惩罚，会遭受痛苦，从而达到引领、规范人们的行为和吓阻潜在的犯罪人的目的。

（三）刑事政策的要求

毒品是人类社会的公害，是涉及公共安全的重要问题，不仅严重侵害人的身体健康、销蚀人的意志、破坏家庭幸福，而且严重消耗社会财富、毒化社会风气、污染社会环境，同时极易诱发一系列犯罪活动。当前，我国禁毒形势依旧严峻。截至2017年底，全国现有吸毒人员255.3万名（不含戒断三年未发现复吸人数、死亡人数和离境人数），同比增长1.9%；全年破获毒品刑事案件14万起，打掉制贩毒团伙5534个，抓获毒品犯罪嫌疑人16.9万名，缴获各类毒品89.2吨；查获有吸毒行为人员87万人次，其中登记新发现吸毒人员34万人；依法强制隔离戒毒32.1万人，责令社区戒毒社区康复26万人次。②

厉行禁毒，严惩毒品犯罪，是我国的一贯刑事政策立场和主张。近年来，新型毒品不断涌现，较传统毒品，新型毒品多具有强致幻性，在吸食后会出现诸如幻觉、妄想等精神症状，从而导致认识和控制能力丧失，极易造成暴力犯罪，严重危害社会。因毒品所致精神障碍者犯罪，因毒品而起，基于对毒品“零容忍”的刑事政策要求，对自愿摄入毒品所致精神障碍者犯罪应予以严惩。

四、毒品所致精神障碍者刑事责任能力的司法审查

毒品所致精神障碍者刑事责任能力问题，既是法学问题，也是精神病医学问题。“在评定此类案件中被鉴定人的刑事责任能力时，必须把医学要件和法学要件紧密结合起来，才能作出更加完整的解释。”③ 前述部分主要论证了毒品所致精神障碍者刑事责任能力的应然状态，司法实践中，法官应如何结合精神病司法鉴定意见，对毒品所致精神障碍者刑事责任能力进行实然审查是值得

① 周光权：《刑法总论》，中国人民出版社2007年版，第365页。

② 国家禁毒委员会办公室：《2017年中国毒品形势报告》，2017年6月25日发布。

③ 郑瞻培：《司法精神病学鉴定实践》，知识产权出版社2017年版，第173页。

关注的问题。

精神病司法鉴定意见是指在诉讼活动中，具有鉴定资质的精神病鉴定专家运用科学技术或依据专业知识，对行为人作案时的精神状态及刑事责任能力问题，进行鉴别和判断，并提供鉴定意见的活动。精神病司法鉴定意见属于法定的证据种类，经庭审举证质证，可以作为定案的根据。但精神病司法鉴定意见具有双重属性，兼具科学性与非科学性、客观性与主观性的特征，因此，作为定案根据的精神病司法鉴定意见应当接受法官的司法审查与最终评判。

（一）精神病司法鉴定意见的双重属性

1. 科学性与非科学性。精神病司法鉴定意见的科学性来源于其知识性和程序性。其知识性体现在，其是具有鉴定资质的专业人士，依据精神病学的专业知识，遵循和采用精神病学的技术标准、技术规范和技术方法所作出，是知识性权力的外在表现形式，能够为人所信服。其程序性体现在，其是严格依照鉴定程序所作出，2016 年司法部发布了《司法鉴定程序通则》，对司法鉴定的委托与受理、司法鉴定的实施、司法鉴定意见的出具等程序性事项做了明确的规定，程序的规范与公正保证了其结果的科学性。同时，精神病司法鉴定意见具有非科学性，不同于 DNA 等鉴定科学，精神病鉴定并非完全依赖物理手段，不具有可验证性，“精神疾病由于它本身的复杂性，迄今对某些主要精神病的病因、精神病理表现与大脑结构、生理、生化机理之间的确切关系究竟如何，还难以确切说明；对精神病的本质，还缺乏全面的了解。因此，当今的精神病的鉴定或诊断，主要是通过对疑似精神病人的精神病史、精神病临床表现来进行的。这样，精神病鉴定或诊断在客观性、精确性（这主要体现在精神病诊断/鉴定的理化检查方式上）方面就存在一定的不足。”①

2. 客观性与主观性。精神病司法鉴定意见是建立在相关精神病学的客观知识及规律的基础之上的描述与诠释，其客观性毋庸置疑。然而，除少部分器质性病变引起的精神病是可以通过仪器设备进行鉴定外，大部分精神病鉴定并非依赖专门的物理性方法，而是由精神病鉴定专家凭借专业知识和经验，进行分析判断。“由于人类对精神系统还不能充分地认知，加之精神疾病的诊断与其它科学鉴定相比在相应仪器设备上的应用受到限制，故司法精神病鉴定的过程贯穿了鉴定人的主观因素，这些因素当然地受到鉴定人的技术水平、理解能力、判断能力等诸多因素的影响。因此，司法精神病鉴定所要解决的问题是一

---

① 李从培：《司法精神病学鉴定的实践和理论》，北京医科大学出版社 2000 年版，第 13 页。

个具有主观内容的客观事实。”①

（二）精神病司法鉴定意见的实然审查

正是基于精神病司法鉴定意见的双重属性，法官应从形式与实质两个方面，加强审查，确保其具有合法性和客观性。法官作为司法的裁决者，不能简单机械地采信鉴定意见，惟鉴定意见论，更不能面对多种鉴定意见或鉴定意见不对刑事责任能力做评价时不知所措，无所适从。

1. 形式审查

精神病司法鉴定意见首先应符合法定证据形式，具有证据能力。依据刑事诉讼法司法解释，法官应从以下几个方面加强对精神病司法鉴定意见的形式审查：（一）鉴定机构是否具备法定资质，或者鉴定事项是否超出该鉴定机构业务范围、技术条件；（二）鉴定人是否具备法定资质，是否具有相关专业技术或者职称，以及是否违反回避的规定；（三）送检材料、样本来源是否明确，或者是否受到污染；（四）鉴定对象与送检材料、样本是否一致；（五）鉴定程序是否违反规定；（六）鉴定过程和方法是否符合相关专业的规范要求；（七）鉴定文书是否有签名、盖章。本案中，在案的三份鉴定意见中的两份鉴定意见的鉴定过程和方法不符合相关专业的规范要求，北京回龙观医院精神疾病司法鉴定科出具的鉴定意见，全文未见对相关标准和技术规范的引用，依据不明确；北京市公安局强制治疗管理处司法鉴定中心出具的鉴定意见，在对甄国锐作案时的精神状态进行分析诊断时，所引用的《中国精神障碍分类与诊断标准（第三版）》系行业标准和技术规范，但在对甄国锐作案时的刑事责任能力进行判断时，未引用明确的标准和技术规范。上述两份鉴定意见存在重大的形式缺陷，其合法性存疑，不能作为定案的根据。而法大法庭科学技术鉴定研究所在对甄国锐作案时的精神状态进行分析诊断时，引用了《中国精神障碍分类与诊断标准（第三版）》，在对甄国锐作案时的刑事责任能力进行判断时，引用了《精神障碍者刑事责任能力评定指南》，该标准系国家标准，故法大法庭科学技术鉴定研究所出具的鉴定意见，依据明确，鉴定过程和方法符合相应的规范要求，具有合法性。

2. 实质审查

在确定了在案的精神病司法鉴定意见可以作为证据使用的前提下，应加强对精神病司法鉴定意见实质内容的审查，主要包括“定病”和“定责”两个方面。

---

① 姚澜：《司法精神病鉴定意见价值论》，载《行政与法》2009年第6期。

（1）“定病”，也即确定行为人是否患有精神性疾病，患有何种精神性疾病。此问题属于医学或病理学范畴，对此判断应坚持以精神病鉴定专家的意见为主，法官审查为辅的原则，因为精神病鉴定专家具有超越法官的精神病学知识和专业权威。同时，法官应努力提升自身综合素养，加强对精神病学方面知识的认知。在审查存疑的情况下，可以借助专家辅助人的专门知识，来实现对“定病”异议的支持和侧面印证。“专家辅助人参与诉讼的作用主要是辅助裁判者通过了解专门的技术问题来审查判断鉴定意见。专家辅助人提供了关于专门知识的意见是法官获取案件信息的一个渠道，其为法官形成内心确信提供足够的正当化资源。”①

具体到本案，涉及到毒品所致精神障碍的问题。毒品作为一种强大的精神活性物质，由于医生处方不当或个人长期使用，会导致依赖综合症和其他精神障碍，如中毒、戒断综合征、精神病性症状（如幻觉、妄想和病理性观念）、情感障碍及残留性或迟发性精神障碍等。近年来，由毒品所致的精神障碍者涉刑事案件率呈增加趋势。司法实践中，有关毒品引发的精神障碍，鉴定意见一般表述为精神活性物质所致精神障碍，而非毒品所致精神障碍。有关毒品所致精神障碍的临床状态多表现为精神病性障碍和残留性、迟发性精神病性障碍两种形式。前者精神病性障碍是在使用毒品期间或之后立即出现的一类精神现象，其临床多表现为生动的幻觉（典型者为听幻觉，但常涉及一种以上的感官）、人物定向障碍、妄想或援引观念（常带有偏执或被害色彩）、精神运动性障碍（兴奋或木僵）以及异常情感表现等。此类精神病性障碍，在停止使用毒品后，会在较短时间内消除。后者残留性或迟发性精神病性障碍是指精神活性物质所致的认知、情感、人格或行为改变，其持续时间超过了与精神活性物质有关的直接效应所能达到的合理期限。对此类精神病的诊断应考虑毒品加重或诱发另一种精神障碍的可能，除了相对简单的器质性损伤或精神发育迟滞的共病认定外，还应考虑被毒品使用所遮盖，药物作用消退后又重新显露的原本就存在的精神障碍。② 因此，法官进行“定病”审查时，应着重审查行为人在摄入毒品前是否存在精神异常表现（是否属原发性精神障碍或混杂性精神障碍）；精神病诊断的证据，不能因行为人有吸毒史，就简单地把精神障碍与

---

① 郭华：《刑事诉讼专家辅助人出庭的观点争议及其解决思路》，载《证据科学》2013 年第 4 期。

② 参见张钦廷等：《毒品所致精神障碍者刑事责任能力评定存在问题及对策》，载《中国司法鉴定》2018 年第 3 期。

吸毒联系起来等等。本案被告人甄国锐自愿长期吸毒，无证据证明其吸毒前有精神异常表现，依据在案精神病司法鉴定意见，可以认定其系因毒品所致精神障碍。

（2）“定责”，也即确定行为人是否具有刑事责任能力，承担何种刑事责任的问题。此问题属于法律问题，故其判断应采取以法官司法判断权为主，精神病专家知识性权力为辅的方式，因为“定责”的核心是判断行为人作案时的认识能力和控制能力是否受损，是否具有可责性的问题，更多的是一种规范的或法学上的判断，而法官在法律领域的智识和经验显然要超过精神病鉴定专家。司法实践中，精神病司法鉴定意见一般会对行为人的刑事责任能力作出评判，评定行为人为完全刑事责任能力人、限制刑事责任能力人或无刑事责任能力人。对此，法官在进行“定责”审查时，应当予以充分尊重，但此评定结果并非最终的司法裁判，司法裁判权的终局性，以及现代司法精神病鉴定制度的内在逻辑，要求确立法官的主导地位，由法官在精神病司法鉴定意见的基础上，依据自己的法律知识和审判经验，对行为人的刑事责任能力作出最终的司法评判。

具体到本案，在未来立法确立“自愿摄入毒品所致精神障碍的人犯罪，应当负刑事责任”的原则后，被告人甄国锐的刑事责任能力问题或许不再是争议问题。被告人甄国锐有长时间的吸毒史，案发前曾饮酒，长期存在妄想、幻觉症状，可以确定甄国锐作案时处于妄想状态，其将被害人杀害的行为与妄想症状之间在整体上存在关联性。被告人甄国锐作案时，虽然受精神病理因素的影响，其认识能力和控制能力受损，但其精神障碍系其自愿长期吸食毒品所致，应承担完全刑事责任能力。

总之，毒品所致精神障碍者刑事责任能力问题应尽快通过立法予以明确，为司法实践“定分止争”。同时，法官应注重从形式和实质两个方面加强对精神病司法鉴定意见的审查，既要遵从司法最终裁判的原则，又要充分尊重精神病鉴定意见的专业性和科学性，确立以法官为主导的精神障碍者刑事责任能力审查机制。

（**一审法院合议庭成员** 刘 硕 孙轶松 王 刚
死刑复核合议庭成员 袁丽忠 孙伟 林兵兵
编写人 北京市第二中级人民法院 金昌伟
责任编辑 周维明
审稿人 李玉萍）

陈美保等诈骗、寻衅滋事案

——“套路贷”恶势力犯罪的认定

关键词：刑事　假借民间借贷　非法组织占有　暴力威胁“套路贷”恶势力

【裁判要旨】

行为人以非法占有为目的，经常组织在一起，假借民间借贷之名，诱使或迫使被害人签订“借贷”等相关协议，通过虚增借贷金额、恶意制造违约、肆意认定违约等方式形成虚假债权债务，并以暴力、威胁或者其他手段，在一定区域或者行业内多次实施违法犯罪活动，为非作恶，欺压百姓，扰乱经济、社会生活秩序，造成较为恶劣的社会影响，但尚未形成黑社会性质组织的违法犯罪组织的，宜按“套路贷”恶势力犯罪处理。

【相关法条】

《中华人民共和国刑法》第二百六十六条　诈骗公私财物，数额较大的，处三年以下有期徒刑、拘役或者管制，并处或者单处罚金；数额巨大或者有其他严重情节的，处三年以上十年以下有期徒刑，并处罚金；数额特别巨大或者有其他特别严重情节的，处十年以上有期徒刑或者无期徒刑，并处罚金或者没收财产。本法另有规定的，依照规定。

第二百九十三条　有下列寻衅滋事行为之一，破坏社会秩序的，处五年以下有期徒刑、拘役或者管制：

（一）随意殴打他人，情节恶劣的；

（二）追逐、拦截、辱骂、恐吓他人，情节恶劣的；

（三）强拿硬要或者任意损毁、占用公私财物，情节严重的；

（四）在公共场所起哄闹事，造成公共场所秩序严重混乱的。

纠集他人多次实施前款行为，严重破坏社会秩序的，处五年以上十年以下有期徒刑，可以并处罚金。

第二十五条第一款 共同犯罪是指二人以上共同故意犯罪。

第二十六条 组织、领导犯罪集团进行犯罪活动的或者在共同犯罪中起主要作用的，是主犯。

三人以上为共同实施犯罪而组成的较为固定的犯罪组织，是犯罪集团。第二十七条 在共同犯罪中起次要或者辅助作用的，是从犯。

对于从犯，应当从轻、减轻处罚或者免除处罚。

第六十四条 犯罪分子违法所得的一切财物，应当予以追缴或者责令退赔；对被害人的合法财产，应当及时返还；违禁品和供犯罪所用的本人财物，应当予以没收。没收的财物和罚金，一律上缴国库，不得挪用和自行处理。

第六十五条 被判处有期徒刑以上刑罚的犯罪分子，刑罚执行完毕或者赦免以后，在五年以内再犯应当判处有期徒刑以上刑罚之罪的，是累犯，应当从重处罚，但是过失犯罪和不满十八周岁的人犯罪的除外。

前款规定的期限，对于被假释的犯罪分子，从假释期满之日起计算。

第七十二条 对于被判处拘役、三年以下有期徒刑的犯罪分子，同时符合下列条件的，可以宣告缓刑，对其中不满十八周岁的人、怀孕的妇女和已满七十五周岁的人，应当宣告缓刑：

（一）犯罪情节较轻；

（二）有悔罪表现；

（三）没有再犯罪的危险；

（四）宣告缓刑对所居住社区没有重大不良影响。

宣告缓刑，可以根据犯罪情况，同时禁止犯罪分子在缓刑考验期限内从事特定活动，进入特定区域、场所，接触特定的人。

被宣告缓刑的犯罪分子，如果被判处附加刑，附加刑仍须执行。

第七十三条 拘役的缓刑考验期限为原判刑期以上一年以下，但是不能少于二个月。

有期徒刑的缓刑考验期限为原判刑期以上五年以下，但是不能少于一年。

缓刑考验期限，从判决确定之日起计算。

【案例索引】

一审：河南省内乡县人民法院（2018）豫1325刑初848号（2018年12

月 30 日）

【基本案情】

法院经审理查明：2018 年 3 月份以来，被告人林明良（在逃）纠结钱高伟、陈勇（在逃）、葛云洲、木文凯（在逃）、蔡明源（在逃）、林义、傅静雅、林文璇、张荣浩、黄福秋、高勇、陈万风、林小喜、陈成都等人在江苏常熟市世界贸易中心 1102 室组成以荣绅信用公司为名的犯罪集团在网上借款放贷。上述放贷人员进入“荣绅信用公司”后，被拉进一个名字叫“荣绅电子商务财务群”的微信群，平时有推送员将客户资料推送给负责放贷的人员，客户加放贷人员的工作微信号，放贷人员即问客户索要客户的名字、手机号码、推送员推荐的聊天截屏，客户提供以后，放贷人员告知客户“贷款 1500 到手 1050，条子打 1500 到期还 1500，续期费 450，如果逾期一天每天需支付借款额 30% 的逾期费，3 天逾期催收部直接催收”等，客户同意以后，放贷人员让客户到“有凭证”平台打好借条发给放贷人员，借条上写借放贷人员 1500 元，到期日期及利率 24%，放贷人员在“有凭证”平台收到客户按要求写好的借条后，通过支付宝给客户转账 1050 元，并告诉客户注意查收，按期还款，到期还款会提醒，到期可以续期，提高借款额度视还款清款而定，删除好友直接进行催收等。续期一次一般为 7 天，如果客户到期需要续期，需要先支付 450 元的续期费用才给续期，如果客户需要提高借款额度，则客户需要先偿还前一期借款，重新打一个借条，然后按照借条的金额先扣除百分之三十的利息，只支付给客户百分之七十的钱。放贷人员通过上述套路借款骗取被害人续期费、逾期费等共计 52400 元。其中被告人葛云洲、钱高伟涉嫌诈骗犯罪 12150 元；被告人高勇、林义、张荣浩、黄福秋涉嫌犯罪 26400 元；被告人陈万风、林小喜、傅静雅涉嫌诈骗犯罪 13850 元。该犯罪团伙以林明良为首要分子，木文凯、蔡明源、高勇、林义、钱高伟、葛云洲、陈万风为主要骨干成员，不断实施犯罪行为。该公司由钱高伟负责日常管理以及后勤保障、以葛云洲、林义、傅静雅、林文璇、张荣浩、黄福秋、高勇、陈万风、林小喜、陈成都等人具体实施放款诈骗，该犯罪团伙通过收取高额的续期费、手续费等名义实施诈骗，被害人无法偿还借款以及续期费时，将被害人信息提供推送至湖南邵阳由陈美保、吕桂田、周前程、邓闽陈、吕路梅、吕红梅、池明月、邓超、吕建端、梁云龙、梁学师、张天平、陈勇保、尹涛涛、尹玉龙组成的催收公司，该催收公司以陈美保为首要分子，以吕桂田、周前程为骨干成员，陈勇保等人予以协助实施犯罪。催收组通过电话短信轰炸、ps 淫秽图片等软暴力形式对被害人实施催收还款，从所催收回来的钱中抽取 10% 的提成。

【裁判结果】

法院经审理查明：

河南省内乡县人民法院于 2018 年 12 月 30 日作出（2018）豫 1325 刑初 848 号刑事判决：

一、被告人陈美保犯寻衅滋事罪，判处有期徒刑一年零八个月。（刑期自判决执行之日起计算，判决执行前先行羁押的，羁押一日折抵刑期一日，即自 2018 年 6 月 30 日起至 2020 年 2 月 29 日止。）

二、被告人高勇犯诈骗罪，判处有期徒刑一年零六个月，并处罚金 20000 元。（刑期自判决执行之日起计算，判决执行前先行羁押的，羁押一日折抵刑期一日，即自 2018 年 6 月 30 日起至 2019 年 12 月 29 日止，罚金已缴纳。）

三、被告人钱高伟犯诈骗罪，判处有期徒刑一年零二个月，并处罚金 20000 元。（刑期自判决执行之日起计算，判决执行前先行羁押的，羁押一日折抵刑期一日，即自 2018 年 6 月 30 日起至 2019 年 8 月 29 日止，罚金已缴纳。）

四、被告人葛云洲犯诈骗罪，判处有期徒刑一年零二个月，并处罚金 20000 元。（刑期自判决执行之日起计算，判决执行前先行羁押的，羁押一日折抵刑期一日，即自 2018 年 6 月 30 日起至 2019 年 8 月 29 日止，罚金已缴纳。）

五、被告人张荣浩犯诈骗罪，判处有期徒刑一年零二个月，并处罚金 20000 元。（刑期自判决执行之日起计算，判决执行前先行羁押的，羁押一日折抵刑期一日，即自 2018 年 6 月 30 日起至 2019 年 8 月 29 日止，罚金已缴纳。）

六、被告人陈万风犯诈骗罪，判处有期徒刑一年零二个月，并处罚金 20000 元。（刑期自判决执行之日起计算，判决执行前先行羁押的，羁押一日折抵刑期一日，即自 2018 年 6 月 30 日起至 2019 年 8 月 29 日止，罚金已缴纳。）

七、被告人林义犯诈骗罪，判处有期徒刑一年，并处罚金 20000 元。（刑期自判决执行之日起计算，判决执行前先行羁押的，羁押一日折抵刑期一日，即自 2018 年 6 月 30 日起至 2019 年 6 月 29 日止，罚金已缴纳。）

八、被告人吕桂田犯寻衅滋事罪，判处有期徒刑一年。（刑期自判决执行之日起计算，判决执行前先行羁押的，羁押一日折抵刑期一日，即自 2018 年 6 月 30 日起至 2019 年 6 月 29 日止。）

九、被告人周前程犯寻衅滋事罪，判处有期徒刑一年。（刑期自判决执行之日起计算，判决执行前先行羁押的，羁押一日折抵刑期一日，即自 2018 年 6 月 30 日起至 2019 年 6 月 29 日止。）

十、被告人梁云龙犯寻衅滋事罪，判处有期徒刑十个月。（刑期自判决执行之日起计算，判决执行前先行羁押的，羁押一日折抵刑期一日，即自 2018 年 6 月 30 日起至 2019 年 4 月 29 日止。）

十一、被告人林小喜犯诈骗罪，判处有期徒刑七个月，并处罚金 10000 元。（刑期自判决执行之日起计算，判决执行前先行羁押的，羁押一日折抵刑期一日，即自 2018 年 6 月 30 日起至 2019 年 1 月 29 日止，罚金已缴纳。）

十二、被告人黄福秋犯诈骗罪，判处有期徒刑七个月，并处罚金 10000 元。（刑期自判决执行之日起计算，判决执行前先行羁押的，羁押一日折抵刑期一日，即自 2018 年 6 月 30 日起至 2019 年 1 月 29 日止，罚金已缴纳。）

十三、被告人吕建端犯寻衅滋事罪，判处有期徒刑七个月。（刑期自判决执行之日起计算，判决执行前先行羁押的，羁押一日折抵刑期一日，即自 2018 年 6 月 30 日起至 2019 年 1 月 29 日止。）

十四、被告人张天平犯寻衅滋事罪，判处有期徒刑七个月。（刑期自判决执行之日起计算，判决执行前先行羁押的，羁押一日折抵刑期一日，即自 2018 年 6 月 30 日起至 2019 年 1 月 29 日止。）

十五、被告人邓闽陈犯寻衅滋事罪，判处有期徒刑七个月。（刑期自判决执行之日起计算，判决执行前先行羁押的，羁押一日折抵刑期一日，即自 2018 年 6 月 30 日起至 2019 年 1 月 29 日止。）

十六、被告人陈勇保犯寻衅滋事罪，判处有期徒刑七个月。（刑期自判决执行之日起计算，判决执行前先行羁押的，羁押一日折抵刑期一日，即自 2018 年 6 月 30 日起至 2019 年 1 月 29 日止。）

十七、被告人傅静雅犯诈骗罪，判处有期徒刑六个月，并处罚金 5000 元。（刑罚已经执行完毕，罚金已缴纳。）

十八、被告人池明月犯寻衅滋事罪，判处有期徒刑七个月，缓刑一年。（缓刑考验期自判决确定之日起计算至届满。）

十九、被告人作案工具笔记本电脑八台、台式电脑 24 部、手机 30 部依法予以没收。

宣判后，被告人均没有提起上诉，判决书已发生法律效力。

【裁判理由】

法院生效裁判认为：被告人钱高伟、葛云洲、林义、张荣浩、高勇、黄福秋、陈万风、林小喜、傅静雅以林明良为首要分子，木文凯、蔡明源、高勇、林义、钱高伟、葛云洲、陈万风为主要骨干成员，组成较为严密的犯罪组织，有预谋、有计划的实施“套路贷”犯罪。该犯罪团伙在被害人无法偿还借款以及续期费时，将被害人信息提供推送至湖南邵阳由陈美保、吕桂田、周前程、邓闽陈等人组成的催收公司，该催收公司以陈美保为首要分子、以吕桂田、周前程为骨干成员，梁云龙、邓闽陈、吕建端、张天平、池明月，陈勇保等人予以协助实施犯罪。该犯罪集团的组成人员众多，有明显的首要分子、重要骨干成员，人员较为固定，经常纠集在一起，多次实施犯罪活动，为非作恶，欺压百姓，扰乱经济、社会生活秩序，完全符合恶势力犯罪集团的法定构成要件。内乡县人民检察院指控成立，本院予以支持。

被告人钱高伟、葛云洲、林义、张荣浩、黄福秋、高勇、陈万风、林小喜、傅静雅伙同他人以非法占有为目的，骗取他人合法财产，数额较大，其行为构成诈骗罪，且属共同犯罪。被告人陈美保、吕桂田、周前程、邓闽陈、池明月、吕建端、梁云龙、张天平、陈勇保采取辱骂、恐吓等暴力方式进行催讨，情节恶劣，其行为构成寻衅滋事罪，且属共同犯罪。在共同犯罪中，被告人高勇、林义、陈万风、葛云洲、钱高伟、张荣浩、陈美保、吕桂田、周前程在共同犯罪中起主要作用，应当按照其参与的全部罪行定罪处罚。被告人黄秋福、林小喜、傅静雅、梁云龙、池明月、邓闽陈、吕建端、张天平、陈勇保在共同犯罪中起次要辅助作用，系从犯，依法应当从轻或减轻处罚。被告人陈美保曾因犯罪被判处有期徒刑以上刑罚，刑满释放后五年内，又犯应当判处有期徒刑以上刑罚之罪，系累犯，应当从重处罚。鉴于被告人钱高伟、葛云洲、林义、张荣浩、高勇、黄福秋、陈万风、林小喜、傅静雅、陈美保、吕桂田、周前程、梁云龙、邓闽陈、池明月、吕建端、张天平、陈勇保案发后主动退缴全部赃款，退赔被害人经济损失，积极认罪悔罪，并在律师见证下签署认罪认罚具结书，依法应从轻处罚。

【案例注解】

本案涉及两个焦点问题：一是如何认定“恶势力”标准；二是“套路贷”

与普通的民间借贷两者有什么区别。

一、“恶势力”的演进及认定标准

我国刑法条文中并无“恶势力”的概念，但司法实务界早已形成共识，即“恶势力”是黑社会性质组织的雏形，有的最终发展成为了黑社会性质组织，故及时严惩“恶势力”团伙犯罪，是遏制黑社会性质组织滋生、防止违法犯罪活动造成更大社会危害的有效途径。但因其在刑法概念体系中的“缺位”，对“恶势力”的认定标准一直争议不断；且对于不构成犯罪集团的“恶势力”之惩处，在刑法总则亦难寻觅罪责承担的具体规定，只能依据抽象的宽严相济政策或者用足具有“普适性”的条文实现依法从严打击。

2009 年《最高人民法院、最高人民检察院、公安部办理黑社会性质组织犯罪案件座谈会纪要》（以下简称《2009 年纪要》）首次在司法规范性文件中明确其定义：“恶势力”是指经常纠集在一起，以暴力、威胁或其他手段，在一定区域或者行业内多次实施违法犯罪活动，为非作恶，扰乱经济、社会生活秩序，造成较为恶劣的社会影响，但尚未形成黑社会性质组织的犯罪团伙。“恶势力”一般为三人以上，纠集者、骨干成员相对固定，违法犯罪活动一般表现为敲诈勒索、强迫交易、欺行霸市、聚众斗殴、寻衅滋事、非法拘禁、故意伤害、抢劫、抢夺或者黄、赌、毒等。《2009 年纪要》对“恶势力”之定义及认定标准，是以全国打黑除恶专项斗争协调小组办公室制定的《“恶势力”战果统计标准》为基础，根据当时的实践情况总结、归纳而来，以期为司法实践中如何正确区分“黑”与“恶”提供参考。

2015 年《全国部分法院审理黑社会性质组织犯罪案件工作座谈会纪要》对于“恶势力”的认定标准未作修正，但着重强调——正确把握“打早打小”与“打准打实”的关系。“打早打小”，是指各级政法机关必须依照法律规定对有可能发展成为黑社会性质组织的犯罪集团、“恶势力”团伙及早打击，绝不能允许其坐大成势，而不应被理解为对尚处于低级形态的犯罪组织可以不加区分地一律按照黑社会性质组织处理。“打准打实”，就是要求审判时应当本着实事求是的态度，在准确查明事实的基础上，构成什么罪，就按什么罪判处刑罚。对于不符合黑社会性质组织认定标准的，应当根据案件事实依照刑法中的相关条款处理，从而把法律规定落到实处。由于黑社会性质组织的形成、发展一般都会经历一个从小到大、由“恶”到“黑”的渐进过程，因此，“打早打小”不仅是政法机关依法惩治黑恶势力犯罪的一贯方针，而且是将黑社会性质组织及时消灭于雏形或萌芽状态，防止其社会危害进一步扩大的有效手段。而“打准打实”既是刑事审判维护公平正义的必然要求，也是确保打黑除恶工作实现预期目标的基本前提。

2018 年 1 月 16 日最高人民法院、最高人民检察院、公安部、司法部联合印发的《关于办理黑恶势力犯罪案件若干问题的指导意见》（以下简称《2018 年指导意见》）第十四条规定：“具有下列情形的组织，应当认定为‘恶势力’：经常纠集在一起，以暴力、威胁或者其他手段，在一定区域或者行业内多次实施违法犯罪活动，为非作恶，欺压百姓，扰乱经济、社会生活秩序，造成较为恶劣的社会影响，但尚未形成黑社会性质组织的违法犯罪组织。恶势力一般为三人以上，纠集者相对固定，违法犯罪活动主要为强迫交易、故意伤害、非法拘禁、敲诈勒索、故意毁坏财物、聚众斗殴、寻衅滋事等，同时还可能伴随实施开设赌场、组织卖淫、强迫卖淫、贩卖毒品、运输毒品、制造毒品、抢劫、抢夺、聚众扰乱社会秩序、聚众扰乱公共场所秩序、交通秩序以及聚众‘打砸抢’等。”

《2018 年指导意见》在《2009 年纪要》的基础上对“恶势力”的概念作出了修正：一是在“为非作恶”后增加“欺压百姓”的认定条件，进一步明确“恶势力”区分于一般违法犯罪的行为特征；二是将“纠集者、骨干成员相对固定”删减为“纠集者相对固定”，降低“组织特征”的认定“门槛”；三是对于“恶势力”惯常实施的违法犯罪活动进一步明确化，列举了更具体的行为表现形式，并划分为“主要违法犯罪行为”与“可能伴随实施的违法犯罪行为”两类。

2019 年 4 月 9 日，最高人民法院、最高人民检察院、公安部、司法部联合印发的《关于办理恶势力刑事案件若干问题的意见》第四条规定：“恶势力，是指经常纠集在一起，以暴力、威胁或者其他手段，在一定区域或者行业内多次实施违法犯罪活动，为非作恶，欺压百姓，扰乱经济、社会生活秩序，造成较为恶劣的社会影响，但尚未形成黑社会性质组织的违法犯罪组织。”第 6 条第一款规定：“恶势力一般为 3 人以上，纠集者相对固定。纠集者，是指在恶势力实施的违法犯罪活动中起组织、策划、指挥作用的违法犯罪分子。成员较为固定且符合恶势力其他认定条件，但多次实施违法犯罪活动是由不同的成员组织、策划、指挥，也可以认定为恶势力，有前述行为的成员均可以认定为纠集者。”

从上述规定来看，“恶势力”的认定有三个的要件：一是组织特征。经常纠集在一起，一般为 3 人以上，纠集者相对固定。二是行为特征。以暴力、威胁或者其他手段，在一定区域或者行业内多次实施违法犯罪活动，为非作恶，欺压百姓。三是危害特征。扰乱经济、社会生活秩序，造成较为恶劣的社会影响，但尚未形成黑社会性质组织。①

二、“套路贷”与普通的民间借贷两者有本质的区别

“套路贷”是新型黑恶犯罪的一种，这类新型黑恶犯罪不仅严重侵害当事人的合法权益，也扰乱金融市场秩序，影响社会和谐稳定。

根据2019年4月9日最高人民法院、最高人民检察院、公安部、司法部联合印发的《关于办理“套路贷”刑事案件若干问题的意见》中的规定，“套路贷”与普通的民间借贷两者有本质的区别：

一是出借目的不同。民间借贷目的是为了获取利息收益，而“套路贷”，是对以非法占有为目的，假借民间借贷之名，诱使或迫使被害人签订“借贷”或变相“借贷”“抵押”“担保”等相关协议，通过虚增借贷金额、恶意制造违约、肆意认定违约、毁匿还款证据等方式形成虚假债权债务，并借助诉讼、仲裁、公证或者采用暴力、威胁以及其他手段非法占有被害人财物的相关违法犯罪活动的概括性称谓。

二是手段方法不同。民间借贷一般是双方真实意愿下的借贷行为，受民事法律的保护，双方主观上都不希望发生违约的情况，而“套路贷”则存在诱骗受害人签订虚假合同，制造银行流水，单方面肆意认定违约等多种虚构事实、隐瞒真相的行为，主动追求并制造“违约”事实发生，为下一步设计“套路”，非法占有更多财物奠定基础。

三是法律后果不同。民间借贷的本金和合法利息均受法律保护；而“套路贷”本质上是属于违法犯罪行为，在实施过程中不仅破坏金融管理秩序，还伴随产生多种违法犯罪行为，严重侵害受害人人身权、财产权，其签订的虚假借款合同以及恶意垒高的债务一律不受法律保护。

实践中，“套路贷”的常见犯罪手法和步骤包括但不限于以下情形：

（1）制造民间借贷假象。犯罪嫌疑人、被告人往往以“小额贷款公司”“投资公司”“咨询公司”“担保公司”“网络借贷平台”等名义对外宣传，以低息、无抵押、无担保、快速放款等为诱饵吸引被害人借款，继而以“保证金”“行规”等虚假理由诱使被害人基于错误认识签订金额虚高的“借贷”协议或相关协议。有的犯罪嫌疑人、被告人还会以被害人先前借贷违约等理由，

① 钟晋：《恶势力及恶势力犯罪集团的认定标准——详解〈关于办理恶势力刑事案件若干问题的意见〉》，载网易新闻频道，最后访问时间：2019年4月17日。

迫使对方签订金额虚高的“借贷”协议或相关协议。

（2）制造资金走账流水等虚假给付事实。犯罪嫌疑人、被告人按照虚高的“借贷”协议金额将资金转入被害人账户，制造已将全部借款交付被害人的银行流水痕迹，随后便采取各种手段将其中全部或者部分资金收回，被害人实际上并未取得或者完全取得“借贷”协议、银行流水上显示的钱款。

（3）故意制造违约或者肆意认定违约。犯罪嫌疑人、被告人往往会以设置违约陷阱、制造还款障碍等方式，故意造成被害人违约，或者通过肆意认定违约，强行要求被害人偿还虚假债务。

（4）恶意垒高借款金额。当被害人无力偿还时，有的犯罪嫌疑人、被告人会安排其所属公司或者指定的关联公司、关联人员为被害人偿还“借款”，继而与被害人签订金额更大的虚高“借贷”协议或相关协议，通过这种“转单平账”“以贷还贷”的方式不断垒高“债务”。

（5）软硬兼施“索债”。在被害人未偿还虚高“借款”的情况下，犯罪嫌疑人、被告人借助诉讼、仲裁、公证或者采用暴力、威胁以及其他手段向被害人或者被害人的特定关系人索取“债务”。

由此可见，“套路贷”是新型黑恶犯罪的一种，这类新型黑恶犯罪不仅严重侵害当事人的合法权益，也扰乱金融市场秩序，影响社会和谐稳定。

本案中，以林明良为首要分子，木文凯、蔡明源、高勇、林义、钱高伟、葛云洲、陈万风为主要骨干成员，组成较为严密的犯罪组织，有预谋、有计划的实施“套路贷”犯罪。该犯罪团伙在被害人无法偿还借款以及续期费时，将被害人信息提供推送至湖南邵阳由陈美保、吕桂田、周前程、邓闽陈、吕路梅、吕红梅、池明月、邓超、吕建端、梁云龙、梁学师、张天平、陈勇保、尹涛涛、尹玉龙组成的催收公司，该催收公司以陈美保为首要分子，以吕桂田、周前程为骨干成员，陈勇保等人予以协助实施犯罪。该犯罪集团的组成人员众多，有明显的首要分子、重要骨干成员，人员较为固定，经常纠集在一起，多次实施犯罪活动，为非作恶，欺压百姓，扰乱经济、社会生活秩序，完全符合恶势力犯罪集团的法定构成要件。

（**一审法院合议庭成员**　张　珂　房剑立　程国敏

编写人　河南省内乡县人民法院　成廷洲　杨慧文

责任编辑　周维明

审稿人　李玉萍）

民 事

刘某与被告袁某、陈某、禹某、奉某生命权、健康权、身体权纠纷案

——数人侵权因果关系及侵权责任的认定

关键词：民事　侵权责任　数人侵权　因果关系

【裁判要旨】

1.《侵权责任法》第十二条对应为“非全部足以”，而非“都不足以造成全部损害”。该条规定的按份责任既可能是因为每个人的行为都对结果有直接作用，也可能是因为并列存有直接作用行为和在法律价值判断中认为应受否定性评判的间接作用行为。

2. 前加害行为为后加害行为创造条件，而前加害行为本身不能产生后加害行为所造成的损害的，前后数行为的因果关系成立。符合侵权责任的构成要件的，根据《侵权责任法》第十二条承担相应的责任。

【相关法条】

《中华人民共和国侵权责任法》第十一条　二人以上分别实施侵权行为造成同一损害，每个人的侵权行为都足以造成全部损害的，行为人承担连带责任。

第十二条　二人以上分别实施侵权行为造成同一损害，能够确定责任大小的，各自承担相应的责任；难以确定责任大小的，平均承担赔偿责任。

《最高人民法院关于审理人身损害赔偿案件适用法律若干问题的解释》第

三条 二人以上共同故意或者共同过失致人损害，或者虽无共同故意、共同过失，但其侵害行为直接结合发生同一损害后果的，构成共同侵权，应当依照民法通则第一百三十条规定承担连带责任。

二人以上没有共同故意或者共同过失，但其分别实施的数个行为间接结合发生同一损害后果的，应当根据过失大小或者原因力比例各自承担相应的赔偿责任。

【案件索引】

一审：湖南省新化县人民法院（2017）湘1322民初3988号（2018年5月23日）

【基本案情】

原告刘某诉称：四被告赔偿原告医疗费38810.46元、司法鉴定费1200元、后续治疗费14000元、营养费2700元、护理费9000元、交通费1500元、精神补助费1万元，共计76210.46元；本案诉讼费由四被告承担。

被告袁某、陈某辩称：（1）本案事实系刘某乘人之危侵犯袁小某。幸好袁某、陈某及时赶到，袁某拉开了刘某，陈某也只是打了刘某一个耳光，刘某从窗口爬出去时，袁某、陈某均不在现场，同时刘某爬到农户屋顶后，在农户给刘某拿梯子时，刘某不听摔下来的。（2）袁某、陈某不应当承担责任，刘某作为一个即将年满18周岁的未成年人对于从窗户爬出的危险应该是有预见性的，其过于自信而放任危险发生，在爬窗出去之后，在农户要求刘某别动的情况下，刘某不听而导致自己摔伤。刘某爬窗时袁某、陈某均不在场，不存在威胁刘某安全，故不存在因果关系。同时刘某的行为超出了同学交往的界限，幸好袁某、陈某及时赶到制止了刘某对袁小某不礼貌的行为。（3）刘某监护人未能尽到监护责任，其监护人应当承担责任。（4）禹某作为KTV经营者，无证经营，没有安装防盗窗，且接待未成年人进入KTV场所，又未能尽到安全保障义务，其应承担侵权责任。（5）原告所诉医疗费、鉴定费应以实际发票为准。后续治疗费没有发生、营养费没有标准、交通费没有票据，且原告受伤没有达到残疾程度，故后续治疗费、营养费、交通费、精神补助费不应当得到支持。

法院经审理查明，原告刘某与被告袁某之女袁小某系初中同班同学。2017

年6月22日上午，袁小某通过微信与被告禹学文联系预定“渠恋 KTV”包厢一个。同日，刘某、袁小某等11名同学相约进行同学聚会，晚上7时许，刘某等11人来到袁小某预定的“渠恋 KTV”包厢聚会。“渠恋 KTV”给刘某等11人提供了小瓶啤酒12瓶、果盘一份、爆米花一份、小吃四份等食品。期间，刘某等人在外购买了邵阳老酒、红牛、啤酒及零食，并带回“渠恋 KTV”包厢饮用。参与聚会的11人均喝了酒。

2017年6月22日晚9时许，被告袁某、陈某来到刘某等11人聚会的“渠恋 KTV”包厢，见刘某与袁小某有亲昵动作，被告袁某用脚踢了刘某，被告陈某打了刘某的耳光。刘某从“渠恋 KTV”包厢厕所窗户爬出时，被告袁某、陈某均不在该包厢，但还均在“渠恋 KTV”，被告袁某正与“渠恋 KTV”的工作人员进行交涉。

刘某从“渠恋 KTV”包厢厕所窗户爬出后，沿着紧邻“渠恋 KTV”农户的房顶前行约20米，被案外人奉某某发现，在案外人奉某给其找梯子的过程中，刘某从二楼中间窗户处摔下。刘某摔伤后，参加聚会的部分同学将刘某送至某镇卫生院。经某镇卫生院检查，刘某“左尺桡骨远端骨皮质断裂、骨折端向桡向背侧脱位”。2017年6月23日，刘某转至某县中医院治疗，经诊断“左尺桡骨远端粉碎性骨折、左肘关节脱位、左腕关节皮肤软组织擦挫伤、左桡神经正中神经挫伤”，刘某在某县中医院住院治疗38天，于同年7月31日出院。

【裁判结果】

湖南省新化县人民法院于2018年5月23日作出（2017）湘1322民初3988号民事判决：由被告袁某、陈某赔偿原告刘某各项经济损失13527.83元；由被告禹某、奉某赔偿原告刘某各项经济损失8116.7元；驳回原告刘某的其他诉讼请求。

一审判决后，各方均未上诉，判决已生效。

【裁判理由】

法院生效裁判认为：公民的身体健康权利受法律保护，行为人因过错侵害他人人身权利，应当承担侵权责任；被侵权人对损害的发生也有过错的，可以减轻侵权人的责任。第一，本案中原告刘某虽未满18周岁，属于未成年人，但案发时其已年满 15 周岁，并接受了初中教育，其应该能够认知爬出窗户在屋顶上行走的危险性，且其作为学生进入 KTV 等娱乐场所并饮酒，其行为违反了《中小学生守则》，同时其与袁小某的行为超出了同学之间的界限和未成年人应有之行为。在他人给原告拿楼梯时，原告未能采取正确的行为，故原告对自身损害结果的发生存在主要过错，应承担主要责任。第二，“望子成龙，望女成凤”是每个家长的愿望，被告袁某、陈某在看到袁小某与刘某的亲昵动作时，未能控制自己的情绪，没有采取正确的教育方式，而是采取粗暴的手段去处理。因原告刘某系未成年人，其心智尚未完全成熟，遇事的承受能力与成年人相比有一定差距，故原告刘某在面对遇到此种情况时而产生害怕心理，以期爬出窗户而进行躲避，亦在情理之中。虽然被告袁某、陈某在刘某爬出窗户时不在包厢内，但两被告均在 KTV 内，且袁某正在与 KTV 进行交涉，同时与两被告打刘某的时间相隔不长，刘某基于两被告的行为产生害怕的心理并未消除，故被告袁某、陈某对于损害结果的发生存在过错和具备因果关系，但综合本案损害后果发生的原因，被告袁某、陈某的行为虽系直接原因但并非主要原因，故两被告应承担次要责任。第三，“渠恋 KTV”未办理工商营业登记手续，故应以经营者为当事人。本案中尽管被告禹某辩称“渠恋 KTV”的经营者为奉某，其不是本案的被告，但本案系袁小某通过微信联系禹某预定 KTV 的包厢，同时庭审中禹某自认其帮助奉某进行管理，且禹某与奉某系夫妻关系，因此禹某实际上参与了 KTV 的经营和管理，故禹某系本案适格的被告。未成年人是祖国的未来和希望，为给未成年人创造一个的健康成长良好的外部环境，法律给予未成年人特殊的保护，《未成年人保护法》第三十六条规定“营业性歌舞娱乐场所、互联网上网服务营业场所等不适宜未成年人活动的场所，不得允许未成年人进入”、第三十七条规定“禁止向未成年人出售烟酒”，被告禹某、奉某作为“渠恋 KTV”的经营者和管理者，在经营过程中未能尽到合理的审查义务，接待了未成年人在 KTV 消费，并为未成年人提供了啤酒，其行为违反了上述法律的规定。事发时及事发后，“渠恋 KTV”没有工作人员到现场进行处理，未能尽到安全保障义务。综上被告禹某、奉某对于损害结果的发生存在过错，其应承担次要责任。综合考虑原、被告各方的过错程度和原因力，本案由原告刘某自行承担 60% 的赔偿责任，被告袁某、陈某承担 25% 的赔偿责任，被告禹某、奉某承担 15% 的赔偿责任为宜。原告刘某对自己的部分损失不能提供相应的充足的证据，依法应当承担举证不能的后果。

【案例注解】

"无救济则无权利"，随着社会经济发展，侵权法的核心内容从"不法行为"演化到"侵权责任"。一般而言，侵权责任是由责任的认定和责任的承担两个要素构成。认定是否应当承担责任是前提，责任方式的适用是责任的具体化，是责任承担的结果。而责任的认定、承担都涉及因果关系，故因果关系是确定侵权责任的前提。民事侵权责任中的因果关系，是指行为或物件与损害事实之间的前因后果的联系。基于社会生活的多样性，民事纠纷产生的原因亦是多种多样，千差万别，现实生活中无意思联络的数人致人损害时有发生，对于各无意思联络人的行为与结果之间的因果关系及赔偿责任，在审判实践中，出于对理论及现行法律不同的理解，以及对社会效果等因素考虑，采取的态度也并不统一，故对此一类问题探讨逐渐成为审判实践过程中具有普遍意义的问题。就本案而言，需要各无意思联络的侵权人是否需要承担侵权责任及其责任承担的范围，需从以下几个问题进行论述。

一、因果关系理论的对比、分析

因果关系的认定是确定侵权责任的基础，无因果关系，即使行为人是故意，也不用承担责任。虽然因果关系是独立于人的主观意识之外且不以人的意识为转移的客观事实，但是对于因果关系的认识却是人活动的结果，取决于人们确定因果关系的标准及观念。传统大陆法系民法理论中，将侵权行为法上的因果关系分为责任成立的因果关系与责任范围的因果关系。前者是指可归责的行为与权利受侵害之间具有因果关系，后者是指权利受侵害与损害之间的因果关系，前者断定的是权利受侵害是否因其原因事实而发生，后者解决的是因权利被侵害所造成的损害是否应赔偿的问题。而对于因果关系的认定，理论上主要有如下几种认识。

（一）条件说

依据该理论，认为凡是对于损害后果之发生起重要作用的条件行为，都是该损害后果法律上的原因，凡是原因对结果的发生都具有同等的原因力。条件说虽然注意到了因果关系的客观性，但是其认为凡具原因都具有同等原因力的观点，无限地扩大了因果关系的锁链，同时其亦无法区分责任成立因果关系和责任赔偿因果关系，其只能确认责任成立的因果关系，而就确认和限制赔偿范围必须寻找其他标准。

（二）相当因果关系说

相当因果关系说是在条件说上进一步发展出来的理论，它通过考察各种原因就引发损害后果的可能性区分所有与损害后果的原因。也就是说如果原因与后果之间完全无可能性，则加害人无赔偿责任。根据该理论，侵权法上因果关系的构成必须符合如下的两个条件：其一，侵权行为必须是损害的一个必要条件；其二，侵权行为必须极大地增加了这一损害发生的“客观可能性”。前者是条件关系，后者是“相当性”。而对于“相当性”判断建立在“事物通常的发展过程”的基础上，如果损害和侵权行为之间的联系符合“事物通常的发展过程”，亦即损害系侵权行为发展过程的通常结果，则二者之间就具有“相当因果关系”。而对于“事物通常的发展过程”的认识则是一个最优观察者（其并不是无所不知的人，而是知晓当时可以知晓的情况和考虑到并非完全遥远的可能）所能认识、预见或可能预见的事实为标准，而不是特殊的、不可能的、依据正常发展不予考虑的。法官也是从这个最优观察者的视角出发来判断特定的行为或事件的发展是否通常会导致损害结果或者极大增加其发生的可能性。

当然在相当因果关系的认定中，实践中还需考虑还强调用“政策考量”来辅助相当性的判断，主要包括概率高低（即风险程度）、时间的遥远程度、损害后果的可预见性、受害人自身的因素、第三人行为或独立事件介入的因素、损害后果与作为原因的事件所处的远近，此外还包括法律的保护目的、损害的严重程度、受保护利益的性质和价值、责任基础（即归责原则）以及风险分摊中的社会价值导向等政策因素。

二、因果关系形态下数人侵权的分类

在民事侵权领域，即有单个责任主体直接对某一损害后果单独承担责任的情形，亦有数个责任主体对同一损害后果承担侵权责任的情形，后者称为广义上共同侵权责任，而狭义上的共同侵权责任，仅仅指连带侵权责任。其中《侵权责任法》第八条、第九条、第十条构成了我国现行法上的共同侵权行为体系，第十条、第十一条构成了除共同侵权行为之外的其他数人侵权体系。《最高人民法院关于审理人身损害赔偿案件适用法律若干问题的解释》（以下简称《人身损害赔偿司法解释》）第三条亦作了相应的规定。

（一）因果关系的形态

在侵权责任构成要件中，行为人的加害行为与结果之间的因果关系往往表现为不同的形态。

1. 一因一果。一因一果是指原因和结果均为单数。侵权人是一个人还是多个人并非确定“一因一果”侵权行为的关键，而在于侵权损害后果是由一个原因行为造成的，即虽然数个侵权人参加了加害行为，但其均不具备独立价值，只是构成关联的统一行为的一个部分。

2. 一因多果。一因多果是指原因为单数，结果为复数，即原因是单个加害行为，结果为数个受害人的损害后果或一个受害人的多个损害后果。

3. 多因一果。多因一果是指原因为复数，结果为单数，原因为多个行为人的多个加害行为，结果为受害人单一损害后果。

4. 多因多果。多因多果是指原因为复数，结果也为复数，其原因是多个加害人的多个加害行为，结果为受害人的多项损失或多个受害人的损失后果。

（二）第八条至十二条及《人身损害赔偿司法解释》第三条的因果形态分类

《侵权责任法》第八条规定了共同加害行为，第九条规定了教唆、帮助行为，第十条规定了共同危险行为，第十一条规定的是以聚合（等价）因果关系表现的数人侵权，第十二条规定的是以累积（竞合）因果关系表现的数人侵权。《人身损害赔偿司法解释》第三条第一款规定了“直接结合”的数人侵权行为。所谓直接结合，是指数个行为结合程度非常紧密，对加害后果而言，各自的原因力和加害部分无法区分。直接结合的数个行为因不能被视为损害结果发生的一个统一的原因，所以属于“多因一果”侵权行为。同时该条第二款规定了间接结合情形。在此类数人侵权中，不存在共同的过错，数个行为偶然地结合在一起，无法被视为一个统一的原因。

因此，可以认为第八条、第九条与第十条共同构成了（广义）共同侵权行为，对应着“一因一果”数人侵权；第十一条、第十二条与《人身损害赔偿司法解释》第三条则对应着“多因一果”数人侵权。

1. 第八条、第十条的特点。《侵权责任法》第八条规定了共同加害行为，第九条规定了教唆、帮助行为，第十条规定了共同危险行为，三者共同构成《侵权责任法》上的“一因一果”数人侵权。

（1）第八条与“一因一果”数人侵权。第八条规定的共同加害行为，又称为狭义的共同侵权行为，它是指两个或两个以上的行为人，基于共同的故意或过失致他人损失，依法应当承担连带责任的侵权行为。该条与第十一条、第十二条的本质区别是共同加害人具有主观上的共同过错，其承担的责任为连带责任。需要注意的是第八条将“共同侵权”改为“共同实施”，故《侵权责任法》第八条之“共同实施”应包含共同过失，但此处的共同过失与“多因一果”数人侵权存在本质区别。

所谓共同过失，包含“过失的共同”与“共同的过失”两个方面的要素。前者强调的是数个加害人就损害结果的发生，具有共同的可预见性。后者强调的是共同过失的成立须有各行为人过失的结合，即缺少任何行为人的过失(行为)，结果就不会发生，或者结果虽然发生，但不属于共同过失的范围。

（2）第十条与“一因一果”数人侵权。第十条规定了共同危险行为，其又称准共同侵权行为，是指数人的危险行为有可能造成对他人的损害，但不知数人中何人造成实际的损害，法律视其为共同侵权行为。首先各行为人之间不存在致人损害意思联络。其次是不存在共同过失，虽然从数个行为人共同造成危险状态来看，共同危险行为人是有过失的，但此种过失显然与对损害结果的发生有过错是不同的。再次，损害的发生只是与数人的危险行为有关联，损害结果只是由部分人所致，而非全体人所为。

2. 第十一条、第十二条及《人身损害赔偿司法解释》第三条的联系与区别。《侵权责任法》第十一条规定了以聚合因果关系表现的“多因一果”数人侵权，其可以概括为“分别实施、足以造成”，第十二条规定了以累积因果关系表现的“多因一果”数人侵权其可概括为“分别实施、结合造成”。第十一条、第十二条的共同点是：各加害人不是在共同意思结合的情况下而为分别实施侵权行为造成同一损害。此点与第八条的“共同实施”相区别，也是“多因”与“一因”的区别。“同一损害”意味着损害结果的不可分，如果损害结果是可分的，各行为指向不同的互不关联的损害，就成为多个单独侵权行为的简单累加，连带责任或按份责任的承担也就丧失了基础。

（1）第十一条与“多因一果”数人侵权。第十一条规定的是聚合因果关系，它是以连带责任为责任形态的“多因一果”数人侵权行为。该条包含着一个关键的构成要素即每个“分别实施”的加害行为都必须直接作用于“同一损害”，必须符合对于“同一损害”而言的侵权责任成立的构成要件。其中该条中规定“每个人的侵权行为都足以造成全部损害”既是适用连带责任的条件，也是也是本条区别于第十二条的核心。

（2）第十二条与“多因一果”数人侵权。相对第十一条而言，第十二条为“分别实施、结合造成”，除责任类型这一后果区分外，“足以造成”与“结合造成”成为第十一条、第十二条区别的关键。第十一条是“（全部）足以造成”，而第十二条则对应为“非全部足以”，而非“都不足以造成全部损害”。同时在理解第十二条时，要注意第十二条规定的是按份责任，这种按份责任的产生既可能是因为每个人的行为都对结果有直接作用；也可能是因为并列存有直接作用行为和在法律价值判断中认为应受否定性评判的间接作用行为。因此其可以存在直接结合与间接结合的不同样态。因此在实践中有四种可能存在的情形：

第一种情形：每个分别实施的加害行为都单独成立侵权责任。该种情形又分为两种情况：一是每个侵权行为都非足以造成最终损害，但累积到一起则造成了该损害；二是一个侵权行为足以造成损害，另一个侵权行为也对同一损害有原因力，只不过这种原因力可以为第一个行为的原因力所吸收，或对第一个行为的原因力有所强化。

第二种情形：每个分别实施的加害行为单独都能成立侵权责任，但从单独侵权的视角来看，其指向的对象是不同的，第二个加害行为对第一个加害行为所造成的损害结果的评估加以修正，但从数人侵权角度视之，后一损害后果也可归于第一个侵权行为。判断此种情形的标准是“实际发生的结果根据一般经验是否是行为的正常和可预见性的结果”。

第三种情形：每个分别实施的加害行为（对于同一损害或前后两个相关联的损害）单独都不能成立侵权责任，但结合到一起产生了对同一损害的侵权责任。

第四种情形：第一个加害行为为第二个加害行为创造了条件，而其本身不能产生第二个加害行为所造成的损害。在此种情形，需要注意的是前一行为是否应对后一行为所造成的损害后果承担责任，即前一行为与损害结果间是否具备法律上的因果关系。对此，通说持相当因果关系说。

3. 第十一条、第十二条与《人身损害赔偿司法解释》第三条之比较。对比《侵权责任法》第十一条与第十二条的与《人身损害赔偿司法解释》第三条的规范范围。形式上看，《人身损害赔偿司法解释》第三条中的“直接结合”规范范围被第十一条与第十二条所吸收，“间接结合”之一部分被第十二条所规范。虽然第十一条在处理结果上与人身损害赔偿司法解释第三条相同，但第十一条并非承继“直接结合”，两者还是存在本质区别。在第十一条中，连带责任的正当性基础在于每个加害人对自我责任的承担，来源于因果关系的特殊判断规则，而非加害人行为的“直接结合”。因此，第十二条形式上承继了除第十一条调整范围以外的“直接结合”情形，但从实质意义而论，第十二条则承继了全部“直接结合”的情形，并将连带责任改为按份责任。对于“间接结合”情形，第十二条只是吸纳了与损害结果具有相当因果关系的部分。

三、因果关系进阶：责任归责

第一，本案中，造成刘某受伤的直接原因是其爬出窗外，其本人不慎从窗户上掉下而受伤。但根据相当因果关系的理论，被告袁某、陈某的殴打行为与刘某损害的结果发生存在因果关系，系刘某发生损害后果的直接原因。首先，两被告的殴打行为属于违法行为。其次，在当时的环境及场所中，刘某属于"最优观察者"，作为未成年人的刘某心智尚未发育成熟，其在与同学亲昵时遇到突如其来的同学的家长，并被同学的家长殴打，其内心必然产生恐惧，此属于正常的心理。因此刘某能想到的就是要脱离其所面临的处境，而从 KTV 的建筑建构来看，刘某只有通过一楼才能逃离所处的环境，但此时被告袁某正在一楼与 KTV 的工作人员进行理论，为了逃避两被告，选择爬窗亦属于正常，故两被告的殴打行为系刘某爬窗的前提条件。再次，两被告的打骂行为与刘某爬出窗外的时间间隔很短且两被告的仍旧在 KTV 内，因此刘某由此产生的恐慌心理一直未消除，也正是基于两被告的殴打行为才使刘某陷入在黑夜爬窗从邻屋逃离的危险境地，刘某摔伤是完全符合此事的正常发展的，故两被告的殴打的行为与刘某受伤之间具有"客观可能性"。

第二，被告禹某、奉某的行为系刘某损害发生的间接原因，并具有相当因果关系。首先，被告禹某、奉某作为 KTV 的经营者，根据法律的规定，两被告应该在经营过程中，尽到合理的审查义务。被告禹某明知刘某等人系初中生，属于未成年人，不但没有拒绝其进入娱乐场所，而且还为未成年人提供酒水饮料。因此基于未成年人保护法对于未成年给予的特别保护的目的，两被告作为娱乐场所的经营者，显然违反了法律规定义务。其次，在 KTV 违法接待未成年人后，两被告及 KTV 的工作人员更应该给予未成年人更多的保护并尽到更多的注意义务，但在刘某被殴打之时及被殴打之后，两被告及 KTV 的工作人员未及时予以处理，未能给予刘某安慰及保护，明显违反了安保义务。再次，两被告的行为虽然没有直接引发刘某受损的结果，刘某受伤的结果有袁某、陈某等原因的介入，但是基于法律之所以禁止 KTV 等娱乐场所接待未成年人，正是未成年人进入此类娱乐场所会影响其健康成长，同时此类娱乐场所的人员复杂，未成年自身防护能力相对于成年人较差，故未成年人一旦进入此类娱乐场所就处于一个不安全的环境之中，因此两被告应该较常人有更高的注意义务，在接待未成年人就应该能预计未成年人基于其自身防护能力有可能会受到伤害，故两被告应该对于损害的结果具备"可预见性"。

第三，从本案的实际情况来看，刘某损害的结果发生的原因有多个（禹某、奉某未尽到审查、注意和及时处理的原因，袁某、陈某的殴打行为的原因，刘某违背中学生准则及逃离过程中未能谨慎仔细的原因)，从而导致刘某受伤的结果，属于典型的“多因一果”，其应该属于《侵权责任法》第十二条规定“二人以上分别实施侵权行为造成同一损害，能够确定责任大小的，各自承担相应的责任；难以确定责任大小的，平均承担赔偿责任”。因此刘某基于自身的过错，应该就其自身的损失承担责任，被告袁某、陈某应该就刘某的损失承担责任且袁某、陈某之间应该承担连带责任，禹某、奉某应该就刘某损失承担责任且禹某、奉某之间应该承担连带责任。具体分析如下：首先，《侵权责任法》第八条规定的是共同加害行为，其需要行为人有共同的故意或者共同的过失。从本案来看，虽然袁某、陈某之间存在故意殴打刘某的故意，但是禹某、奉某与袁某、陈某并无共同的故意或共同的过失，因此四被告之间的行为不符合共同加害行为。其次，如前所述，刘某发生损害结果原因存在多个，但禹某、奉某与袁某、陈某的行为单独不足以造成刘某的全部损失，故亦不符合《侵权责任法》第十一条的规定。再次，虽然禹某、奉某与袁某、陈某的行为均不足以造成刘某的损失，但是禹某、奉某与袁某、陈某的行为均是刘某产生损害的条件，同时行为人之间的行为相互依存，如果作为KTV的经营者没有接待刘某等人或者在刘某被殴打后及时处置，则不会发生刘某的损失，如果袁某、陈某不殴打刘某，亦不会发生刘某的损失，同理刘某如果能遵守中学生行为准则，遇到事情能谨慎仔细，亦不会发生损失。故正是基于上述行为的间接结合，才发生了刘某受伤的事情。如前所述，《侵权责任法》第十二条吸收了《人身损害赔偿司法解释》第三条吸纳了与损害结果具有相当因果关系的部分，而本案中四被告的行为与刘某的损失均具有相当的因果关系。

（**一审法院合议庭成员** 杨宗勇 罗 斌 邹若华

编写人 湖南省新化县人民法院 龚光辉

责任编辑 杨 奕

审稿人 曹守晔）

许小某诉周一某、周二某继承纠纷案

——继承纠纷中亲子关系的证明责任和认定标准

关键词：民事　法定继承　亲子认定　同胞关系鉴定　类比推定

【裁判要旨】

1. 被继承人死亡后，原告方向人民法院起诉请求确认与被继承人存在亲子关系并要求继承被继承人财产的，应当提供必要证据予以证明；原告方要求与被告方做同胞或半同胞关系鉴定，被告方明确予以拒绝的，人民法院不得直接推定原告方与被继承人亲子关系存在。

2. 原告方已经提供必要且充分的证据予以证明，被告方要求与其做同胞或半同胞关系鉴定的，原告方拒绝做同胞或半同胞关系鉴定的，人民法院可以推定原告方主张不成立。

【相关法条】

《最高人民法院关于民事诉讼证据的若干规定》第七十五条　有证据证明一方当事人持有证据无正当理由拒不提供，如果对方当事人主张该证据的内容不利于证据持有人，可以推定该主张成立。

《最高人民法院关于适用〈中华人民共和国婚姻法〉若干问题的解释(三)》第二条　夫妻一方向人民法院起诉请求确认亲子关系不存在，并已提供必要证据予以证明，另一方没有相反证据又拒绝做亲子鉴定的，人民法院可以推定请求确认亲子关系不存在一方的主张成立。当事人一方起诉请求确认亲子关系，并提供必要证据予以证明，另一方没有相反证据又拒绝做亲子鉴定的，人民法院可以推定请求确认亲子关系一方的主张成立。

《最高人民法院关于适用〈中华人民共和国民事诉讼法〉的解释》第九十

二条 一方当事人在法庭审理中，或者在起诉状、答辩状、代理词等书面材料中，对于己不利的事实明确表示承认的，另一方当事人无需举证证明。对于涉及身份关系、国家利益、社会公共利益等应当由人民法院依职权调查的事实，不适用前款自认的规定。

第一百零八条 对负有举证证明责任的当事人提供的证据，人民法院经审查并结合相关事实，确信待证事实的存在具有高度可能性的，应当认定该事实存在。

对一方当事人为反驳负有举证证明责任的当事人所主张事实而提供的证据，人民法院经审查并结合相关事实，认为待证事实真伪不明的，应当认定该事实不存在。

法律对于待证事实所应达到的证明标准另有规定的，从其规定。

【案件索引】

一审：北京市西城区人民法院（2016）京0102民初15845号（2017年1月25日）

二审：北京市第二中级人民法院（2017）京02民终4366号（2018年4月8日）

【基本案情】

原告（被上诉人）许小某诉称：其与周一某、周二某是同母异父的兄妹关系，其母亲陈晓某于2015年12月17日因病去世。陈晓某和许小某父亲许国某于1968年生下许小某，1969年7月离婚。离婚后许小某随许国某在河南省尉氏县生活。后陈晓某与周某再婚，先后生下周一某、周二某。许小某十来岁时，曾与陈晓某、周某、周一某、周二某一同在河北省光宗县生活过几年，后周一某、周二某随母亲来北京工作生活，许小某到郑州上学工作至今。陈晓某来京后，许小某与母亲一直有联系，并经常往来。今年元旦许小某通过母亲单位得知母亲去世。在母亲病重时，周一某、周二某未送医就诊，也未通知许小某。许小某故起诉至法院，请求：（1）依法分割被继承人陈晓某位于北京市西城区天宁寺前街北里201房屋的九分之二归许小某所有；（2）依法分割被继承人陈晓某位于北京市西城区天宁寺前街北里202房屋的九分之二归许小某所有；（3）依法分割被继承人陈晓某的存款。

被告（上诉人）周一某、周二某辩称：不同意许小某的诉讼请求。（1）许小某没有证据证明其是陈晓某的儿子，其提交的证据不具有相应证明力。(2) 陈晓某生前已留下录音遗嘱，其指定的继承人为周一某、周二某。(3) 周一某、周二某赡养、照顾母亲陈晓某及父亲周某的晚年生活，并给母亲看病、治疗。

法院经审理查明，陈晓某与周某系夫妻关系，二人共育有二女，分别是周一某、周二某。周某于 2015 年 9 月 20 日因病去世。周某去世后，陈晓某未再婚。陈晓某于 2015 年 12 月 17 日因病去世。

本案二审期间，经许小某申请，二审法院委托法大法庭科学技术鉴定研究所对许小某与周一某、周二某是否存在同母异父半同胞关系进行鉴定。后所出具“不予受理函”，称该单位目前尚没有线粒体 DNA 的检测能力，决定不予受理此鉴定。许小某要求将本案移送到北京华大方瑞司法物证鉴定中心鉴定，周一某、周二某表示不同意。

本案二审期间，合议庭向许小某所在单位郑州市二七区社会治安巡防管理办公室对该单位证明及许小某的档案、入党材料进行了核实。经查，许小某系该单位临时工，没有人事档案，其入党材料中，母亲“陈晓某”的姓名、出生日期均有明显修改，许小某的出生地“新疆”也系修改。许小某入党材料中，其亲属的外调材料被调查人为“许国某、汪书某”。另经二审调查询问，该单位负责人称其单位所出具的证明中，写明许小某与陈晓某系母子关系的依据是入党材料及许小某本人陈述。

【裁判结果】

北京市西城区人民法院于 2016 年月日作出（2016）京 0102 民初 15845 号民事判决：一、天宁寺前街 201 房屋由许小某、周一某、周二某继承，其中许小某占五分之一的份额，周一某占五分之二的份额，周二某占五分之二的份额；二、天宁寺前街 202 房屋由许小某、周一某、周二某继承，其中许小某占五分之一的份额，周一某占五分之二的份额，周二某占五分之二的份额；三、周某名下的中国建设银行账户和中国工商银行账户中的存款本金和利息由许小某、周一某、周二某所有，其中许小某占五分之一份额，周一某占五分之二份额，周二某占五分之二份额；四、陈晓某名下的中国工商银行账户、中国建设银行账户中截至 2015 年 9 月 16 日的存款本金和利息由许小某、周一某、周二某所有，其中许小某占五分之一份额，周一某占五分之二份额，周二某占五分之二份额；五、陈晓某名下的中国工商银行账户、中国建设银行账户中的存款本金和利息（扣除上述账户中截至2015年9月16日的存款本金和利息）由许小某、周一某、周二某所有，其中许小某占四分之一份额，周一某占八分之三份额，周二某占八分之三份额；六、驳回许小某的其他诉讼请求。

宣判后，周一某、周二某不服原审判决，提起上诉。北京市第二中级人民法院于2018年4月8日作出（2017）京02民终4366号民事判决：驳回许小某全部诉讼请求。

【裁判理由】

法院生效判决认为：本案争议的焦点是许小某是否具备法定继承人身份。

1. 许小某就其与陈晓某存在亲子关系负有举证责任，其提供的证据不足以证明亲子关系存在。主张法律关系存在的当事人，应当对产生该法律关系的基本事实承担举证证明责任，许小某应当就其与陈晓某存在母子关系承担举证责任。本案中，许小某主张其系陈晓某与其父许国某的婚生子，称许国某与陈晓某曾登记领取了结婚证，并办理了正式的离婚手续。但许小某对于许国某与陈晓某结婚、离婚的情况，不能提供相应的结婚证、离婚证（或离婚判决书）等证据，也未能提供婚姻登记部门的相关档案材料佐证。到庭证人均未亲自见证陈晓某与许国勋在新疆登记结婚、离婚的事实，许小某在一审中提交的公安机关、村委会的证明缺乏陈晓某相应户籍登记情况及婚姻登记情况佐证，均系传来证据。在许小某提供的入党材料中，经核实，母亲“陈晓某”的名字、出生日期均有明显涂改，许小某的出生地也有明显涂改。至于许小某提供的合影照片、书信封面、汇款单不能直接证明双方有血缘关系，故许小某主张的事实，证据不足。

2. 半同胞亲缘关系鉴定与亲子鉴定价值取向不同，不能类比适用《最高人民法院关于适用〈中华人民共和国婚姻法〉若干问题的解释（三）》［以下简称《婚姻法解释（三）》］第二条规定的亲子关系推定规则。本案中，因陈晓某已经去世，无法与许小某进行亲子关系鉴定。许小某申请对其与周一某、周二某之间具备半同胞亲缘关系进行鉴定，周一某、周二某表示不同意。为此，许小某提出，其就与陈晓某之间具备自然血亲关系提供了证据，周一某、周二某不同意鉴定，应当适用《婚姻法解释三》第二条规定，① 人民法院应当

① 该条的要旨是婚姻当事人一方提供必要的证据要求确认亲子关系，对方当事人没有相反证据而又拒绝亲子鉴定的，则可以推定主张方的主张成立。

推定许小某与陈晓某之间的血亲关系成立。对于许小某这一意见，本院不予采信。首先，许小某向法庭提交的证据未达到“必要证据”这一标准。其次，亲缘关系鉴定更具有很强的伦理性，虽然是认定亲缘关系的最直接证据，但不能轻易启动。此外，许小某提出的鉴定是半同胞亲缘关系鉴定，并非亲子鉴定，周一某、周二某作为陈晓某的婚生子女和法定基继承人对于陈晓某本人鉴定样本的缺失并无过错，因样本缺失而启动家族基因鉴定，要求适用法律上的亲子关系推定，可能导致家庭秩序混乱，故法院认为，本案并非《婚姻法解释（三）》第二条中推定亲子关系一方的主张成立的情形。

故二审法院认为，许小某主张按法定继承人的身份继承陈晓某的遗产，证据不足，对其主张依法予以驳回。

【案例注解】

法定继承纠纷中亲子关系的认定能否类比适用《婚姻法解释（三）》规定的亲子关系条款系本案中的争议焦点问题，这一问题在司法实践中具有很强的代表性和典型性。此类纠纷涉及被继承人财产的分配问题和当事人身份认定问题，既具有伦理争议，也涉及道德风险，更关乎财产权益，双方当事人情绪对立大、矛盾容易激化，多数案件均历经一审、二审甚至再审程序，纠纷化解难度大，而司法裁判尺度的不统一更加剧了对立和冲突，因此，继承纠纷中是否适用、如何适用亲子关系推定规则亟待规范。对于该争议焦点问题，从表面看是单纯的法律适用和证明责任分配问题，实质上存在社会问题和法律问题的耦合和交织，更涉及继承权和扶养权这两个亲权制度中最基本制度的关系问题。因此要从根本上厘清该问题，必须对这两个制度进行多维度对比分析，进而得出普遍适用的裁判规则。

一、管中窥豹：继承纠纷中亲子关系推定在司法实践表现为三个绝大多数

2011年8月，《婚姻法解释（三）》颁布并实施，其中第二条专门规定了亲子关系诉讼中的亲子鉴定问题，并在我国确立了一种新的推定类型——亲子关系推定原则。其立法的基本目的是借助更加科学的、更有决定性证明标准的基因检测证据，实现婚姻家庭纠纷中亲子关系的终局性解决，这也彰显了我国婚姻家庭司法与科技发展、时代发展与时俱进的努力。应当指出的是，这一规定虽然体现了注重科学原则，但在司法实践中也产生了较大的争议，尤其是对

其规定的“必要证明标准”问题有不同的理解和做法。本分析无意对该规定的是与非做进一步的分析论证，而是以此为论证基础，类比分析继承纠纷中能否使用该原则。笔者查询中国裁判文书网[①]并搜索关键词“法定继承、亲子鉴定”共显示225例判决，在对225例判决进行认真对比查看后剔除127个无效样本，剩余98个有效样本可供研究分析。经过梳理分析，上述案例呈现三个典型特点。

（一）绝大多数案例认为可以适用《婚姻法解释（三）》第二条规定

在笔者查阅到的98个有效样本中，有92个认为可以适用，只有5例认为不能适用，另有1例[②]回避了该问题，但其适用了《最高人民法院关于适用〈中华人民共和国民事诉讼法〉的解释》（以下简称《民诉法解释》）第一百零八条规定，仍然推定亲子关系存在。该判决指出，“根据现有证据，关某1母子与关某7关系密切，关某7与关某1之间存在亲子关系具有高度可能性。因为关某7已经死亡，关某1不可能通过亲子鉴定以确定双方存在亲子关系。在此情况下，关某1申请与关某5是否为同父异母兄弟进行鉴定，进而以此判断关某7与关某1之间是否存在亲子关系，关某1的该项鉴定请求合理，关某5作为本案的直接利害关系人，对关某1提供的证据没有相反证据又拒绝作鉴定，依据关某1举证情况和《民诉法解释》第一百零八规定，认定关某7与关某1存在亲子关系理据充分”。从判决可以看出该案虽然适用了《民诉法解释》第一百零八条的不利推定，但与亲子关系推定是异曲同工。因此，在当前的司法实践中认为适用亲子关系推定原则的占绝大多数，成为实践中的主流观点。

（二）在认为适用亲子关系推定案件中，绝大多数认为请求亲子鉴定方提供的证据构不成“必要标准”，因而不能启动亲子鉴定

在此类型的92件案件中，有83件认为鉴定启动方提供的证据难以形成高度盖然性和内心确信，从而未批准鉴定请求。在所有适用推定亲子关系存在的案例中，请求鉴定方提供的证据有三个共同特点：一是有公权力机关提供的书面身份证据，包括户籍、户口证明、派出所书证等；二是能够证明其父或母与被继承人同居事实；三是有关键证人的证明。

（三）绝大多数鉴定申请方要求与其他法定继承人作同胞或半同胞亲缘关系鉴定

在此类纠纷中，因被继承人一般均已去世导致检材缺失，绝大多数申请人

---

① 查找案例截至2018年9月1日。

② 参见（2017）粤06民终4286号判决。

要求通过与被继承人婚生子女做亲缘关系鉴定来间接证明与被继承人的亲子关系。但也有极个别案例中被继承人采用土葬形式，当事人要求开馆取材予以亲子鉴定。[①] 在申请人要求做半同胞亲缘关系鉴定的案例中，被继承人的婚生子女无一例外拒绝其请求，认为其没有配合鉴定的法定义务，同时也有人提出半同胞鉴定技术并不成熟，其鉴定结果准确率较低，只能给出倾向性意见，采取鉴定实无必要。

二、理论纠偏：亲子关系推定法则的实证法分析

从上述可以看出，当前司法实践中绝大多数裁判者认为继承纠纷中的亲缘关系鉴定可以类比适用《婚姻法解释（三）》的亲子关系推定，其法理基础是举证证明责任中的证明妨碍理论，其具体推演是认为一方负有证明责任但无正当理由拒绝进行亲缘关系鉴定的行为符合证明妨碍的构成要件，因此应当承担由此带来的不利后果。因此，确定继承纠纷中亲缘关系鉴定是否适用不利推定就要认真考察拒绝鉴定方是否构成证明妨碍的要件，而关键的核心是拒绝鉴定方是否有协助义务。

（一）亲子关系推定的理论滥觞——证明妨害理论

1. 证明妨碍行为的司法实践。举证证明责任的引入是为解决司法裁判者认识能力的不足与不得拒绝裁判间的矛盾，并在案件事实处于真伪不明的状态时指引司法裁判者的纠纷解决。一般情况下，原告承担多数案件事实的说服责任，因为原告希望改变现状，并寻求公权力的帮助。而在实践中，由于举证能力的不同、证据获取的难易，一般法院会适当调整当事人之间的举证关系，并对证明妨碍方科以一定的惩戒，让其承担妨碍举证的不利后果。因此，具体说来，证明妨碍措施的实施必须以当事人，特别是不负担举证证明责任的当事人对案件事实的证明负有协助义务为前提，否则证明妨碍的制裁则失去了可能。

同时，我们应当看到，由于证明妨碍措施的严厉性、在事实认定上的相对模糊性与证据采纳中的其他证据的可替代性，许多学者认为应当谨慎地适用证明妨碍推定。因为，理论上来说，证明妨碍的制裁或者救济措施并非是唯一的，相反因应证明妨碍行为的多元化、多层次性，必须以多元化的救济措施作为其制度杠杆。“证明妨碍行为形态各异，妨碍程度也各不相同，如果一律转换证明责任或者采取某一种制裁措施，既不符合审判规律的客观性，也不利于

---

① 参见（2016）鄂民再180号判决、（2013）新民一终字第184号。

案件客观真实的发现。"[①] 事实上，当前法院在适用证明妨碍推定时也极为谨慎。2015 年最高人民法院的《民诉法解释》吸收大陆法系国家和地区的先进立法经验，严格限制了证明妨碍推定的适用范围，证明妨碍推定仅适用于书证这一证据形式。尽管其未规定当事人拒绝配合鉴定、勘验时的处理方法，但在特殊情形下比如《婚姻法解释（三）》则确定了拒绝配合鉴定的后果。此外，因此在适用证明妨碍推定时在法无明文规定的情况下应当谨慎适用。

2. 亲子关系鉴定中证明妨碍的理论学说。亲子关系纠纷案件中，当法院认为有必要进行血缘鉴定，义务人无正当理由拒不履行时，法院是否可对这种行为以证明妨碍为由适用对义务人不利益的法律后果，以及将产生何种法律后果，在理论层面有不同的观点。对这一问题，主要有以下几种理论学说[②]：

（1）自由心证说。该说认为，在亲子关系纠纷案件中，如果有关当事人拒不履行证明协助义务，不能径行因这种不作为而产生拟制对方主张成立的法律效果。而应当将这种拒不履行证明协助义务的态度作为全部辩论意旨的一部分，结合其他间接事实或证据，同时借助经验法则，最终决定能否推认对方的主张为真实。

（2）拟制真实说。该说认为，拒不履行证明协助义务可被作为一种证明妨碍行为来对待，法院可据情拟制相应的法律适用效果，作出对义务人不利益的事实认定。当今许多国家，如英国、美国、德国、法国、奥地利等国立法例或司法判例均采用此说。

（3）经验法则说，又称不利事实推定说。该说认为，非负证明责任的一方拒绝鉴定的行为可从经验法则的角度来认识。这是因为对于作为原告的举证人而言，他已掌握的初步表面证据使其有理由认为，通过血缘鉴定所得出的结论将对其有利，作为被告的非负证明责任一方会担忧由此所作出的鉴定结论通常会产生对己不利的后果，因此，拒不履行相应证明协助义务是其试图避免印证这种结论性后果的本能反应。在这种情形下，法院据此作出有利于举证人一方的事实推定，与日常生活当中的常态情事相吻合。

（4）证明责任转换说。该说认为，拒绝亲子鉴定行为导致负有证明责任的一方当事人承受不利益的裁判后果，将有违社会的公平与正义，有鉴于此，原本应由原告一方所承担的主观证明责任，应当转换给被告一方来承担。

---

① 包冰锋：《多元化适用：证明妨碍法律效果的选择路径》，载《现代法学》2011 年第 5 期。

② 转引自毕玉谦：《对我国法院采用证明妨碍制度审理亲子关系纠纷案件的思考》，载《法学论坛》2010 年第 9 期。

(5)减轻证明度说。该说认为，当非负证明责任一方当事人的证明妨碍行为直接导致法院无法通过血缘鉴定得出结论形成用于认定亲子关系所必要的内心确信，而法院根据现有证据根本无法满足证明度的基本要求，难以作出对负有证明责任一方当事人有利的事实认定，在这种情形下，为了维护社会的公平与正义，有必要适当降低法院在认定该案待证事实所需要的证明度，以便作为对非负证明责任一方当事人实施证明妨碍行为的制裁。

以上证明妨碍理论学说，体现了在亲子关系案件中，证明妨碍行为的不同法律效果，共同点是都体现为非负证明责任方的不利益，但不利益的表现形式和论证方式各有不同。经验法则说和拟制真实说直接拟制举证责任方主张的待证事实成立。自由心证说、证明责任转换说和减轻证明度说并没有直接推定举证责任方主张的事实成立，但通过各种形式（将证明妨碍行为作为考量因素纳入自由心证、转换原、被告双方证明责任、降低证明度等）施加了对非负举证责任方的不利益。综上，笔者将证明妨碍理论的推理路径总结如下：首先，证明义务人提供的现有证据并未达到待证事实证明度的要求；其次，非负证明责任方有证明协助义务（基于该义务其拒绝配合鉴定才能视为一种证明“妨碍”，并依诚实信用原则科处不利益）。最后，此种不利益可以以不利事实推定、证明责任转化、减轻证明度等证明妨碍学说体现，因此不利事实推定是证明妨碍理论在证据规则上的一种具体化。

（二）继承纠纷中亲子关系推定适用之实证法障碍

在以上关于亲子关系鉴定中证明妨碍的理论学说中我们应当看出，虽然在对拒绝亲子鉴定方科以一定的不利益已经成为共识，但这种共识是建立在保护未成年人权益的基础上，能否适用法定继承中的成年人身份的认定则应当从其他继承人是否具有协助证明义务来进行具体判定。对于该问题，笔者认为从实证法视角分析，继承纠纷中适用亲子关系推定有如下障碍：

1. 证明协助义务有无存疑。关于亲子鉴定协助义务的范围，我国没有明确规定，从各国做法来看，一般包括诉讼当事人，对于案外第三人，由于其并非纠纷主体，其所负证明协助义务范围较纷争主体的当事人为窄。[①] 但上述协助义务主体范围一般仅在亲子关系诉讼的范畴讨论。在继承纠纷中，作为被告的其他继承人是否是证明协助义务主体存疑。

其一，继承纠纷中，亲子关系确定是否具有必要性。在法定继承中，亲子

① 周成泓：《亲子关系诉讼中的亲子鉴定协助义务论——兼评〈婚姻法解释（三）〉第2条》，载《西北政法大学学报》，2012年第2期。

关系鉴定存在的机理或隐含的推理是一旦确定申请人与被继承人存在继承关系则其必然具有继承权，应当参与被继承人财产的继承。同时，在此类纠纷中，确认身份关系仅是获取财产的手段，而不是目的，而这种手段具有较大的伦理争议，其影响远大于诉讼目的。对于这种手段是否应当支持或者保护需要裁判者进行综合考量。此外，即便认定原告方与被继承人存在亲子关系，由于其生不养、死不葬，其是否应当参与财产继承也值得研究，对此本文将在下一部分进行详细论述。

其二，继承纠纷中，其他继承人对原告方既无实体法上的义务也无举证协助的义务。在以抚养费纠纷为例的亲子关系诉讼中，抚养权具有一定请求权性质，未成年子女可依身份关系请求父或母承担给付抚养费义务，即被检人和实体法上的义务承担者是同一主体，换言之，亲子鉴定是确定其履行法定义务的必要手段。而在继承纠纷中，其他法定继承人对原告方无实体法中的义务承担，甚至原告方的诉求对其是一种变相的权利损害，在趋利避害的本能之下，其拒绝协助亲子关系鉴定合情合理。也有学者认为，被继承人死亡后，继承人取得遗产之前，遗产仍归被继承人所有，[①] 因此可以说继承纠纷解决的是继承人和被继承人之间的权利义务关系，其他继承人和作为举证义务方的原告并无直接权利义务关系。继承权是一种具有排他性法力的资格，[②] 在继承发生后其虽然有给付的内容，其他继承人对原告不负担实体法上的义务，因而对其他继承人科处证明协助义务似有不妥。

其三，继承纠纷中，负有证明责任的当事人客观上本可以解明事实关系，其对举证不能具有非难可能性。证明义务方原本可在被继承人生前进行亲子鉴定但其并未提出，因此其应对样本缺失而导致的鉴定不能担责，该证明不能的责任不应归咎于其他被继承人。本案中，周一某、周二某无论对相关证据的保全抑或检材的缺失均无过错，此种归咎不仅符合法律的精神，也与道德领域的评判相契合。

其四，亲缘鉴定对事实解明不具有完全期待可能性。亲缘关系鉴定在现有技术条件下具有不确定性，即使受检人配合进行鉴定，也未必能得出确定唯一结论。综上四点，作为被检人的其他继承人具有证明协助义务并非确定的

---

① 该说认为仅仅保护主体生存时的权利是不够的，还应对死者的财产权给与一定延伸保护。曾青、张王娆：《继承权并非民事权利——继承权性质研究》，载《西南民族大学学报》第25卷。

② 曾青、张王娆：《继承权并非民事权利——继承权性质研究》，载《西南民族大学学报》第25卷。

结论。

2. 事实真相之外的利益保护。不利事实推定是一种拟制真实，有违一般举证规则，因此某项推定规则背后必然有相应的立法政策考量。就推定与立法政策的关系来说，某一项推定总是出自某一项具体的立法政策（它是特定的，而不是抽象的、泛泛的）。假如存在许多这样的具体的立法政策，那么，这些立法政策之间就难免出现矛盾。与此相应的是，在这些立法政策下所形成的具体的推定之间，也会出现矛盾。因此，在法律上或司法解释中，关于推定条款的规定，应当是具体的、有条件使用的，并规定严格的限制范围。《婚姻法解释三》第二条规定的亲子关系存在的推定在维护儿童权益类案件中得以普遍运用，其体现了立法者保护妇女、儿童合法权益的原则，反映了立法者的人文关怀和价值取向。有学者主张亲子关系不存在的推定帮助了抚养义务方逃避扶养责任，不利于妇女、儿童权益的保护。① 因此我们在该篇讨论抚养权纠纷中的亲子关系推定是否适用于继承纠纷，不仅要从证据法上进行逻辑论证，更须在实体层面进行利益衡量，继承纠纷中适用亲子关系推定必须满足血统真实以外的利益保护。

三、正本溯源：继承权与扶养权的性质和法益对比分析

《婚姻法解释三》确定的亲子关系推定原则所依据的基础是子女利益最大化原则，所要解决的问题是明确父母对子女的抚养义务，其实质体现是未成年子女的抚养请求权。而要解决法定继承纠纷中亲子关系能够类比适用亲子推定原则，不但要从程序上明确其他法定继承人是否有协助证明义务，更要从根本上对比分析继承权和抚养权性质和保护的限度问题，只有厘清在继承权和抚养权所需要考虑的政策目标和价值追求的异同，才能对当事人的利益保护问题进行科学合理的规范和调整。

（一）权利来源依据不同

1. 抚养义务是抚养请求权的基本依据。将一个人带到世界上，这一事实本身便是人类生活范围内最需要负责的行为之一。② 我国婚姻法中父母对未成年子女之抚养权利本质上可归结为亲权，而亲权系父母基于其身份，对于未成

---

① 叶自强：《亲子关系推定的许可与禁止——对〈婚姻法司法解释三〉第二条的评析》，载《政治与法律》2013年第8期。

② ［美］约翰·斯图亚特·密尔：《论自由》，于庆生译，中国法制出版社2009年版，第167页、第126页。

年子女以教养保护为目的之权利义务之集合。抚养权利虽依托于亲权，但鉴于亲权权利义务的同一性，未成年子女之抚养请求权的权利基础可谓之抚养义务。父母以其未成年子女之生活为其自己生活之一部分而维持，虽牺牲自己地位相当之生活，亦不得不予以维持，故又可称为共生义务。[①] 因此亲权之主体当然为其父母，未成年子女则为亲权之客体，而支付抚养教育费为亲权义务之负担。我国婚姻法也是以抚养义务为中心建构父母对子女的抚养权利。抚养权利分为身上照护权与子女财产管理权。其相应的义务也分为身上照护义务和财产管理义务。抚养人违反身上照护义务和财产管理义务，被抚养人可通过诉讼请求抚养人给付抚养教育费，且要求给付抚养费不与父母是否与其共同生活为条件，而只以父母未履行义务为前提。

2. 维持家庭功能是法定继承中继承权的基本依据。法定继承是比遗嘱继承更为古老的一个制度，它源自家族共同体的需要。在早期的宗法社会，法定继承的经济基础是共同生产和家产共有，继承人通常为嫡系长子，继承权的目的和功能在于延续和转移宗法家族的权力。到了近现代社会，宗亲家族被感情依赖更为密切的自然家庭所替代，继承的目的在于维护自然家庭和亲属之间的伦理情感，血缘和婚姻关系成为确定法定继承人的直接依据，继承法中的亲属、亲等这些概念都是远古家族共同生活远近在现代法中的映射。因此，现代社会的法定继承仍然以家庭维持为基本目的，法定继承中的继承权也以此为依据。法定继承在不同时代的表现形式尽管大相径庭，其本质上却是一脉相承的，都是围绕家庭共同生活关系而展开，符合家人共处的理想，目的都是维护血统关系和家庭成员的利益。因此，我国《继承法》中血缘上的亲疏远近作为继承权取得的主要因素，但并非唯一依据，扶养关系也是取得继承权以及分得遗产的依据。这也表明了我国法定继承以家庭维持为基本目的，符合家人共处的理念。因此，在申请人要求亲子关系鉴定进而取得继承权的纠纷中，无疑申请人有意无意中破坏了这种家庭稳定关系，既对法定继承人带来情感上的冲击，也对被继承人带来声誉上的影响，与继承权的来源机理相悖。

（二）保护法益和价值内核不同

1. 未成年人利益最大化是亲权制度中心职能。亲权在近现代立法，谓以教养保护未成年子女为中心之职能，不仅为权利，同时为义务。[②] 在亲权制度

---

① 阳贤文：《抚养权权利义务之逻辑解构——我国〈婚姻法〉中亲权制之反思与建构》，载《法律适用》2005 年第 10 期。

② 杨大文：《亲属法》，法律出版社 1997 年版，第 260 页。

中，抚养权行使主体之变更、抚养义务之违反、违反后权利之救济等无不以未成年利益最大化为核心。亲子关系推定规范的主要目的是明确未成年子女之父母，以使得该未成年子女“幼有所养”。一旦确定亲子关系，非婚生子女与婚生子女一样，享有同等权利，并有权要求生父母负担自己的生活费和教育费。①

2. 保护被继承人意志是继承权的前提。财产所有人的意志是赋予他人继承权的直接依据，这是保护财产私有制和尊重个人意志自由的必然结果。一方面，财产私所有制使被继承人获得了独立的财产，他不仅可以享有和处分其生前财产，也可以处分其死后财产；另一方面，被继承人依照法定方式做出的意思表示，不依赖其生命就可以存在和实现，体现了对个人意志的最大尊重。正因为如此，遗嘱自由被视为现代继承法的基本原则之一，在各国立法中均有充分的体现：被继承人可以依法设立、变更、撤回遗嘱，可以指定继承人、选择遗嘱执行人，可以决定遗产分配份额、方式，等等。在早期的家族共同体时代，法定继承和遗嘱继承其实都建立在家族共同体的基础之上，家族协同是继承权配置的基本依据。到了近现代社会，私有制的发展使传统的大家族被小家庭取代，随着家庭的生产和保障职能不断弱化以及个人主义的兴起，遗嘱继承从法定继承中分化并逐步盛行。到了近现代社会，脱离了身份关系的遗嘱最终成为一种单纯的财产处分方式。在有的理论中，法定继承甚至被认为是对死者意愿的推定。我国也有学者认为，无论遗嘱继承还是法定继承都是依据被继承人的生前遗愿，遗嘱继承直接反映了被继承人的意愿，法定继承则是间接地反映了被继承人的意愿。可以说在继承法中被继承人的意思是取得继承权的主要依据。

以上可以看出，抚养权具有权利和义务之双重属性，其侧重于保护未成年子女之利益。而继承权的一大功能在于家族维系和财产的家族传承，其以被继承人意志为前提，是被继承人财产权的延伸，侧重于保护被继承人权利，尤其近现代遗嘱继承较为普遍，对被继承人自由意志保护的旨趣更加凸显，继承人的继承权与其说是一种权利，毋宁说是一种排他性资格。另外，婚姻家庭法中有自然血亲和拟制血亲之分，自然血亲关系与继承权的有无没有必然关系。②

① 王雷：《〈婚姻法〉中的亲子关系推定》，载《中国青年政治学院学报》2014 年第 4 期。

② 代贞奎：《裁判继承纠纷不应亲子关系鉴定为依据》，载《人民司法》2017 年第 14 期。

有自然血亲关系的父母子女，在一定条件下没有继承权；[①] 拟制血亲关系的父母子女，也可享有继承权。[②] 可见抚养权的权利基础是抚养义务，其具有绝对性和唯一性。继承权更偏重于继承资格和继承利益，并非绝对和唯一的。从该角度看，在法定继承中，排除一些极端情况（比如被继承人猝死、突然失去行为能力等），可以推定被继承人死亡前认可现存的家庭关系，默许按照法律上认可的亲缘关系继承自己的遗产。因此，在此类案件中，如果法院保护申请鉴定方的继承权，则无疑是对被继承人意志的不当改变。

四、争议回归：继承纠纷中亲缘关系鉴定的规则再塑

亲子关系作为人类社会关系中最重要最基本的关系之一，是人类自身的一种本能情感的重要依据和人类亲情关系的延续。我国历来是一个注重血缘亲属关系的国家，在一个家庭中，父亲有权知道孩子是不是自己亲生的，孩子也有权知道自己的亲生父亲是谁，这关系到父亲和孩子对血缘关系的知情权以及家庭关系的稳定和谐。[③] 因此，子女或父母有权请求亲子关系鉴定以保障对血缘关系的知情权。亲缘鉴定固然是查明事实真相的利器，但血统真实并非立法和司法者的唯一追求，因此，在继承纠纷中类推适用亲子关系推定必须有血统真实之外的利益保护且不与社会伦理抵触，也应当与社会上的朴素价值观念和情感相契合，并通过该类案件的裁判来进一步弘扬社会主义核心价值观。

（一）应当考虑的社会因素和具体案情

1. 当事人的诉讼动机。当事人要求进行亲缘关系鉴定并非用以维系其与逝者及其家族的亲属关系，而是借以取得相关的财产利益，这并不符合我国传统习俗。继承法提倡互谅互让、和睦团结及权利与义务相一致原则，在继承纠纷中，若类推适用亲子关系推定与我国继承法原则也难言相符。提起诉讼方在生前与被继承人没有建立稳定的亲属关系，缺乏有效的感情维系，生前未养、死后未葬，赋予其继承权难以体现权利与义务相一致原则。

2. 身份关系的安定性。在我国传统文化中，逝者长矣，入土为安，开馆验尸断不可取，同时强制要求被继承人其他子女配合进行侵权关系鉴定也难符合人理常情。在此类案件中，任何一个正常社会人对突然出现的、声称其为同

---

① 比如养子女和亲父母抚养关系解除，彼此没有继承权；继承人对被继承人或其他继承人实施严重违背道德行为的，也可能丧失继承权。

② 例如养父母与养子女之间，形成抚养关系的继父母和继子女之间，相互有继承权。

③ 王雷：《〈婚姻法〉中的亲子关系推定》，载《中国青年政治学院学报》2014 年第 4 期。

父异母或同母异父的陌生人难免错愕和惊诧，进而产生自然的抵触。因此，在继承纠纷案件中类推亲子关系推定规则适用亲缘关系推定时需要在亲缘关系的安定性和亲缘身份的真实性之间进行利益衡量，如果比照亲子关系推定在继承纠纷中适用亲缘关系推定，会造成亲缘关系的错乱和对现有家族秩序的破坏。

3. 个人资讯和隐私权保护。继承纠纷中适用亲子关系推定涉及被继承人隐私权。在此类纠纷中，如果提起鉴定方确系被继承人之子，而被继承人未在生前对此有任何的反应，那么无非有以下两种情况：一是不知道有此非婚生子的存在，二是知道有此非婚生子的存在，但不愿意将这种关系公之于众。第一种情况只存在被继承人为男性的情况下，而在本案中被继承人陈晓某作为母亲，应当知道自己的生育情况。因此综合判断，即便原告许小某为陈晓某之子，陈晓某也无意认亲，在原告方作为成年人生活不需要进行特殊扶助的情况下，应当遵从陈晓某的主观意愿，并保护陈晓某的个人隐私。退一步讲，即便陈晓某确有意将部分财产留给许小某，也有遗嘱和遗赠制度来保障逝者意志的满足。

综上，在继承纠纷中适用亲子关系推定缺少血缘真实之外的利益保护，且有一定社会伦理风险，故本案并非《婚姻法解释（三）》第二条中推定亲子关系一方的主张成立的情形。

（二）继承纠纷中启动亲缘鉴定的特殊情形

上述已经指出，在法定继承纠纷中，法定继承之外的当事人提起亲缘关系鉴定而其他继承人明确拒绝的，其鉴定请求不应当得到支持，但这并不意味着不保护其合法的继承权。对于其继承权的保护，只能依据其提供的证据来综合判断，并根据具体案情来确定其应当享有的继承份额。原告方提交的证据应当形成完整证据链，达到法官内心确信的程度。同时，在法官形成内心确信后，为保护其他法定继承人的合法财产利益和情感利益，应当规定法官的释明义务，赋予其他法定继承人提起亲缘关系鉴定的权利。在此情况下，根据证明妨碍理论，如果其他法定继承人提出与原告方进行同胞或半同胞亲缘关系鉴定的，如原告方无争当理由拒绝进行鉴定，则可以推定其与被继承人不存在亲子关系，唯有如此，才能合情合理合法地从根本上解决此类纠纷。

（**一审法院合议庭成员**　马德天　万人瑞　魏　东

二审法院合议庭成员　屠　育　魏曙钊　宋　光　石　磊　施　忆

编写人　北京市第二中级人民法院　屠　育　李　政　祝兴栋

责任编辑　杨　奕

审稿人　曹守晔）

西南合成医药集团有限公司诉北京海联制药有限公司合同纠纷案

——药品批号价值的认定以及双方违约与同时履行抗辩权的区分

关键词：民事　药品批号　行政许可　同时履行抗辩　双方违约

【裁判要旨】

1. 针对未投入实际生产的药品批准文号的价值，在双方对药号产品未来生产预期价值无约定时，药品文号批准系国家药品监督管理部门对企业生产的行政许可结果，文号系国家药品监督管理部门准许企业生产的合法标志，受行政许可法的调整，其本身并不具有财产价值。

2. 同时履行抗辩一定与违约行为存在时间节点、义务上的对应性、牵连性；否则应当属于双方违约，各自承担违约责任。

【相关法条】

《中华人民共和国合同法》第五条　当事人应当遵循公平原则确定各方的权利和义务。

第八条　依法成立的合同，对当事人具有法律约束力。当事人应当按照约定履行自己的义务，不得擅自变更或者解除合同。依法成立的合同，受法律保护。

第一百零七条　当事人一方不履行合同义务或者履行合同义务不符合约定的，应当承担继续履行、采取补救措施或者赔偿损失等违约责任。

《中华人民共和国民事诉讼法》第六十四条　当事人对自己提出的主张，

有责任提供证据。

当事人及其诉讼代理人因客观原因不能自行收集的证据，或者人民法院认为审理案件需要的证据，人民法院应当调查收集。

人民法院应当按照法定程序，全面地、客观地审查核实证据。

【案件索引】

一审：北京市怀柔区人民法院（2017）京0116民初2203号（2017年12月25日）

二审：北京市第三中级人民法院（2018）京03民终2128号（2018年4月12日）

【基本案情】

原告（上诉人）西南合成医药集团有限公司（以下简称西南合成公司）诉称：就北大药业并购重组及股权转让事宜，原告与被告分别签署了一系列协议。根据协议，被告负有“确保北大药业在增资完成日后90日内取得被告名下除GMP证书外的全部药品证照（包括但不限于药品生产许可证、药品批文等）”“办理位于北京市怀柔区雁栖经济开发区雁栖大街一号面积为5000平方米权属证明、未拖欠工程款的房屋权属证明”的合同义务。但是被告未按约定履行两项盐酸麻黄碱批文和办理房屋权属证明义务。另外，被告还需返还另案判决原告因迟延支付上述合同价款所需支付的违约金。故请求原审法院判令：（1）判令被告赔偿因未能履行两项麻黄碱资质证照转让义务给原告造成的损失，即返还两项麻黄碱证照对应的合同价款1568900元，以及另案判决的原告就迟延支付该合同价款所支付的违约金（自2013年11月14日起至实际付款之日止，按照日千分之一计算）；（2）判令被告赔偿因未履行北京市怀柔区雁栖经济开发区雁栖大街一号面积为5000平方米的房屋权属证明办理至北京北大药业有限公司（以下简称北大药业）名下的义务给原告造成的差价损失，以及另案判决的原告就迟延支付该合同价款所支付的违约金（自2013年11月14日起至实际付款之日止，按照日千分之一计算）；（3）判令诉讼费用由被告承担。

被告（上诉人）北京海联制药有限公司（以下简称北京海联公司）辩称：不认可原告诉讼请求，理由为：第一，麻黄碱等两产品批文、5000平米无证房产权办理义务已经履行完毕，即使未履行完毕，责任不在被告；第二、麻黄碱和无证房都在办证期间内，不存在违约金问题。

法院经审理查明，西南合成公司与北京海联公司基于并购重组目的，签订了一系列协议。北京海联公司与西南合成公司分别以拟增资资产和现金对北大药业进行增资。北京海联公司将其土地使用权、房产、机器设备、生产线等资产及业务渠道，获得全部相关生产证照（详见《拟增资资产明细》《北京市药品监督管理局药品补充申请批件》）转让给北大药业，作为增资出资，持股比例为49%。增资完成后，西南合成公司受让北京海联公司股权。针对本案诉争的两个义务，双方约定：北京海联公司自增资股权变更登记完成之日起5个工作日内启动办理无权属房产的权属证明、未拖欠工程款的房屋权属证明；增资股权变更登记完成后90日内，北大药业取得原北京海联公司名下全部药品证照，北京海联公司应为北大药业取得GMP证书提供充分协助，包括但不限于提供各类相关证明文件，相关说明等协助。

关于西南合成公司股权受让款支付方式，西南合成公司支付北京海联公司1000万元人民币定金；《股权转让协议》签订后10个工作日内，5000万元人民币存入双方共管账户，待北京海联公司之本协议约定的拟出让资产（包括除GMP证书外的全部药品证照）转移到北大药业，共管账户的5000万元人民币即归北京海联公司所有，应在5个工作日内转入北京海联公司的指定账户；北大药业获得GMP证书且北京海联公司所持有的北大药业股权转让完成股东工商登记变更起5个工作日内，西南合成公司支付北京海联公司1200万元人民币。后双方修改为，本次并购重组的交易价格仍为人民币7200万元，其中西南合成公司购买北京海联公司持有的无发票无权属证明的拟出售资产（包括无证房产和药品证照），对价是人民币2999.41万元；西南合成公司收购北京海联公司所持北大药业全部股权，对价为4200.59万元。

关于履行情况，2012年8月21日北京海联公司收到1000万元定金。拟增资资产的评估结果是4200.59万元。2012年11月30日共管账户打入5000万元共管资金。2013年1月8日，西南合成公司和北京海联公司增资北大药业的工商变更登记办理完成。2013年5月9日，北大药业取得“有证房产”（以2012年8月31日作为评估基准日，建筑面积为5737.1平方米的房产价值为896.51万元）的《房屋所有权证》。2013年5月31日，西南合成公司与北京海联公司共同向中国银行股份有限公司海淀支行（以下简称中国银行海淀支行）出具《托管协议终止通知书》，称：双方所有的相关交易已进行完毕，且双方无任何争议，要求终止资金托管。2013年6月至9月期间，北京海联公司将聚苯乙烯磺酸钙散等27个药品名录中的25个药品办理至北大药业名下，但涉及两项麻黄碱的药品并未办理成功。2013 年 6 月 27 日，北大药业取得坐落于雁栖大街 1 号用途为工业用地面积为 29600 平方米土地的《国有土地使用权证》。“无证房产”未办理权属证明，以 2015 年 12 月 31 日作为评估基准日，无证房产（不含土地使用权）评估的价值为 112.21 万元。

针对两项药品批号未能办理成功的原因，经法院向北京市食品药品监督管理局调查了解，北京海联公司的曹海龙仅向北京市食品药品监督管理局提交了 26 个品规改变国内药品生产企业名称补充申请，其中涉及盐酸麻黄碱片（批准文号：国药准字 H11021528）因不具备有效批准证明性文件故该补充申请未予受理。按照要求药品申请应当以文号为标准分别提起申请。在办理变更过程中，北京海联公司的生产许可证已经不符合生产麻黄碱药品的要求，故北京海联公司没有有效的批准证明性文件。涉案两项批准文号并未进行实际生产。

2015 年 12 月 10 日，北京海联公司将西南合成公司起诉至法院，要求支付剩余 1200 万元转让款。2016 年 11 月 1 日，怀柔区人民法院作出（2015）怀民（商）初字第 06708 号民事判决书，判决西南合成公司向北京海联公司支付转让款 1180 万元及违约金。该案经北京市第三中级人民法院作出终审判决，驳回上诉，维持原判。

【裁判结果】

北京市怀柔区人民法院于 2017 年 12 月 25 日作出（2017）京 0116 民初 2203 号民事判决：一、被告北京海联公司于本判决生效后七日内支付原告西南合成公司赔偿款 3700749 元；二、驳回原告西南合成公司的其他诉讼请求。

宣判后，西南合成公司、北京海联公司不服原审判决，提起上诉。北京市第三中级人民法院于 2018 年 4 月 12 日作出（2018）京 03 民终 2128 号民事判决：驳回上诉，维持原判。

【裁判理由】

法院生效判决认为：北京海联公司与西南合成公司签订的原协议、修订协议一及修订协议二系双方真实意思表示，且不违反法律、行政法规的强制性规定，故合法有效，双方均应遵照执行。

一、关于海联制药是否存在违约责任

双方在修订协议一中明确约定海联制药在增资完成日起5个工作日内负责办理位于北京市怀柔区雁栖经济开发区雁栖大街一号面积为5000平方米权属证明、未拖欠工程款的房屋权属证明，且产权人为北大药业，权属证明办妥时限以政府法定审批时限为约定时限；海联制药在增资完成后90日内（因政府职能部门审批原因造成无法按期完成，办理时间顺延）确保北大药业取得原海联制药名下除GMP证书外的全部药品证照。上述约定在修订协议二中并未进行实质变更。在实际履行过程中，海联制药仅向北京市食品药品监督管理局提交了已不具备有效批准证明性文件的盐酸麻黄碱片文号，另一个盐酸麻黄碱片文号并未提交申请（该文号也已经不具备有效的批准证明性文件），故海联制药对于变更药品证照的合同义务负有违约责任。至于无证房产办证问题，由于修订协议一中明确约定2013年1月15日之前开始办理权属证明，但时至本案最后一次开庭之日，无证房产的权属证明仍未办理完毕，故法院认定海联制药对此存在违约责任。

对于海联制药以托管协议终止通知书中“甲乙双方所有的相关交易已进行完毕，且双方无任何争议”抗辩不存在违约责任的问题，法院认为该通知书之后，合同中约定的药品证照和国有土地使用权才陆续办理，因此，海联制药的抗辩意见与事实不符，法院不予采信。

二、关于海联制药赔偿损失的问题

结合双方签订的一系列合同，并未就无证房产和药品证照的价值进行具体约定。

关于无证房产的价值鉴定，经法院释明，双方均不同意申请重新鉴定。合成集团提出的关于无证房产价值的计算方法，法院认为合成集团以2012年8月31日作为基准日的同区域有证房产的单价乘以3086.32平方米作为被减数，以2015年12月31日为基准日的该无证房产的评估价值作为减数，得出的差额作为损失，该计算方法从房屋建造的常理来看不利于合成集团的利益主张，但是其自愿按照上述方法进行计算在民事诉讼法证据规则上属于当事人自认，法院予以认可。因此海联制药因未办理涉案无证房产权属证明给合成集团造成的损失为3700749元（8965100 ÷ 5737.1 × 3086.32 −

1122100≈3700749）。

关于涉案两个盐酸麻黄碱片批准文号价值的计算方法，法院认为虽然无证房产、无发票机器设备、业务渠道、GMP 证书及药品证照的价值合计为 2999.41 万元，但是业务渠道、GMP 证书及药品证照均属于存在商业意义但无法作价情况，因此，合成集团的计算方法本院不予采信。另外，根据《国家食品药品监管总局办公厅关于协助执行药品批准文号查封有关问题的复函（食药监办药化管函〔2017〕641 号）》的规定，药品批准文号系国家药品监督管理部门准许企业生产的合法标志，受行政许可法的调整，其本身并不具有财产价值。因此，在合成集团尚未提举其他证据证明涉案两个盐酸麻黄碱片批准文号存在法定或约定的价值情况下，法院对于合成集团要求赔偿因未办理批准文号所造成的损失的诉讼请求不予支持。

三、关于合成集团要求返还"另案判决的就迟延支付该合同价款所支付的违约金"问题

法院认为，合成集团在本案中是就海联制药存在未履行两项盐酸麻黄碱片批准文号、无证房屋权属证明办理义务而提起的诉讼，其主张要求海联制药承担因违约而造成的损害赔偿，是双方违约问题，而非履行抗辩权问题。

（2015）怀民（商）初字第 06708 号案件判决的违约金是合成集团因迟延履行股权转让款和 GMP 认证证书受让款支付义务而承担的违约责任，其支付义务的前提为海联制药将持有股权转让给北大药业和北大药业获得全部 GMP 证书，上述义务与款项支付构成履行抗辩，而本案诉争的盐酸麻黄碱片批准文号、无证房屋权属证明的两项办理义务与（2015）怀民（商）初字第 06708 号案件中款项支付义务并不形成对应性、牵连性，不属履行抗辩的范畴。

另外，合成集团在（2015）怀民（商）初字第 06708 号案件起诉前，已经将包括本案无证房产和药品批准文号在内的合同约定款项支付完毕，更不符合履行抗辩的要求，合成集团仅能在本案就海联制药违约问题进行单独主张。故对于合成集团要求返还"另案判决的就迟延支付该合同价款所支付的违约金"的诉讼请求，法院不予支持。

【案例注解】

一、如何确定药品批准文号的价值：商业价值与行政许可

药品批准文号颁发给药品生产企业的，需要药品监督管理部门对药品企业的生产工艺、生产条件进行严格的审查，符合法定标准的则可以取得相应的药品批准文号。其是药品监督管理部门对特定生产企业按法定标准、生产工艺和生产条件对某一药品的法律认可凭证。药品批准文号在一定程度上关乎药品质量安全，与人民群众的生命安全息息相关。

药品批准文号是行政许可的产物，本身属于准许企业生产的合法标志，其本身并不等同于药品生产技术，并不能直接对应价值。但是拥有文号就可以进行生产，反之则不可。尤其对于一些特殊药品，如本案中的麻黄碱其属于特殊管制药物，是否拥有该文号将直接影响企业的经营收益，一定程度上药品批准文号是药企重要的无形财产，所以，在药品生产企业之间就会存在各种以转移药品批准文号为最终目的的并购、投资行为。

对药品批准文号价值的判断更准确地说是对其药号产品市场销售财务收益的评估，而不是对单纯批准证明文件的价值评估，因为行政许可是一种行政行为其本身不应当采用商业价值衡量。

本案中北京海联公司拥有的两项盐酸麻黄碱片批准文号，由于其并未投入实际生产，没有药号产品相关的财务收益，双方对于药号产品未来生产预期价值也没有约定的情况下，法院不应当对单纯的药品批准文号进行价值酌定。根据《国家食品药品监管总局办公厅关于协助执行药品批准文号查封有关问题的复函（食药监办药化管函〔2017〕641 号)》的规定，药品批准文号系国家药品监督管理部门准许企业生产的合法标志，受行政许可法的调整，其本身并不具有财产价值。如果法院将行政许可进行财产价值酌定，将会导致常识性错误。

而且出于当下药品监管的迫切需要，药号承担着控制药品质量安全的责任。人民法院只能就已经上市的或已经具备上市条件的文号药品的生产、销售收益进行评估，或者对双方当事人针对未来生产、销售收益的约定进行确认，从这两方面确定药品批准文号的价值，而不应当对于尚未进行生产的药品批准

文号（单纯行政许可）进行价值判断。

二、牵连性审查：同时履行抗辩与双方违约

司法实务中存在对同时履行抗辩与双方违约认识不清的问题，大量的双方违约情况被认定为同时履行抗辩，因而容易在违约责任承担方面出现判决偏差。

同时履行抗辩权，通常是指双务合同的一方当事人，在对方当事人未为对待给付以前，可拒绝履行自己债务的权利。① 同时履行抗辩权的法律效果为拒绝给付权②，可以排除债务人迟延。双方违约则是双方当事人都存在违约行为，各自按照合同承担相应的责任。③ 从二者之间的定义上看，是非常清晰的，但是在复杂合同中，如当事人约定了多个层次义务，就非常容易产生混淆。此时区分同时履行抗辩和双方违约的重要标准就是牵连性审查。

双务合同中的牵连性包括发生上的、履行上的、存续上的牵连性，然而足以引起行使同时履行抗辩权的是履行上的牵连性。所谓履行上的牵连性是指双务合同的当事人一方所负给付与对方当事人所负对待给付互为前提，一方不履行其义务，对方原则上亦有权不履行。④ 当合同中存在多重义务约定时，同时履行抗辩的对待义务一定与对方未履行义务存在时间节点、关联程度上的对应性、牵连性；否则应当属于双方违约，各自承担违约责任；不构成无责抗辩。

如何把握牵连性审查标准，应当从以下两个方面着眼：第一，履行顺序无前后之分，但给付义务与对待给付义务存在有机的牵连；第二，互付义务存在约定的关联度和对应性，只有一方已经履行了给付义务，才能对他方提出要求。

结合本案，西南合成公司要求返还“另案判决的就迟延支付该合同价款所支付的违约金”问题。之前案件判决的违约金是合成集团因迟延履行股权转让款和GMP认证证书受让款支付义务而承担的违约责任，其支付义务的前提为海联制药将持有股权转让给北大药业和北大药业获得全部GMP证书，上述义务与款项支付构成履行抗辩；而本案诉争的盐酸麻黄碱片批准文号、无证

---

① 韩世远：《合同法总论》，法律出版社2008年版，第245页。

② 王洪亮：《〈合同法〉第66条（同时履行抗辩权）评注》，载《法学家杂志》2017年第2期。

③ 参见《合同法》第一百二十条规定：“当事人双方都违反合同的，应当各自承担相应的责任。”

④ 韩世远：《合同法总论》，法律出版社2008年版，第246页。

房屋权属证明的两项办理义务与前案中款项支付义务并不形成对应性、牵连性，不属履行抗辩的范畴。

另外，西南合成公司在前案起诉前，已经将包括本案无证房产和药品批准文号在内的合同约定款项支付完毕，更不符合履行抗辩的要求，西南合成公司仅能在本案就北京海联公司违约问题进行单独主张。故对于合成集团要求返还“另案判决的就迟延支付该合同价款所支付的违约金”系主张因违约而造成的损害赔偿，是双方违约问题，而非同时履行抗辩权。

（**一审法院合议庭成员** 张泽华 梅占江 许怀友
二审法院合议庭成员 孙 京 戚海荣 曹 炜
编写人 北京市怀柔区人民法院 张泽华
责任编辑 杨 奕
审稿人 曹守晔）

陕西海天制药有限公司诉陕西生力置业集团有限公司合资、合作开发房地产纠纷案

——真实意思表示的判断和民事法律关系性质的司法认定

关键词：民事 真实意思表示 法律关系性质认定

【裁判要旨】

1. 当事人约定内容与合同性质出现矛盾，或者合同实际履行与合同目的相冲突的，应依照民事法律行为应当具备意思表示真实条件的规定，结合民法原理，审查判断当事人的真实意思表示，除保障交易安全保护善意第三人利益之外，在当事人提出请求时应以真实意思表示来确定双方的合同性质和合同权利义务关系。

2. 当事人双方约定“提供土地使用权的当事人不承担经营风险，只收取固定利益”，与合作开发房地产合同法律关系中双方当事人应当共担风险的“合作开发”特征相悖，表明约定目的并非欲行合作之实，合作开发建设只是当事人的虚伪表示。根据有关意思表示民法理论，其合作开发的虚伪表示在当事人之间不发生法律效力，依照《最高人民法院关于审理涉及国有土地使用权合同纠纷案件适用法律问题的解释》第二十四条规定，应当依照双方的真实意思表示来确定合同性质和双方的权利义务关系。

【相关法条】

《中华人民共和国民法通则》第五十五条 民事法律行为应当具备下列条件：(一) 行为人具有相应的民事行为能力；(二) 意思表示真实；(三) 不违反法律或者社会公共利益。

第一百四十三条 中华人民共和国公民定居国外的，他的民事行为能力可以适用定居国法律。

《最高人民法院关于审理涉及国有土地使用权合同纠纷案件适用法律问题的解释》第二十四条 合作开发房地产合同约定提供土地使用权的当事人不承担经营风险，只收取固定利益的，应当认定为土地使用权转让合同。

【案件索引】

一审：陕西省西安市中级人民法院（2017）西01初字第1069号（2018年5月8日）

二审：陕西省高级人民法院（2017）陕民终627号（2018年9月30日）

【基本案情】

陕西海天制药有限公司（以下简称海天公司）诉称：2007年12月10日、12日，原告海天公司与被告陕西生力置业集团有限公司（以下简称生力公司）先后签署《合作开发建设项目协议书》《补充协议》。约定：生力公司在该项目中收取固定利益1091万元，不承担经营风险和法律责任。海天公司的成本回收及收益为甲方应得固定金额1091万元之外的全部售房款。海天公司以“生力公司西安分公司”名义独立进行涉案土地使用权的全部开发工作并承担全部费用。该分公司独立运营、独立核算、自负盈亏、独立纳税，海天公司承担分公司经营风险；项目开发完成前，生力公司不得注销或撤销分公司，亦不承担分公司的任何经营风险和法律责任。合同签订后，海天公司严格按照协议约定履行了合同义务，向生力公司支付了全部价款10910万元，承担了项目开发全部资金（包括土地出让金、城市建设配套费、营业税及其附加、土地增值税、工程款等），并实施了项目开发全部工作（包括项目立项、地勘、设计、施工、验收、销售、交付等）。因生力公司提供的土地使用权存在问题，海天公司代生力公司支付土地使用税355.213046万元、锅炉拆除补偿费142万元、解决土地四界纠纷补偿款150万元。项目用地因与相邻的丰登公寓小区、红星乳品厂产生地界纠纷，均由海天公司代生力公司自行处理。经双方对账确认，海天公司向生力公司超付合同款25.18535万元。合同履行期间，生力公司人员以购房为名多次前往项目现场滋事，且停止供电、实施打砸行为。另生力公司以注销生力公司西安分公司威逼，以作废公章、不提供相关证照等方式阻碍海天公司正常售房，对海天公司的项目开发以及权益实现造成严重影响。依据《最高人民法院关于审理涉及国有土地使用权合同纠纷案件适用法律问题的解释》第十四条、第二十四条的规定，海天公司与生力公司签订的协议实为土地使用权转让，而非合作开发房地产。故提出以下诉讼请求：（1）依法确认海天公司以人民币10910万元取得对“生力小区”项目的土地使用权并享有该项目的全部权益；（2）依法判令将西莲国用（2014出）第314号《国有建设用地土地使用权证》的土地使用权变更至海天公司名下，并由生力公司承担法律规定的税款；（3）请求判令生力公司协助海天公司将“生力小区”的项目备案、建设用地规划许可证、建设工程规划许可证、施工许可证、商品房预售许可证等变更至海天公司名下；（4）请求判令生力公司向海天公司返还超出支付的固定收益25.18535万元；（5）请求判令生力公司向海天公司返还代为支付的土地使用税355.213046万元、锅炉拆除补偿款142万元、马军寨土地补偿款150万元；（6）请求判令生力公司承担诉讼费。

被上诉人生力公司辩称：生力公司作为“生力小区”开发项目的合法开发主体和责任主体，依照合同约定和开发建设进展情况直接承担并已经承担了涉案项目的经营责任、管理风险和法律责任，合同约定不承担风险与客观事实不符。双方系合作开发房地产合同法律关系。海天公司虽增加了房地产开发经营范围和获得暂定级资质，但不具备房地产项目二级开发管理资质，其诉请涉案项目及土地、权证变更存在事实和法律实质性障碍。

原审第三人西安第三机床厂述称：生力公司通过企业兼并获得机床厂原有国有土地使用权，本应履行承诺改善职工居住条件，却与海天公司签订协议，以兼并后的土地使用权作为合作条件获取利益。请求法院对其职工住房问题一并予以解决。

法院经审理查明，2005年10月16日，生力公司通过企业兼并协议取得西安第三机床厂52.736亩国有土地使用权，并承担企业安置费用。2007年1月26日，生力公司将上述土地由工业用地变更为住宅用地。2007年12月10日，生力公司（甲方）与海天公司（乙方）签订《合作开发建设项目协议书》，协议约定：“一、合作开发项目概况。（1）项目名称：商品房开发；（2）地块位置：西安市莲湖区沣镐东路40号；（3）土地用途：住宅用地；（4）土地面积：55.985亩（含代征路）；（5）规划建筑面积：由乙方负责报建，按规划最终审批面积实施。二、合作方式。（1）为保证项目的顺利实施，甲、乙双方商定该项目采取分阶段负责制，即甲方负责并承担合作开发项目由工业用地出让变更为住宅用地并取得国有土地使用权证的前期工作和费用

（后面有约定的除外）；乙方负责住宅土地证取得后该项目房地产开发的全部工作并承担其所需的全部费用；（2）为便于开展工作，明确责权利，甲方同意登记注册“生力公司西安分公司”，负责该项目的房地产开发全程管理。三、收益分配。（1）甲方成本回收及净收益为固定金额 10910 万元，由乙方分三次支付。（2）乙方成本回收及收益为除上条甲方应得固定金额之外的全部售房款。四、甲方主要责任。（1）负责合作开发项目由出让的工业用地变更为住宅用地，取得国有土地使用权证工作，并承担相应费用，但变更用途所需缴纳的契税甲方负担 50%；（2）承担兼并原西安第三机床厂时产生的一切费用；……（5）负责该项目“三通一平”工作并承担项目内建筑物的拆除清运费用；……（7）负责清理项目用地所有对外租赁、抵押担保的撤销手续，保证该项目土地无债权债务及法律纠纷，保证该土地四邻界址清晰无产权纠纷。五、乙方主要责任。（1）全额承担该项目取得住宅土地证后开发的设计费、建安工程费、市政配套费、小区配套费、销售费用、财务费用及管理费用等全部投资；（2）全额承担该地块开发产生的营业税、土地增值税、企业所得税等全部相关税费；（3）乙方享有房地产开发项目产生的债权、债务及经济纠纷、承担该项目开发的风险；（4）承担该项目开发的管理工作，独立负责项目进行中的安全、质量等问题；……（6）承担土地变更用途需要缴纳契税的 50%。八、甲方的权利和义务：……（5）甲方负责协助乙方办理房地产开发建设的相关报建审批手续、开工及竣工验收的手续、房屋产权手续、房屋销售手续等事项；（6）甲方负责协助乙方以甲方或以其分公司名义对外进行项目设计、施工及安装、设备及材料采购等事项的招标及合同签订工作；（7）甲方有义务为该项目今后办理房屋按揭销售所需向银行提供所有手续；……（10）甲方有权利监管工程项目开发的全过程。……九、乙方的权利和义务。（1）乙方独立组织实施项目开发；（2）有权销售该项目开发建设的全部房屋，在结清本协议约定的甲方所有应得金额的情况下拥有其余全部售房款；（3）乙方在项目开发中应及时清算和缴纳开发过程的所有税费，并向甲方提供完税凭证。十、工程保修。（1）房屋交付后，房屋的保修工作由乙方承担；（2）保修期限内，如因工期、工程质量等原因造成甲方、业主损失的，由乙方承担赔偿责任。”2007 年 12 月 12 日，双方又签订《补充协议》，协议约定：“甲方同意注册登记‘生力公司西安分公司’，一、该分公司由乙方全权负责管理，任务为该项目从取得住宅土地证以后的房地产开发全程管理，其所需一切费用由乙方筹措，乙方承担分公司在运营中所发生所有事件、纠纷的法律责任。二、甲方根据项目的进展情况分项出开发过程中所需的法人授权委托书。五、分公司独立运营、独立核算、自负盈亏、独立纳税。乙方承担分公司在经营中的风险。七、分公司有权销售该项目开发建设的全部房屋，分公司收取的售房款在乙方或分公司支付完甲乙双方2007年12月10日签订的《合作开发建设项目协议书》中约定甲方所有应得金额的情况下其余全部归乙方所有。”协议签订后，海天公司按协议约定向生力公司支付了土地款，海天公司为尽快开工向西安第三机床厂支付锅炉拆除补偿款122万元，补偿马军寨村150万元。2014年12月21日，海天公司与生力公司核对，海天公司多付生力公司土地款25.18535万元。另查明，2006年12月13日生力公司取得生力小区《建设用地规划许可证》，2014年11月18日取得国用（2014出）第314号《国有建设用地土地使用权证》，用途为住宅用地。2015年1月22日取得《建设工程规划许可证》，2016年7月13日取得1、2、7、8号及综合商业楼《建筑工程施工许可证》，2015年10月9日取得3、4、5、6号楼及酒店地下车库建筑工程施工许可证，2015年11月17日，取得3、4、5、6号楼的《商品房预售许可证》，2016年9月9日，取得7、8号楼的《商品房预售许可证》。生力小区共计9栋楼，总面积196298.85平方米。现1、2号楼未竣工，未办理预售许可证。生力小区项目均由海天公司投资，项目建设由海天公司支付工程款，项目销售由海天公司组织实施，生力公司西安分公司实际由海天公司管理运营。2017年5月31日，生力公司向生力公司西安分公司发出《关于收回“生力公司”叁枚印章的通知》，要求收回生公司西安分公司保管的生力公司公章、生力公司合同专用章、生力公司财务专用章。2017年6月15日，生力公司在华商报上刊登作废生力公司的公章、合同专用章声明。海天公司于2018年1月2日取得房地产开发企业暂定资质证书。

【裁判结果】

陕西省西安市中级人民法院于2018年5月8日作出（2017）西01初字第1069号民事判决：一、本判决生效后十日内，被告生力公司支付原告海天公司土地款25.18535万元、锅炉拆除补偿款122万元、马军寨土地补偿款150万元、土地使用税355.213046万元，以上共计652.398396万元；二、驳回原告海天公司请求判令将西莲国用（2014出）第314号《国有建设用地土地使用权证》的土地使用权变更至原告名下之诉讼请求；三、驳回原告海天公司请求判令被告协助原告将“生力小区”的项目备案、建设用地规划许可证、建设工程规划许可证、施工许可证、商品房预售许可证等变更至原告名下之诉讼请求；四、驳回原告海天公司其余诉讼请求。如果未按本判决指定的期间履行给付金钱义务，应当依照《中华人民共和国民事诉讼法》第二百五十三条之规定，加倍支付迟延履行期间的债务利息。案件受理费62.092万元由原告海天公司承担31.046万元，被告生力公司承担31.046万元，诉讼保全费0.5万元由原告海天公司承担。

宣判后，海天公司不服，提出上诉。陕西省高级人民法院于2018年9月30日作出（2017）陕民终627号民事判决：一、维持西安中院（2017）陕01民初1069号民事判决第一、三项；二、撤销西安中院（2017）陕01民初1069号民事判决第二、四项；三、将西莲国用（2014出）第314号《国有土地使用权证》的土地使用权人由生力公司变更为海天公司；四、驳回海天公司的其他诉讼请求。一审案件受理费62.092万元，由海天公司负担22.092万元，生力公司负担40万元；诉讼保全费0.5万元由生力公司负担。二审案件受理费58.73万元，由海天公司负担18.73万元，生力公司负担40万元。

【裁判理由】

法院生效判决认为：根据海天公司与生力公司订立的《合作开发建设项目协议书》及《补充协议书》的约定内容和合同实际履行情况，争议焦点为：双方形成的法律关系性质如何认定。

第一，《最高人民法院关于审理涉及国有土地使用权合同纠纷案件适用法律问题的解释》第二十四条规定："合作开发房地产合同约定提供土地使用权的当事人不承担经营风险，只收取固定利益的，应当认定为土地使用权转让合同。"本案中，被上诉人生力公司作为甲方与作为乙方的上诉人海天公司于2007年12月10日订立的《合作开发建设项目协议书》，在收益分配一节约定："……1. 甲乙双方确认甲方（生力公司）的成本回收及净收益合计为固定金额人民币一亿零九百壹十万元……"同时，在乙方（海天公司）的主要责任一节约定："1. 全额承担该项目取得住宅土地证后开发的设计费、建安工程费、市政配套费、小区配套费、销售费用、财务费用及管理费用等全部投资。2. 全额承担该地块开发产生的营业税、土地增值税、企业所得税等全部相关税费。3. 乙方享有和承担该房地产开发项目产生的债权、债务及经济纠纷，承担该项目开发的风险。4. 承担该项目开发的管理工作，独立负责项目进行中的安全、质量等问题……"在乙方的权利与义务一节中约定："乙方在项目开发中应及时清算和缴纳开发过程中的所有税费……"在工程保修一节中约定："1. 房屋交付后，房屋的保修工作由乙方承担。2. 保修期限内，如因工期、工程质量等原因造成甲方、业主损失的，由乙方承担赔偿责任。3. 因施工单位原因不能按期维修时，乙方可以委托物业管理公司承担保修工作，但因此发生的费用乙方承担。"在违约责任一节约定："……4. 若因乙方管理不善，导致质量安全事故，给甲方造成经济或声誉损失的，乙方承担全部赔偿责任。"在其他约定一节约定："……项目建设房屋销售完毕后，乙方继续承担本协议项下的责任和义务，对工程主体质量承担设计使用年限的责任……"通过以上约定可以看出，上诉人海天公司和被上诉人生力公司在合同订立时就已经明确，生力公司基于提供土地使用权而获得固定收益10910万元，无须承担因房地产开发不能或收益不利而减损其上述收益的后果。上诉人海天公司在向被上诉人生力公司支付上述固定收益的同时，需单独承受因政策变化、市场形势等各种因素对于房地产开发建设所带来的影响和风险。即使根据双方订立的以上诉人海天公司借用被上诉人生力公司主体资质开发建设房地产为主要约定内容的《补充协议》，被上诉人生力公司需要基于双方之间形成的借用主体资质开发经营关系的外部公信而对外承担一定法律责任，其仍可以基于借用主体资质开发经营关系和双方在该《补充协议》第九条中关于"由于乙方（海天公司）对分公司（生力公司设立的不具备法人资格，用于海天公司以生力公司名义实施房地产开发）运作、管理的原因，给甲方（生力公司）造成的声誉、经济损失由乙方负全责"的约定，向上诉人海天公司主张权利，故双方并不符合合作开发房地产合同所要求的"共担经营风险"基本特征。此外，"生力小区"由海天公司单独投资、开发建设，其销售房屋显然也不属于生力公司委托销售，故海天公司属于实际行使土地使用权的主体。同时，涉案"生力小区"系商品房销售项目，海天公司按照上述约定取得售房款，是以向购房者交付商品房和转移商品房所有权登记作为前提，其必须具有相应处分权。由此可见，上诉人海天公司与被上诉人生力公司在《合作开发建设项目协议书》中所约定的"提供土地使用权的当事人不承担经营风险，只收取固定利益"，与合作开发房地产合同法律关系中双方当事人应当共担风险的"合作开发"特征相悖，表明上诉人海天公司和被上诉人生力公司的上述约定目的并非欲行合作之实，合作开发建设只是当事人的虚伪表示。根据有关意思表示的民法理论，其合作开发的虚伪表示在当事人之间不发生法律效力，应当依照双方的真实意思表示来确定合同性质和双方的权利义务关系。因此，依照《最高人民法院关于审理涉及国有土地使用权合同纠纷案件适用法律问题的解释》第二十四条关于"合作开发房地产合同约定提供土地使用权的当事人不承担经营风险，只收取固定利益的，应当认定为土地使用权转让合同”的规定，上诉人海天公司与被上诉人生力公司签订的《合作开发建设项目协议书》，应当认定为土地使用权转让合同，双方就涉案土地所进行的开发建设形成了土地使用权转让合同法律关系，应以此为基础判定合同效力和确定双方的权利义务。关于合同效力，由于双方订立上述合同后，被上诉人生力公司在一审起诉前的2014年11月28日已通过出让方式取得西莲国用（2014出）第314号土地使用权证书。依照《最高人民法院关于审理涉及国有土地使用权合同纠纷案件适用法律问题的解释》第九条“转让方未取得出让土地使用权证书与受让方订立合同转让土地使用权，起诉前转让方已经取得出让土地使用权证书或者有批准权的人民政府同意转让的，应当认定合同有效”的规定，上诉人海天公司与被上诉人生力公司订立的名为合作开发，实为土地使用权转让的《合作开发建设项目协议书》有效，对双方具有法律约束力。关于双方的权利义务，《最高人民法院关于审理涉及国有土地使用权合同纠纷案件适用法律问题的解释》第七条规定：“本解释所称的土地使用权转让合同，是指土地使用权人作为转让方将出让土地使用权转让于受让方，受让方支付价款的协议。”根据上述规定，上诉人海天公司与被上诉人生力公司基于上述土地使用权转让合同，在上诉人海天公司已经支付合同约定的“固定利益”对价的情况下，作为提供土地使用权的被上诉人生力公司，将土地使用权转让于上诉人海天公司是土地使用权转让合同的应有之义，也是被上诉人生力公司的基本义务。上诉人海天公司以此提出的将涉案“生力小区”土地使用权证书变更至其名下的诉请具有法律根据。鉴于双方对转让土地使用权应当履行变更手续的期限没有作出约定，依照《合同法》第六十二条第四项“履行期限不明确的，债务人可以随时履行，债权人也可以随时要求履行……”的规定，上诉人海天公司起诉要求变更涉案“生力小区”土地使用权主体符合法律规定。依照《中华人民共和国城市房地产管理法》第三十八条规定：“以出让方式取得土地使用权的，转让房地产时，应当符合下列条件：（一）依照出让合同约定已经支付全部土地使用权出让金，并取得土地使用权证书；（二）按照出让合同约定进行投资，属于房屋建设工程的，完成开发投资总额的百分之二十五以上……”现涉案“生力小区”的国有土地出让手续已经办理完毕，向土地部门支付了全部土地使用权出让金，上诉人海天公司也已完成“生力小区”的主要开发建设工作，已经具备了法律所要求的办理土地使用权权属变更登记手续的条件和要求，上诉人海天公司请求通过法院判决方式将西莲国用（2014出）第314号土地使用权证由生力公司名下变更登记至海天公司的诉讼请求应予支持。至于变更登记应当缴纳的相关税费，属于行政主管部门确定的事项，法院不予审理。根据《物权法》第三十条关于“因合法建造、拆除房屋等事实行为设立或者消灭物权的，自事实行为成立时发生效力”的规定，合法建造是物权设立的法定原因。根据本案实际，上诉人海天公司系涉案土地使用权的权利人和“生力小区”项目建筑物开发建设的实际建造人，其可自行申请办理规划许可、商品房预售许可等相关证照。

第二，对于第三人西安第三机床厂提出的要求上诉人海天公司安置住房的要求，无事实根据和法律依据，本院不予支持。对于其提出的其他企业改制安置问题，可依照与被上诉人生力公司签订的有关安置协议另行主张。对于第三人西安第三机床厂提出的有关职工家属楼采光问题，与本案无直接关系，可按有关规定另行主张。

【案例注解】

一、民法意思表示理论在司法实践运用的经济社会背景

改革开放四十年，我国的社会主义市场经济逐步完善，经济建设取得举世瞩目的成就。从改革开放初期单一的公有制经济主体逐渐丰富为国有经济、民营经济、个体经济以及混合所有制经济主体公平竞争。从 20 世纪八九十年代市场规则制度的匮乏和相对滞后，逐渐发展为尊重市场规律、突出服务管理、营造公平秩序的法律制度体系。上述渐进式发展历程在人民法院审理的民事纠纷中有着很多体现。市场经济是规则经济，但是当我们的法律规则还没有建立起来，或者原有的规则体系不能体现经济发展需要，明显滞后的时候，当事人尤其是民营经济主体之间，为追求经济效益或者出于规避管理，实现其他目的，在通过签订合同等意思自治方式创设的民事行为以及实际履行合同过程中，没有完全按照法律规则设定的法律关系“模型”确定和实现双方的权利义务关系，在实践中经常会出现意思表示的不真实。这种意思表示的不真实主要表现为，合同文本所表现出来的意思表示内容与合同实质性质及合同履行情况出现矛盾冲突，这也为双方日后产生纠纷埋下隐患，也造成了市场主体相应财产权利的不清晰。比如：在 20 世纪八九十年代较为普遍的实为民营却以公有制“外壳”生产经营的“红顶企业”；还有实践中常见的借用资质挂靠经营等等情形。在处理上述纠纷时，司法实践并没有简单“从形式到形式”“从逻辑到逻辑”，没有完全拘泥于当事人合同

文本内容，而是在尊重当事人意思自治的基础上，通过民法意思表示理论对当事人的真实意思表示作出认定，以准确确定当事人实际形成的法律关系性质，并在此基础上对双方的权利义务作出判定。在合作开发房地产合同纠纷中，上述类似问题较多，《最高人民法院关于审理涉及国有土地使用权合同纠纷案件适用法律问题的解释》第二十四条就是按照意思表示理论对当事人的真实意思表示作出判断继而对实际法律关系作出认定的典型范例。该条规定："合作开发房地产合同约定提供土地使用权的当事人不承担经营风险，只收取固定利益的，应当认定为土地使用权转让合同。"

二、民法关于意思表示的相关规定和理论在名为合作开发房地产合同实为土地使用权转让合同司法认定中的运用

意思表示是指表意人将意欲成立法律行为的意思表达于外部的行为。在合同法律关系中，合同主体的意思表示主要表现为合同约定条款和履行行为。一般情况下，合同条款作为当事人的意思表示具有真实性，在符合法定条件即不违反法律效力性强制规定等无效事由和具有欺诈、重大误解等可撤销理由外，对当事人具有法律约束力。但是由于经济环境的复杂性，实践中时常会出现真意保留、虚伪表示、隐藏行为等意思表示不真实的情形。在这种情况下，是否采用民法意思表示理论和如何认定当事人的真实意思表示在司法实践中具有一定争议。

1. 判断真实意思表示的法律根据。《民法通则》第五十四条规定："民事法律行为是公民或者法人设立、变更、终止民事权利和民事义务的合法行为。"第五十五条规定："民事法律行为应当具备下列条件：……（二）意思表示真实……"《民法总则》第一百四十三条第二项保留了上述规定。由此可见，意思表示真实是民事法律行为成立继而产生法律效力的必要条件。意思表示如果不真实，当事人之民事行为就不能构成民事法律行为。也就是说，该民事行为不能引发当事人间设立、变更、终止相应民事权利和民事义务的效果。上述规定也是意思表示理论在司法实践中运用的法律根据。因而，根据意思表示理论判断合同法律关系的性质和确定当事人的权利义务具有法律根据。

2. 判断真实意思表示的理论基础。意思表示的不真实，当事人之民事行为就不构成民事法律行为。因此，如何判断意思表示是否真实就成为司法实践中一个重要问题。通常情况下，意思与表示是一致的，但往往也会存在两者不一致的情形，这就是意思表示的不真实。对于意思与表示不一致时的法律效果，即法律行为是否依据表意人表示行为的内容发生效力。笔者认为，表示不过是

意思的外在表现形式，只是探究意思的工具和方法。法律之所以确认法律行为的相应效力，究其根源，是对于当事人意思的注重和认可，这才是民法意思自治原则根本所在。除了出于保护交易安全需要，可以在善意第三人存在的情况下，直接确认外在表示反映出的意思具有真实性，并以此外在表示作为法律行为成立的根据，但在其他的一般情况下，还是要尽可能探究当事人的真实意思，不能简单以外在表示的内容作出认定，尤其在一方当事人对意思表示不真实提出异议，影响其权利确认的情况下，更要注重对真实意思表示的审查和判断。

3. 判断真实意思表示的方法步骤。意思表示的不真实或者说意思与表示的不一致，以当事人是否有明确真实意思表示存在而分为无真意的不一致和有真意的不一致。对于无真意的不一致，主要包括因欺诈和重大误解作出的意思表示不真实，对于此类情况属于可撤销法律行为的范畴，在此不予以涉及。笔者主要围绕有真意的不一致进行分析。如何判断当事人意思表示是否真实，笔者认为，主要从以下几个方面去判断：一是结合社会现实情况。要结合当事人合同签订之时的社会背景、经济活动的不规范性等实际情况，运用历史唯物主义眼光去审视。二是查找合同文本内容矛盾冲突。要对当事人的约定内容进行合理审查，查找合同约定内容和实际履行的不一致，以及合同形式与合同目的的冲突。三是准确认定法律关系性质。在上述基础上，准确确定法律关系性质，并以此来确定当事人的权利义务关系，继而判定当事人要求确认权利的诉求是否能够得到支持。四是利用价值判断“校准”。最后，可根据“谁投资、谁受益”的市场经济基本规律和权责利相统一的要求，利用价值判断的方法对最终裁判进行“校准”。

4. 依据民法意思表示理论审理名为合作开发、实为土地使用权转让合同法律关系纠纷的裁判思路。本案中，对于生力公司向海天公司支付相关代付费用一节双方二审无争议。对于第三人西安机床厂主张的由海天公司为其职工安置房屋的请求，不予以支持的理由也是明确、充分的，依据查明的事实，海天公司既没有单方承诺也没有和第三人西安机床厂签订合同，没有义务为其安置住房，关于采光等侵权问题引发的安置住房请求其可另行主张。关于海天公司诉请的确认其对涉案土地的土地使用权并享有该项目的全部权益，以及要求将土地使用权变更其名下、要求协助办理商品房开发“五证”的请求。由于其确认项目全部权益的诉请不具体，实际上也被第二、三项请求所具体化，因此对于其要求确认项目权益的诉请不予审理。另外，其提出的协助办理商品房“五证”的请求，由于办理“五证”属于行政管理职权范围，除具备享有土地使用权前提条件外，还应符合行政管理关于主体资质、投资规模、工程进度等规定，并非简单权利确认问题，因此不易作出裁判。而且实际上，如果通过裁判确认了海天公司享有涉案土地的土地使用权，其完全可以根据土地使用权合法权利主体的情况，以及实际投资开发建设涉案商品房项目的实际，自行向有关政府职能部门申请办理有关商品房证照，无须通过法院裁判方式要求生力公司履行协助义务，故法院裁判驳回了海天公司的上述诉请。综上，本案核心问题就是将土地使用权变更至其名下的请求能否得到支持。由于海天公司和生力公司在涉及“合作开发”的两个协议中都没有约定土地使用权转让的内容。故本案的关键就是合同法律关系性质的认定，即双方是形成合作开发房地产合同法律关系还是土地使用权转让合同法律关系，继而再依据合同性质确定双方权利义务关系。

由于国家禁止直接转让土地使用权的“抄地皮”行为，以出让方式取得土地使用权的转让一般要完成一定的投资开发建设才能继续转让。因此，在经济活动中，一些当事人为完成土地使用权转让交易，既确保提供土地使用权一方无风险地取得提供土地使用权的固定收益，又避免因为违反上述管理法规而导致合同无效，在订立相关合同时约定了提供土地使用权一方和提供资金单独开发一方的法律关系为房地产合作开发合同关系，不明确约定土地使用权转让的内容，回避土地使用转让，而是通过由实际单独提供资金和开发建设的一方以土地使用权提供一方的名义实施开发建设，并明确单独提供资金和开发建设一方取得项目的全部收益，以此确保单独提供资金和开发建设一方收益的实现。但为了确保提供土地使用权一方无风险的取得相应利益，同时，明确约定了提供土地使用权一方在收取固定利益时，不承担经营风险。即使另一方需要使用提供土地使用权一方的有关土地使用权证件及其他规划建设证照进行单独开发建设，但仍然明确约定提供土地使用权的一方不承担任何风险和责任，即使在实践中由于法律主体外观公信而承担相应法律责任，其仍可依照上述约定向实际上单独投资和开发建设的一方追偿，最终的风险责任会按照上述约定转嫁到单独投资和开发建设的一方。本案实际上就是上述情况的典型例子。海天公司和生力公司在合同订立时就已经明确，生力公司基于提供土地使用权而获得固定收益10910万元，无须承担因房地产开发不能或收益不利而减损其上述收益的后果。海天公司在向生力公司支付上述固定收益的同时，需单独承受因政策变化、市场形势等各种因素对于房地产开发建设所带来的影响和风险。即使根据双方订立的以海天公司借用被生力公司主体资质开发建设房地产为主要约定内容的《协议书》，生力公司需要基于双方之间形成的借用主体资质开发经营关系的外部公信而对外承担一定法律责任，其仍可以基于借用主体资质开发经营关系和双方在该《协议书》第九条中关于“由于乙方（海天公司）对分公司（生力公司设立的不具备法人资格，用于海天公司以生力公司名义实施房地产开发）运作、管理的原因，给甲方（生力公司）造成的声誉、经济损失由乙方负全责”的约定，向海天公司主张权利，故双方并不符合合作开发房地产合同所要求的“共担经营风险”基本特征。此外，“生力小区”由海天公司单独投资、开发建设，其销售房屋显然也不属于生力公司委托销售，故海天公司属于实际行使土地使用权的主体。同时，涉案“生力小区”系商品房销售项目，海天公司按照上述约定取得售房款，是以向购房者交付商品房和转移商品房所有权登记作为前提，其必须具有相应处分权。综上，生力公司的真实意思表示就是以“合作”之名收取土地使用权转让的对价，双方合同目的并非欲行合作之实，合作开发建设只是当事人的虚伪表示。根据有关意思表示的民法理论，其合作开发的虚伪表示在双方之间不发生法律效力，应当依照双方的真实意思表示来确定合同性质和双方的权利义务关系。因此，依照《最高人民法院关于审理涉及国有土地使用权合同纠纷案件适用法律问题的解释》第二十四条关于“合作开发房地产合同约定提供土地使用权的当事人不承担经营风险，只收取固定利益的，应当认定为土地使用权转让合同”的规定，海天公司与生力公司签订的《合作开发建设项目协议书》，应当认定为土地使用权转让合同，双方就涉案土地所进行的开发建设形成了土地使用权转让合同法律关系，应以此为基础判定合同效力和确定双方的权利义务。因此，海天公司有权取得涉案土地的土地使用权。依照《城市房地产管理法》第三十八条规定：“以出让方式取得土地使用权的，转让房地产时，应当符合下列条件：（一）依照出让合同约定已经支付全部土地使用权出让金，并取得土地使用权证书；（二）按照出让合同约定进行投资，属于房屋建设工程的，完成开发投资总额的百分之二十五以上……”现涉案“生力小区”的国有土地出让手续已经办理完毕，向土地部门支付了全部土地使用权出让金，海天公司也已完成“生力小区”的主要开发建设工作，已经具备了法律所要求的办理土地使用权权属变更登记手续和进行物权变动的条件和要求。《物权法》第二十八条规定：“因人民法院、仲裁委员会的法律文书或者人民政府的征收决定等，导致物权设立、变更、转让或者消灭的，自法律文书或者人民政府的征收决定等生效时发生效力。”根据上述规定，人民法院可以以判决形式在确认相关权利的基础上，对物权设立、变更作出裁判。故海天公司请求通过法院判决方式将西莲国用（2014）第314

号土地使用权证由生力公司名下变更登记至海天公司的诉讼请求应予支持。最终，上述裁判结果也是符合“谁投资、谁受益”的市场经济基本规律和权责利相统一的要求。海天公司向生力支付了固定收益10910万元，单独完成项目开发建设的投资、管理等事宜，如果其请求不能被支持，生力公司在此合同履行中不存在取得其他任何利益的依据，反而造成实际主体与名义主体的不一致，不仅导致民营企业的产权不清晰，造成权责利不统一，继而会引发大量矛盾问题。因此，从民营企业产权保护的角度，该案裁判也是具有重要价值意义的。

（一审法院合议庭成员 侯 静 侯新省 李培龙
二审法院合议庭成员 尤 青 王琪轩 袁辉根
编写人 陕西省高级人民法院 王琪轩
责任编辑 杨 奕
审稿人 曹守晔）

交通银行股份有限公司江苏省分行诉南京市江宁城市建设集团有限公司财产损害赔偿纠纷案

——抵押房屋被拆迁情形下抵押权的行使与认定

关键词：民事　抵押权　征收拆迁　注意义务　补充赔偿责任

【裁判要旨】

抵押房屋在抵押期间被征收拆迁的，抵押权人可以就拆迁补偿款优先受偿。拆迁人在明知被征收拆迁的房屋设有抵押权的情况下，未通知抵押权人径行将拆迁补偿款支付给抵押人，导致抵押权人无法对补偿款行使优先受偿权，拆迁人应当对抵押权人的损失承担补充赔偿责任。

【相关法条】

《中华人民共和国物权法》第一百七十四条　担保期间，担保财产毁损、灭失或者被征收等，担保物权人可以就获得的保险金、赔偿金或者补偿金等优先受偿。被担保债权的履行期未届满的，也可以提存该保险金、赔偿金或者补偿金等。

《中华人民共和国担保法》第五十八条　抵押权因抵押物灭失而消灭。因灭失所得的赔偿金，应当作为抵押财产。

《最高人民法院关于适用〈中华人民共和国担保法〉若干问题的解释》第八十条　在抵押物灭失、毁损或者被征用的情况下，抵押权人可以就该抵押物的保险金、赔偿金或者补偿金优先受偿。

抵押物灭失、毁损或者被征用的情况下，抵押权所担保的债权未届清偿期的，抵押权人可以请求人民法院对保险金、赔偿金或补偿金等采取保全措施。

【案件索引】

一审：江苏省南京市江宁区人民法院（2016）苏 0115 民初 9360 号（2017 年 1 月 25 日）

二审：江苏省南京市中级人民法院（2017）苏 01 民终 3241 号（2017 年 10 月 12 日）

【基本案情】

原告交通银行股份有限公司江苏省分行（以下简称交通银行江苏分行）诉称：2008 年 8 月 22 日，案外人王维圣与其签订个人房产抵押贷款合同，向其贷款 490 万元用于购买位于南京市江宁区东山街道金箔路 201 号 × 幢房屋，登记在王维圣及配偶朱正芳名下，王维圣、朱正芳以其作为贷款抵押，并办理了抵押登记。后王维圣逾期还款，其诉至南京市建邺区人民法院，法院判决王维圣向其归还借款 2349706.34 元及利息、罚息、复利，其有权对王维圣、朱正芳抵押的案涉房屋享有优先受偿权。因王维圣未履行判决，其申请强制执行。经调查后得知，被告于 2009 年 9 月 18 日与王维圣签订拆迁补偿协议，约定对案涉房屋进行拆迁，并给予相应补偿。被告于 2009 年 9 月 28 日向王维圣支付拆迁补偿款、搬家费共计 20140907 元，由王维圣签署了领款凭证。其已在案涉房屋上设定抵押并办理了抵押登记，在担保期间，担保财产毁损、灭失或者被征收等，其作为抵押权人有权就获得的拆迁款优先受偿，被告对案涉房屋进行拆迁，未通知作为抵押权人的其，而将拆迁补偿款支付给了王维圣，直接导致其无法对案涉房屋的拆迁补偿款进行优先受偿，侵犯了其担保物权，其出借给王维圣贷款本息至今无法收回。被告应当承担贷款本金和利息损失的赔偿责任。故请求法院判令：被告赔偿其因抵押物灭失损失的贷款本金 2349706.34 元及至还清之日止的利息、罚息、复利。

被告南京市江宁城市建设集团有限公司（以下简称江宁城建公司）辩称：（1）其在拆除案涉房屋时不存在任何过错，拆迁之前其在现场张贴了拆迁公告，在南京日报上也进行了公告，原告从未向其主张过抵押权，也无任何法律规定要求拆迁人拆迁有抵押权的房屋时需要主动通知抵押权人，原告在案涉房屋拆迁后 5 年时间内，没有履行贷款后的法定查询义务，未及时主张损失，即使存在损失，也应当由原告自行承担；（2）原告权利受到侵害的原因系王维圣未清偿借款，并非被告的拆迁行为，其拆迁行为与原告损失没有因果关系，原告要求其赔偿损失不符合侵权责任的构成要件，依法应予驳回。

法院经审理查明，2008年8月22日，交通银行江苏分行与案外人王维圣签订了《个人借款合同》，合同约定贷款金额490万元人民币及相应利息，期限120个月，用于购二手商铺；借款人违反本合同的约定等情形出现时，贷款人有权停止发放贷款，并单方面宣布本合同项下已发放的贷款本金全部提前到期，要求借款人立即偿还所有贷款本金并结清利息……借款人未按时足额偿还贷款本金、支付利息或未按本合同约定用途使用贷款的，贷款人有权按逾期利率或挪用贷款的罚息利率计收利息，并对应付未付利息计收复利。同日，抵押人（甲方）王维圣、朱正芳与抵押权人（乙方）交通银行江苏分行签订《南京市江宁区房地产抵押合同》，所对应担保的主债合同即前述个人借款合同，债务人为甲方，借款本金490万元；借款人履行担保债务期限自2008年9月9日起至2018年9月9日止，甲方将案涉房屋抵押给乙方作为上述主债务人履行债务的担保，甲乙双方确认上述房产总价值9807200元；甲方抵押担保的范围为上述主债权本金及利息、主债合同约定的违约金、应当支付的赔偿金及乙方实现抵押权的费用。2008年9月8日，王维圣就案涉房屋办理了江宁房东山他字第JND000×××××号他项权证，该证载明权利种类为抵押权，权利价值为490万元，借款人为王维圣。2008年9月10日，交通银行江苏分行将借款490万元发放给王维圣。王维圣偿还借款本金、支付利息至2014年11月10日，后未还款。交通银行江苏分行于2015年5月27日诉至建邺区人民法院，要求王维圣向其归还借款并支付利息、复利、罚息，其有权对王维圣、朱正芳的抵押物优先受偿。因王维圣、朱正芳下落不明，建邺区人民法院向王维圣、朱正芳公告送达了开庭传票，后判决王维圣偿还交通银行江苏分行借款本金2349706.34元并支付利息、罚息及复利，交通银行江苏分行有权以王维圣、朱正芳抵押的案涉房屋折价或者拍卖、变卖的价款在债权数额490万元内享有优先受偿权。但事实上，王维圣名下已无可供执行财产。截止至2016年7月22日，王维圣尚欠交通银行江苏分行借款本金2349706.34元及利息、罚息、复利合计302912.51元。

另查明：2009年，案涉房屋被列入拆迁范围。同年4月9日，南京市江宁区建设局在《南京日报》上A8版发布了《拆迁公告》，载明：金箔路外港河旧城改造地块经审核许可实施房屋拆迁，房屋拆迁许可证为江宁建拆许字〔2009〕第01号，拆迁范围为江宁区，东至天印河、西至东新南路、南至外港河、北至金箔路（具体范围以江宁区规划局批准的规划红线范围为准），拆迁期限自2009年4月24日至2009年10月31日。江宁城建公司还在案涉房屋上张贴了拆迁公告。2009年9月18日，江宁城建公司与王维圣签订《南京市江宁区城市房屋拆迁补偿协议》一份，协议签订后，江宁城建公司对案涉房屋进行了拆除。2009年9月28日，江宁城建公司向王维圣支付了被拆迁房屋补偿款、搬家费、过渡费、装修及附属设施、奖金等共计20140907元。

一审庭审中，江宁城建公司陈述其在拆迁前查询过案涉房屋的抵押情况，但未通知抵押权人交通银行，王维圣告知其已经与贷款人交通银行谈好，会继续履行与交通银行的借款合同，其便将所有的拆迁补偿款支付给了王维圣。交通银行江苏分行认可自2008年9月放贷给王维圣后，从未到案涉房屋现场查看过抵押物状况，也未看到过南京市江宁区建设局于2009年4月9日在南京日报上刊登的拆迁公告和江宁城建公司在案涉房屋上张贴的拆迁公告，直至2016年7月其才得知抵押物即案涉房屋早在2009年9月已被拆除。

【裁判结果】

江苏省南京市江宁区人民法院于2017年1月25日作出（2016）苏0115民初9360号民事判决：一、江宁城建公司于判决发生法律效力之日起10日内向交通银行江苏分行赔偿因南京市江宁区东山街道金箔路201号9幢房屋灭失而损失的贷款本金1879765.07元及利息、罚息、复利；二、驳回交通银行江苏分行的其他诉讼请求。

一审宣判后，双方当事人均提出上诉，江苏省南京市中级人民法院于2017年10月12日作出（2017）苏01民终3241号民事判决：一、撤销南京市江宁区人民法院（2016）苏0115民初9360号民事判决；二、南京市江宁城市建设集团有限公司于本判决发生法律效力之日起10日内向交通银行股份有限公司江苏省分行赔款2349706.34元及利息损失；三、驳回交通银行股份有限公司江苏省分行其他诉讼请求。

【裁判理由】

法院生效裁判认为：当事人合法权益应受法律保护。本案中，交通银行江苏分行于2008年依法对涉案被拆迁案涉房屋房产设立了抵押权，而江宁城建公司在2009年对该抵押房产实施拆迁前，已查询相关抵押情况，应当知晓交通银行江苏分行系被拆迁房屋的抵押权人。相关法律、法规、规章、政策性文件和司法解释等对于抵押、担保物在征收拆迁中如何处理均作出了相应的规定。《物权法》第一百七十四条规定："担保期间，担保财产毁损、灭失或者被征收等，担保物权人可以就获得的保险金、赔偿金或者补偿金等优先受偿，被担保债权的履行期未届满的，也可以提存该保险金、赔偿金或者补偿金。"《最高人民法院关于适用〈中华人民共和国担保法〉若干问题的解释》第八十条规定："在抵押物灭失、毁损或者被征用的情况下，抵押权人可以就该抵押物的保险金、赔偿金或者补偿金优先受偿。抵押物灭失、毁损或者被征用的情况下，抵押权所担保的债权未届清偿期的，抵押权人可以请求人民法院对保险金、赔偿金或补偿金等采取保全措施。"国务院于2001年6月颁布的《城市房屋拆迁管理条例》第三十条规定："拆迁设有抵押权的房屋，依照国家有关担保的法律执行。"《南京市城市房屋拆迁管理办法》第十八条规定："拆迁设有抵押权的房屋，债务人自拆迁补偿协议订立之日起的30日内，不能提前清偿或者抵押人不能变更抵押财产的，拆迁人应当依法将相当于债权担保部分的货币补偿金额向公证机关提存。"就本案而言，江宁城建公司依据2004年《南京市江宁区城市房屋拆迁管理办法》的规定与案外人王维圣、朱正芳签订拆迁补偿协议，而该办法的第十八条也规定："拆迁设有抵押权的房屋，债务人自拆迁补偿协议订立之日起的30日内，不能提前清偿或者抵押人不能变更抵押财产的，拆迁人应当依法将相当于债权担保部分的货币补偿金额向公证机关提存。"因此，江宁城建公司在法律法规等已有明确规定的情况下，且也知晓交通银行江苏分行为涉案被拆迁房产抵押权人，但拆迁时既未要求王维圣、朱正芳变更抵押财产，也未有效通知交通银行江苏分行核实抵押房产所担保的剩余债权，进而向公证机关进行提存，其直接将所有征收拆迁补偿款全数支付给被拆迁人，主观上存在明显过错，从而导致交通银行江苏分行对王维圣、朱正芳享有合法抵押的债权不能实现。王维圣向交通银行江苏分行借款发生于2008年9月，江宁城建公司的上述侵权损害行为发生于2009年9月，此时王维圣也正常向交通银行江苏分行偿还定期贷款，而一审法院认定交通银行江苏分行在此期间内疏于审查抵押物状况，加重了交通银行江苏分行的义务，且也缺乏法律依据；本案交通银行江苏分行的抵押权受到侵害发生于2009年9月，一审法院分析认定交通银行江苏分行在此后疏于对抵押物进行审查，即使交通银行江苏分行存在该行为，但与当时损害结果的发生并无必然因果关系。故一审法院区分双方责任，并由交通银行江苏分行自行承担20%的过错责任，存在不当，予以纠正。江宁城建公司应当对涉案侵权损害结果承担全部责任，同时，江宁城建公司在向交通银行江苏分行赔偿后，有权向王维圣、朱正芳追偿。

【案例注解】

债权人对债务人享有债权，债务人或第三人提供房屋作为抵押，后房屋被征收拆迁，而抵押人未将补偿款款用于还款，且之后出现了债务人无法偿还债务的情况。在债权人欲行使抵押权时，方知晓房屋已因拆迁而灭失，遂以拆迁人违规发放补偿款、致使债权人无法实现抵押权为由向拆迁人主张损害赔偿。实践中，这类纠纷已非个案，各地法院在判决结果、裁判理由等方面存在一定差异，值得探讨。

就类似案件的处理结果而言，存在不同的观点。在嘉运公司诉金雁公司等财产损害赔偿纠纷案中，①法院认为："嘉运公司主张金雁公司未查明涉案房屋的抵押情况就强行征收和拆除，侵害其抵押权，但我国法律并未规定拆迁人在拆迁设有抵押权的抵押物时对抵押权人负有协商、通知义务，故金雁公司的拆迁行为不具有违法性，嘉运公司的该项主张不能成立。而且，兴宁市政府在对涉案项目作出征收决定后，兴宁市房地产管理局已经作出公告，涉案抵押物的原抵押权人工行兴宁支行应当知晓抵押物面临即将灭失的风险，即应注意抵押物的状况，积极与抵押人协商，维护其抵押权益。嘉运公司作为该抵押权的受让人，也相应负有对抵押物状况的注意义务，并得以抵押权人身份，根据抵押物的被征收拆迁状况，积极向抵押人主张权利，而不应怠于行使权利，直至抵押物灭失。"据此，判决驳回了嘉运公司对金雁公司的诉讼请求。事实上，在房屋被征收拆迁的情况下，我国现行法中确实并无明文规定拆迁人向被拆迁人（在纠纷中一般是抵押人）支付拆迁款前应当取得抵押权人的同意。这也正是法院在处理此类纠纷中的最大难题所在：在法律并未规定拆迁人负有相关

① 广东省高级人民法院（2013）粤高法民一终字第97号民事判决书。

义务的情况下，拆迁人还是否应当对抵押权人的损失承担赔偿责任？换言之，首先值得研究的是，抵押权人向拆迁人主张赔偿的请求权基础是什么。

一、现行法分析：制度性规定有待完善

（一）民事法律——对物上代位权实现程序的规定不足

抵押权作为物权，具有物上代位性。所谓物上代位性，是指物权标的发生毁损、灭失后产生的代替物仍然属于物权标的，物权效力及于该代替物。关于我国抵押权物上代位性的规定，集中在三个条款：《担保法》第五十八条、《最高人民法院关于适用〈中华人民共和国担保法〉若干问题的解释》第八十条以及《物权法》第一百七十四条。① 而上述三个条文虽然在具体规定上存在一定差异，但均存在共同的缺憾，即缺乏保障抵押权人物上代位权得以实现的程序规定。抵押权人能否就抵押物的代位物——保险金、赔偿金、补偿金等优先受偿，完全依赖于抵押人（即相应价金的支付对象）是否主动将相应款项用于清偿债务，但事实上，保险金、赔偿金、补偿金等一旦支付给抵押人，即混入了抵押人的一般责任财产，抵押权人的优先受偿权极易落空。特别值得注意的是《物权法》第一百七十四条："被担保债权的履行期未届满的，也可以提存该保险金、赔偿金或者补偿金等。"对于提存的主体未作规定。立法机关认为提存主体应当为担保人，即担保人可以自己或者应担保物权人的要求向提存机构提存保险金等代位物。② 这无异于将抵押权人优先受偿权的实现完全建立在担保人诚信偿债的前提之上，抵押权人对于代位物完全没有控制权甚至缺乏知情权。这也是导致本文所涉纠纷大量存在的重要原因。

关于抵押权物上代位权的性质，理论以及比较法上向来存在"法定债权质权说"及"担保物权延续说"之分。简言之，前者是指抵押权物上代位于抵押物的赔偿金、保险金、补偿金的请求权之上，德国、瑞士立法即采此学说；后者是指抵押权物上代位于赔偿金、保险金、补偿金之上，日本立法采此

---

① 《担保法》第五十八条规定："抵押权因抵押物灭失而消灭。因灭失所得的赔偿金，应当作为抵押财产。"《最高人民法院关于适用〈中华人民共和国担保法〉若干问题的解释》第八十条规定："在抵押物灭失、毁损或者被征用的情况下，抵押权人可以就该抵押物的保险金、赔偿金或者补偿金优先受偿。抵押物灭失、毁损或者被征用的情况下，抵押权所担保的债权未届清偿期的，抵押权人可以请求人民法院对保险金、赔偿金或补偿金等采取保全措施。"《物权法》第一百七十四条规定："担保期间，担保财产毁损、灭失或者被征收等，担保物权人可以就获得的保险金、赔偿金或者补偿金等优先受偿。被担保债权的履行期未届满的，也可以提存该保险金、赔偿金或者补偿金等。"

② 参见全国人大常委会法治工作委员会民法室：《〈中华人民共和国物权法〉条文说明、立法理由及相关规定》，第309页。

学说。[①] 至于两者孰优孰劣，存在不同观点。有学者认为，如果采取法定债权质权说，在赔偿金、补偿金的场合，由于抵押人也可以行使对赔偿金、补偿金的请求权，一旦行使了请求权，抵押权人的权利就不能重复行使，反而对保障抵押权不利；[②] 亦有学者主张，担保物权延续说在理论上存在解释障碍，实践中也有很大的弊端，无法发挥物上代位权应有的增强担保物权的担保功能以及保护债权人权益的作用。[③] 通说认为，我国立法采取的是“担保物权延续说”。[④] 笔者认为，无论两种学说在理论构造上存在怎样的差异，但均应当能够保障抵押权人在抵押财产毁损、灭失等情况下对抵押物的转化形态仍享有并实现优先受偿权，这正是认可抵押权具有物上代位性的意义所在。在此前提下，无论是采取哪种学说，最终完全可能达到殊途同归的效果。

（二）行政法规——对设有抵押权房屋征收补偿问题的规定不足

关于城市房屋征收拆迁的行政法规定，在我国存在一个立法变迁的过程。国务院于1991年制定公布了我国第一部城市房屋拆迁管理的行政法规，即《城市房屋拆迁管理条例》，并于2001年对其进行了修订。随着宪法的修正、物权法的出台，[⑤] 为了规范国有土地上房屋征收于补偿活动，维护公共利益，保障被征收房屋所有权人及利害关系人的合法权益，国务院于2011年公布施行了《国有土地上房屋征收与补偿条例》，同时废止了《城市房屋拆迁管理条例》。

2001年《城市房屋拆迁管理条例》第三十条规定：“拆迁设有抵押权的房屋，依照国家有关担保的法律执行。”有学者认为，该条是对于房屋拆迁时抵押权如何处理问题的原则性规定。而在2011年《国有土地上房屋征收与补偿条例》中，“连原则性的规定都没有。”[⑥] 尽管2011年征收补偿条例第十五条规定：“房屋征收部门应当对房屋征收范围内房屋的权属、区位、用途、建筑面积等情况组织调查登记，被征收人应当予以配合。调查结果应当在房屋征收范围内向被征收人公布。”但一般认为该条是关于征收房屋情况调查登记和调

---

① 曹士兵：《中国担保制度与担保方法》，中国法制出版社2017年版，第261~262页。

② 曹士兵：《中国担保制度与担保方法》，中国法制出版社2017年版，第263页。

③ 程啸：《担保物权研究》，中国人民大学出版社2017年版，第37~41页。

④ 《〈中华人民共和国物权法〉条文理解与适用》，人民法院出版社2007年版，第513页。

⑤ 2004年修正后的《宪法》第十三条第三款规定，国家为了公共利益的需要，可以依照法律规定对公民的私有财产实行征收并给予补偿。2007年出台的《物权法》第四十二条规定，为了公共利益的需要，依照法律规定的权限和程序可以征收集体所有的土地和单位、个人的房屋及其他不动产。

⑥ 程啸：《担保物权人物上代位权实现程序的建构》，载《比较法研究》2015年第2期。

查结果公布的规定，目的在于对征收房屋进行合理评估，进而确定补偿金额，[①] 也就是说，很难通过该条款认定征收部门负有核查被征收房屋是否存在抵押权的义务。

虽然目前行政法规、部门规章中尚无对设有抵押权房屋征收补偿问题的规定，但是，一些地方政府已就抵押房屋被征收时如何保障抵押权人权益问题作出了规定。例如，《上海市国有土地上房屋征收与补偿事实细则》第39条规定："征收设有抵押权的房屋，抵押人与抵押权人应当按照国家和本市房地产抵押规定，就抵押权及其所担保债权的处理问题进行协商。抵押人与抵押权人达成书面协议的，房屋征收部门应当按照协议对被征收人给予补偿。达不成协议，房屋征收部门对被征收人实行货币补偿的，应当将补偿款向公证机构办理提存；对被征收人实行房屋产权调换的，抵押权人可以变更抵押物。"宁夏、长沙、武汉、深圳等地亦有类似规定。[②] 特别值得一提的是，2017年3月10日开始施行的《南京市国有土地上房屋征收与补偿办法》第三十二条规定："征收设有抵押权的房屋，房屋征收部门应当在补偿协议签订前通知抵押权人。签订货币补偿协议的，抵押权人不同意将该房屋货币补偿款支付给抵押人的，房屋征收部门可以将货币补偿款公证提存。"该条款不仅规定了征收部门在补偿款发放过程中应当征得抵押权人同意，更是明确赋予征收部门负有将征收事宜通知抵押权人的义务，将抵押权人物上代位权的实现与行政征收程序予以衔接，为这一问题的上位法完善提供了很好的借鉴。

笔者认为，行政法上对该设抵押权房屋征收问题规定的缺失，与民法上抵押权人物上代位权实现程序规定不足有直接关系——民法上对物上代位的问题尚且缺乏制度设计，行政法对征收拆迁过程中抵押权人的权益保障问题未作出相应规定，似乎也情有可原。同时，行政法上一般认为，房屋征收的客体是国有土地上公民、法人或者其他组织的房屋以及收回其国有土地的使用权，该行为损害的对象应当是被征收房屋的所有权人及其利害关系人，因此，征收补偿的对象一般应当是被征收房屋的所有权人，也就是征收补偿条例中的"被征收人"。[③] 而抵押权人无论如何并非被征收人，不能直接获得补偿款，其仅仅是对该补偿款享有优先受偿权。在行政征收中承租人利益保障、共有权人利益保障等问题尚未获得妥善解决的现实情况下，行政立法和实践未能对征收过程

---

① 《国有土地上房屋征收与补偿条例释义》，中国法制出版社2011年版，第54页。

② 程啸：《担保物权研究》，中国人民大学出版社2017年版，第45页。

③ 蔡小雪、郭修江：《房屋征收案件审理指引》，人民法院出版社2015年版，第150页。

中抵押权人利益保障的问题予以充分重视，也不足为奇。

二、裁判思路的统一：现行法规定框架内的解决路径

在民法对物上代位权实现程序未作规定、行政法对设抵押权房屋征收问题亦无涉及的情况下，抵押权人的权利救济如何实现，是司法实践中面临的现实问题。绝大多数案件所采取的思路是依据侵权责任法进行裁判。《物权法》第三十七条规定："侵害物权，造成权利人损害的，权利人可以请求损害赔偿，也可以请求承担其他民事责任。"《侵权责任法》第二条亦将担保物权明确规定为侵权法所保护的民事权益之一。据此，抵押权人在抵押权受到损害时，依据侵权责任法主张损害赔偿请求权，在请求权基础上是能够成立的。但接下来，仍有以下问题需要解决：

（一）关于拆迁人是否存在过错的认定

《侵权责任法》第六条第一款规定："行为人因过错侵害他人民事权益，应当承担侵权责任。"据此，过错责任归责原则是我国侵权责任法的基本规则原则，适用于一般侵权行为。[①] 对于过错责任归责原则，可以从两方面来理解：首先，任何人只有在因过错造成他人损害时，才可能承担侵权责任；其次，如果一个人没有过错，即便确实造成了他人损害，其与无须承担赔偿责任，除非法律有特别规定。[②] 可以说，在侵权纠纷中，过错的认定是最重要的问题。而侵权责任法第六条第一款的规定，在法律上确立了过错责任的一般条款，具有统率性、基础性和广泛的适用性。对于社会生活中每天都可能出现的形形色色的侵权事件，法律不可能逐一规定，需要法官结合个案对一般条款予以分析，并最终得出能否适用的结论。

如前所述，现行法没有规定征收拆迁部门对设有抵押权的房屋进行拆迁时应当负有怎样的注意义务，那么，拆迁人未对房屋是否设定抵押的情况进行审查，或者在已经知晓房屋被抵押的情况下、径行向被拆迁人（抵押人）发放了补偿款，这能否视作拆迁人的过错，是处理这类案件的关键所在。正是由于对这一问题存在不同认识，实践中出现了截然相反的观点。

在侵权法理论中，过错是一个比违法性更为宽泛的概念，即使行为可能不具有违法性，但并不意味着行为人就不存在过错，违反正当行为的标准同样构

---

① 《〈中华人民共和国侵权责任法〉条文理解与适用》，人民法院出版社2010年版，第49页。

② 参见程啸：《侵权责任法》，法律出版社2015年版，第90页。

成过错。[①] 行为人未履行法律法规确定和先前行为引发的义务，以及未尽到对他人应有的注意和谨慎义务，均表明行为人是有过错的。由此，现行法规定的缺失，并不能当然成为拆迁人在案涉纠纷中免责的理由。在拆迁过程中，拆迁人应当对被拆迁房屋是否设有抵押权予以核查，并通知抵押权人。事实上，在物权法确立了不动产登记公示制度，以及随着《不动产登记暂行条例》出台、不动产统一登记制度正式建立的背景下，拆迁人在核查被拆迁房屋权属的同时，完全能够知晓房屋上是否设有抵押。在很多现实纠纷中，拆迁人对于房屋上存在抵押的情形也是完全知情的，但却简单听信抵押人（被拆迁人）的单方承诺、忽视了对抵押权人利益的保护。[②] 笔者认为，无论是拆迁人在知晓被拆迁房屋上存在抵押权仍径行发放补偿款，还是其对抵押事实完全不作审查、直接发放补偿款的做法，均属于拆迁人未尽到对抵押权人利益应有的注意和谨慎义务，应视作拆迁人的过错。[③]

此外，虽然《物权法》第一百七十四条将毁损、灭失、征收规定在同一条文中，将保险金、赔偿金、补偿金均规定为抵押物的代位物，但是，毁损一般系对抵押物的侵害，而征收本身并不是侵权。因此，侵权人在赔偿抵押物的所有权人时是否应当负有同样的注意义务，值得下一步研究。

（二）拆迁人承担赔偿责任的方式及范围

既然拆迁人径行发放补偿款的行为存在过错，且该过错与抵押权人的损失明显具有因果关系，那么，拆迁人对抵押权人应当承担赔偿责任便是顺理成章的结论。但对于拆迁人应当对抵押权人的损失承担何种方式的赔偿责任，存在

---

① 王利明等：《中国侵权责任法教程》，人民法院出版社 2010 年版，第 204 页。

② 如前文所引案例中，被告在庭审中陈述其在拆迁前查询过被拆迁房屋的抵押情况，而被拆迁人（抵押人）告知其已经与贷款人交通银行谈好，会继续履行与交通银行的借款合同，被告便将所有的拆迁补偿款支付给了被拆迁人。详见江苏省南京市中级人民法院（2017）苏 01 民终 3241 号民事判决书。

③ 《国有土地上房屋征收与补偿条例》的出台，意味着我国通过宪法、法律、行政法规对征收问题形成了体系性的规定，同时也规范并强化了行政部门在征收补偿过程中应当履行的职责。据此，在征收补偿过程当中涉及其他主体，尤其是通过调查不动产登记档案即可以清楚知晓的抵押权人利益时，征收补偿部门应当对其利益给予充分关注。但是，笔者的困惑是，在新《行政诉讼法》已经将征收补偿协议纳入行政协议并作为行政诉讼受案范围的情况下，今后类似本文的争议，应当属于行政诉讼还是民事诉讼。尤其是，2018 年 2 月开始施行的《最高人民法院关于适用〈中华人民共和国行政诉讼法〉的解释》第十三条规定："债权人以行政机关对债务人所作的行政行为损害债权实现为由提起行政诉讼的，人民法院应当告知其就民事争议提起民事诉讼，但行政机关作出行政行为时依法应予保护或者应予考虑的除外。"今后抵押权人能否以征收部门作为被告提起行政诉讼，以及如果提起行政诉讼、应当遵循怎样的原则获得赔偿，还有待理论和司法实践的进一步探讨。但无论是民事诉讼还是行政诉讼，不应当对权利人的利益保护结果产生差异。

两种不同观点：一种意见认为，拆迁人与抵押人构成共同侵权，应当承担连带赔偿责任，抵押权人向拆迁人主张赔偿的，应予支持；[①] 另一种意见认为，拆迁人的过错并不必然导致抵押权人的损失，抵押人不诚信才是造成抵押权人权益受损的根本原因，抵押人应当是责任的终局承担者，因此，拆迁人应当承担补充赔偿责任。[②] 同时，对于承担赔偿责任的范围，也存在分歧：有观点认为拆迁人承担相应比例的补充赔偿责任，而有观点则认为拆迁人对抵押权人的全部损失承担补充赔偿责任。对此，笔者认为，要求拆迁人承担补充性质的赔偿责任，是恰当的。

首先，抵押人与拆迁人并不构成共同侵权，不应承担连带赔偿责任。《侵权责任法》第八条规定："二人以上共同实施侵权行为，造成他人损害的，应当承担侵权责任。"该条强调了共同侵权人应当具有主观过错的共同性，即共同侵权行为人应当具有共同致人损害的过错。[③] 因此，在拆迁人和抵押人之间并不存在恶意串通等共同故意的情况下，不宜认定两者构成《侵权责任法》第八条所规定的共同侵权。此外，拆迁人的过错并不足以导致抵押权人的损害，据此也不应适用《侵权责任法》第十一条关于"行为人分别实施侵权行为造成同一损害，每个人的侵权行为都足以造成全部损害的，行为人承担连带责任"的规定。

其次，虽然拆迁人与抵押人的行为相结合、共同导致了抵押权人的损失，但抵押人毕竟是抵押权人实现抵押权的真正义务人，其未将拆迁款用于清偿债务的行为是导致抵押权人损失的直接原因，换言之，抵押人对抵押权人的损失负有直接、终局的责任，如果对于拆迁人与抵押人的责任不加区分、不分先后，难谓公平。而要求拆迁人承担补充性质的赔偿责任，则能够较好地平衡抵押权人、抵押人与拆迁人之间的关系。

在存在多个侵权人的情况下，相较于连带责任、按份责任而言，补充赔偿责任的特殊之处主要在于两点：其一，补充责任人承担责任具有顺序性。一般认为，补充赔偿责任是指在直接责任人的侵权行为导致损害结果发生但无力承担全部赔偿责任的情况下，由有过错的补充责任人在相应范围内对不足部分予

---

① 如"中国银行昆山分行与昆山周墅房屋拆迁公司财产损害赔偿纠纷案"，详见江苏省苏州市中级人民法院（2017）苏05民终7978号民事判决书。

② 本文所分析案例即采此种观点。

③ 《〈中华人民共和国侵权责任〉条文理解与适用》，人民法院出版社2010年版，第67页。

以补充赔偿的责任形态。[①] 换言之，如果直接责任人实际能够完全承担赔偿责任，就没有必要适用补充责任。更有学者提出，在直接责任人承担责任之前，补充责任人享有先诉抗辩权。[②] 对此，笔者认为，在现行法尚无明确规定的情况下，对于直接责任人是否"无力清偿"，不宜把握过严。除了在直接责任人下落不明的情况下、权利人可以直接起诉补充责任人外，当有证据证明直接责任人确无赔偿能力时，是否仍有必要要求对直接责任人进行没有实际意义的审判和执行，值得商榷。其二，补充责任人载承担补充责任之后，有权向直接责任人进行追偿。关于这一点，存在不同见解。有观点认为，既然补充责任人是因为自己的过错而承担赔偿责任，不应赋予其对直接责任人的追偿权。[③] 笔者认为，补充责任是在直接责任人承担责任不足的情况下、为使受害人获得全面赔偿而在多人侵权"按份责任—连带责任"二元模式下发展出的责任形式，在实现对受害人充分救济的同时，也应当体现对侵权人行为性质的妥当、合理评价。补充赔偿责任人对于损害后果所发挥的作用具有辅助性、间接性，与直接侵权人存在位阶上的差别，这种差别应当在终局责任承担方面有所体现。况且，即便是在连带责任的情况下，责任人之间尚且享有追偿权，处于后顺位的补充责任人更应当享有追偿权。具体到案涉纠纷中，拆迁人对抵押权人的损失承担了赔偿责任之后，可以向抵押人（被拆迁人）进行追偿。

关于补充赔偿责任在侵权纠纷中能否通过自由裁量的方式予以适用，有观点认为，补充赔偿责任并不是立法所明确的侵权责任承担方式，对民事责任形态的设定，由立法规定更为妥当。[④] 即便是认为补充责任应当具有侵权法上独立地位的学者亦主张：侵权补充责任是严格法，应当坚持法定主义的立法技术，不应随意进行扩张解释、类推适用。[⑤] 现实中，补充责任最早是被审判实践在"出资不实的股东对公司债务承担责任"等情形中予以适用，后通过学理的阐发，推动了商事立法对补充责任的广泛承认，进而由《最高人民法院

---

① 参见王利明：《侵权责任法研究》，中国人民大学出版社 2010 年版，第 46 页；杨立新：《侵权责任法》，法律出版社 2010 年版，第 283 ~ 284 页。

② 肖建国、宋春龙：《民法上补充责任的诉讼形态研究》，载《国家检察官学院学报》，2016 年 3 月期；邬砚：《侵权补充责任的诉讼形态》，载《社会科学家》2015 年 3 月期。

③ 参见王利明、周友军、高圣平：《中国侵权责任法教程》，人民法院出版社区服务 2010 年版，第 37 页。

④ 《〈关于审理涉及公证活动相关民事案件的若干规定〉的理解和适用》，载《人民司法》2014 年第 17 期。

⑤ 张圣平、王圣礼：《侵权补充责任的独立地位及其体系化》，载《烟台大学学报》2015 年 11 期。

关于审理人身损害赔偿案件适用法律若干问题的解释》将其适用领域由主体法扩及至侵权法。[①] 目前，现行法确实仅在有限的条文中规定了安全保障义务人、教育机构等主体的补充赔偿责任，但现实中侵权行为的类型几乎可以说层出不穷、难以预估，“社会事务，变化万端，法律之规定，自难概括无疑。”[②]成文法在周延性、应变性方面的不足在侵权纠纷领域体现得尤其明显，如果仅仅以缺乏明确依据为由作为不得适用补充赔偿责任的理由，难免有机械执法之嫌。事实上，一方面，司法解释已经在不断拓宽补充赔偿责任的适用空间，如《最高人民法院关于审理涉及会计师事务所在审计业务活动中民事侵权赔偿案件的若干规定》《最高人民法院关于审理涉及公证活动相关民事案件的若干规定》中均规定了补充责任的形式；另一方面，司法机关也在各类侵权纠纷中谨慎、积极地探索补充赔偿责任的适用空间，如《最高人民法院公报》和《江苏省高级人民法院公报》先后刊登案例，明确了在卖房人故意提供虚假信息造成买房人损失的情况下，中介机构未尽到必要注意义务予以审查的，应承担补充赔偿责任；[③]《最高人民法院公报》还刊发案例，明确了在动产质押监管合同纠纷中，监管人在一定情形下对债权人的损失应承担补充赔偿责任。[④] 可见，补充赔偿责任在侵权法中的学理论证与实践运用是一个相辅相成、不断发展的过程。面对现实生活中形形色色的侵权纠纷，裁判者可以借鉴现有的补充赔偿责任适用情形，对侵权人的责任予以恰当认定。正如本案中，要求拆迁人对抵押权人的损失承担补充性质的赔偿责任，不仅在责任构成要件上能够自圆其说，且在责任承担方式上对拆迁人亦为公平，此时，便不宜仅仅以现行法没有明确规定而断然否定补充赔偿责任形式在这类纠纷中的适用。

再次，拆迁人应当对抵押权人的全部损失承担补充赔偿责任。关于补充赔偿责任的范围问题，《最高人民法院关于审理人身损害赔偿案件适用法律若干问题的解释》和《侵权责任法》创造性地提出“相应的补充责任”这一概念，对补充责任的范围进行了限缩，也就是说，受害人只能在一定范围内请求责任

---

① 张圣平、王圣礼：《侵权补充责任的独立地位及其体系化》，载《烟台大学学报》2015 年 11 期。

② 王泽鉴：《民法学说与判例研究》（重排合订本），北京大学出版社 2015 年版，第 18 页。

③ 参见“李彦东诉上海汉宇房地产顾问有限公司居间合同纠纷案”，载《最高人民法院公报》2015 年第 2 期；“李平诉中原房地产中介公司未尽审核义务造成买房人损失应承担补充赔偿责任纠纷案”，载《江苏省高级人民法院公报》2016 年第 6 辑。

④ 参见“大连俸旗投资管理有限公司与中国外运辽宁储运公司等借款合同纠纷案”，载《最高人民法院公报》2017 年第 7 期。

人承担责任。有学者指出，从表面上看，相应和补充本身是矛盾的，“相应的就不会是补充的，补充的就不会是相应的”。[①] 而现行法之所以作这样的规定，是基于对补充责任实践中存在的“补充责任不补充”的忌惮，[②] 从而要求根据补充责任人的过错程度和原因力大小来确定赔偿范围。

笔者认为，补充赔偿责任的范围是完全还是部分，不宜一概而论。责任范围应当结合过错大小和因果关系加以认定，即使是“相应的补充责任”，在补充责任人过错较大的情况下，亦不排除要求其对直接责任人不能清偿部分予以全部赔偿，即要求补充责任人承担完全补充责任的可能。而之所以法律规定了“相应的补充责任”，一方面是希望从效果上限制责任人的赔偿范围、避免出现由补充责任人替代直接责任人承担责任的情况，另一方面，是充分考虑了具体侵权类型中补充责任人对损失发生所起的作用。例如，负有安全保障义务的经营者往往只能在合理限度范围内采取相应的行为，于一定程度上降低损害发生的概率。也就是说，即便安保义务人尽到了完全的安保义务，第三人侵权仍有可能发生，那么，在经营者违反安保义务的情况下，亦不宜要求其对全部损害后果承担责任。但是，本文所涉纠纷中，如果拆迁人尽到充分的注意义务，通知了抵押权人或者对补偿款进行了提存，抵押权人的损失便不会发生。拆迁人的过错为抵押人实施侵权行为提供了便利，造成了抵押权人的全部损失。此时，判断拆迁人是否应当承担完全的补充责任，只能考虑能否适用侵权责任法中关于过错相抵的规定，即“被侵权人对损害的发生也有过错的，可以减轻侵权人的责任”。如在案例四中，一审法院认为，作为抵押权人的银行“在款项发放后，从未至现场查看抵押物现状，直至债务人逾期还款后，仍未审查抵押物现状，其对自己的损失也存在过错”，据此判令拆迁人仅在80%的范围内承担赔偿责任。而案例一中法院更是基于上述理由，驳回了抵押权人的全部诉讼请求。但是，要求债权人时刻关注甚至随时至现场查看抵押物的状况，明显缺乏现实可操作性，可谓强人所难。法律制度中具体规则的设计应当具备正当性、合理性，而不应对权利人过分苛求。

最后，《物权法》第一百九十一条对类案裁判思路的验证。有观点认为，拆迁补偿的法律性质与所有权转让本质相同，抵押人（被拆迁人）在抵押权人不知情的情况下受领拆迁补偿款，与抵押人未经抵押权人同意转让抵押物具

---

① 参见王利明、周友军、高圣平：《中国侵权责任法教程》，人民法院出版社区服务2010年版，第37页。

② 张圣平、王圣礼：《侵权补充责任的独立地位及其体系化》，载《烟台大学学报》2015年11期。

有类似之处。因此，本文所涉问题也可以适用《物权法》第一百九十一条予以解决。该条规定："抵押期间，抵押人经抵押权人同意转让抵押财产的，应当将转让所得的价款向抵押权人提前清偿债务或者提存。转让的价款超过债权数额的部分归抵押人所有，不足部分由债务人清偿。抵押期间，抵押人未经抵押权人同意，不得转让抵押财产，但受让人代为清偿债务消灭抵押权的除外。"《第八次全国法院民事商事审判工作会议（民事部分）纪要》第十四条进一步规定："物权法第一百九十一条第二款并非针对抵押财产转让合同的效力性强制性规定，当事人仅以转让抵押房地产未经抵押权人同意为由，请求确认转让合同无效的，不予支持。受让人在抵押登记未涂销时要求办理过户登记的，不予支持。"也就是说，抵押人未经抵押权人同意将抵押财产转让的，虽然转让合同有效，但并不必然发生物权变动的效果，这是为了有效保障抵押权人的利益，防止抵押权因抵押人的转让行为而受到不利影响；同时，这对受让人亦不存在不公，因为在抵押权已经办理登记的情况下，受让人在受让时有义务查询受让财产的权利状况，其应当知道财产上存在抵押负担，如果其仍然同意签订转让合同，表明其并不存在善意。① 推及而论，征收部门作为受让人只有在代为清偿债务的情况下，其征收行为才是有效的。

笔者认为，上述观点从不同的角度为解决案涉争议提供了解释路径，但是，征收与转让毕竟存在较大差异：在抵押物转让的情况下，受让人如果要获得完整的所有权，往往须以代位清偿债务以涂销抵押权为前提；而征收本身并非物权的流转，反而是物权消灭的原因之一，② 以未涂销抵押权为由否定征收行为的效力，不仅缺乏理论依据，也不具有实际意义。事实上，在笔者所收集到的案例中，尚未发现有适用《物权法》第一百九十一条的例证。但是，就结论而言，前述分析与本文观点一致，这在一定程度上体现了本文观点的合理性。

三、结语

抵押权设定的目的是作为债务履行的担保，以确保债权的实现。在债权已

---

① 《〈第八次全国法院民事商事审判工作会议（民事部分）纪要〉理解与适用》，人民法院出版社2017年版，第252页。

② 《物权法》第二十八条规定："因人民法院、仲裁委员会的法律文书或者人民政府的征收决定等，导致物权设立、变更、转让或者消灭的，自法律文书或者人民政府的征收决定等生效时发生效力。"一般认为，征收是物权变动中一种极为特殊的情形，是政府以行政命令的方式取得自然人和法人财产权的行为。参见江平主编：《中华人民共和国物权法精解》，中国政法大学出版社2007年版，第47页。

届履行期满而债务人未履行时，抵押权人有权从依法处理抵押物获得的变价款中优先受偿，抵押权及其所担保的债权能否最终实现，很大程度上取决于抵押物的价值。因征收拆迁行为将导致房屋权利状态发生根本性变化，故《担保法》《物权法》均就抵押期间抵押物灭失情形下，抵押权人优先受偿或提存补偿金进行明确。正是通过赋予抵押权人物上代位权，在抵押物的形态或性质上发生变化时，使抵押权的效力及于抵押物的代位物而维持抵押物的价值。实施拆迁行为的相关主体在征收实施前应查明房屋所有权人，同时还应当对房屋是否设定抵押以及征收是否会损害抵押权人利益负有必要的注意和审查义务，如查明被征收房屋上确实设定抵押，应将征收事项告知抵押权人，或将补偿款向公证机关提存。如未尽到上述审慎注意义务，则应认定相关主体对债权人的损失存在过错，并以抵押权人未能从抵押人处受偿部分为限承担补充赔偿责任，但在承担赔偿责任后，有权向被征收人追偿。该裁判思路的统一，为类案处理提供了借鉴，弥补了现行法规定的不足，有助于抵押权人实现相关价值权利，亦有助于规范相关部门的征收拆迁行为。

（**一审法院合议庭成员**　叶　斐　董尔成　周春香
二审法院合议庭成员　夏海南　汪德全　刘　凡
编写人　江苏省高级人民法院　孙烁犇　张俊勇
责任编辑　杨　奕
审稿人　曹守晔）

湖南万力建设集团有限公司与李江荣、张建军案外人执行异议之诉案

——发包人欠付工程款时实际施工人工程价款请求权的认定

关键词：民事　执行异议之诉　合同相对性　发包人欠付工程款　实际施工人工程价款请求权

【裁判要旨】

合同相对性是合同之债的基础，实际施工人对发包人工程价款请求权成立的条件有二：一是承包人欠付实际施工人工程款，二是发包人欠付承包人工程款。实际施工人与承包人没有结算之前，实际施工人对承包人是否还享有债权，债权数额为多少均无法确定。在实际施工人的债权确定之前，实际施工人的债权人要求直接执行发包人对承包人欠付的工程款的，不予支持。

【相关法条】

《中华人民共和国合同法》第八条　依法成立的合同，对当事人具有法律约束力。当事人应当按照约定履行自己的义务，不得擅自变更或者解除合同。依法成立的合同，受法律保护。

《最高人民法院关于审理建设工程施工合同纠纷案件适用法律问题的解释》第二十六条　实际施工人以转包人、违法分包人为被告起诉的，人民法院应当依法受理。

实际施工人以发包人为被告主张权利的，人民法院应当追加转包人或者违法分包人为本案第三人。发包人只在欠付工程价款范围内对实际施工人承担责任。

《最高人民法院关于适用〈中华人民共和国民事诉讼法〉的解释》第三百一十二条 对案外人提起的执行异议之诉，人民法院经审理，按照下列情形分别处理：

（一）案外人就执行标的享有足以排除强制执行的民事权益的，判决不得执行该执行标的；

（二）案外人就执行标的不享有足以排除强制执行的民事权益的，判决驳回诉讼请求。

案外人同时提出确认其权利的诉讼请求的，人民法院可以在判决中一并作出裁判。

第五百零一条 人民法院执行被执行人对他人的到期债权，可以作出冻结债权的裁定，并通知该他人向申请执行人履行。

该他人对到期债权有异议，申请执行人请求对异议部分强制执行的，人民法院不予支持。利害关系人对到期债权有异议的，人民法院应当按照民事诉讼法第二百二十七条规定处理。

对生效法律文书确定的到期债权，该他人予以否认的，人民法院不予支持。

【案件索引】

一审：湖南省永州市中级人民法院（2017）湘11民初33号（2017年9月26日）

二审：湖南省高级人民法院（2017）湘民终718号（2018年1月23日）

【基本案情】

原告万力公司诉称：万力公司与江华瑶族自治县城市建设投资开发有限公司（以下简称江华城建投公司）签订施工合同，承包江华瑶族自治县老城区截污管道工程。万力公司承担了清偿所有因工程产生的债务的义务，是唯一享有从江华城建投公司取得工程款的权利人。张建军作为实际施工人，应先与万力公司结算，在工程未结算的情况下，张建军的债权人不能直接执行万力公司在江华城建投公司的工程款。

被告李江荣辩称：张建军是工程的实际施工人，有权从江华城建投公司取得工程款，因此可以直接执行张建军在万力公司的工程款债权，万力公司的损失只能另行向张建军追偿。

法院经审理查明，2012 年 4 月 11 日，发包方江华城建投公司与承包方湖南万力建设集团有限公司（以下简称万力公司）签订《老城区截污管道施工合同》，约定由万力公司以包工包料方式承建老城区截污管道工程施工。2012 年 8 月 11 日，万力公司与张建军签订《项目责任承包合同》，将上述工程以包工包料的方式转包给张建军，由张建军独立核算、自负盈亏、自担风险，并承担万力公司与建设单位签订的工程施工合同的全部职责，张建军应按合同总价的 2% 向万力公司缴纳管理费。此后，张建军以万力公司名义施工，并负有债务。工程完工后，张建军与万力公司未进行结算。江华城建投公司认可仍欠万力公司工程款 1954542 元，双方未最终结算。

李江荣、张建军合伙承建涉案工程，后发生纠纷，诉至法院。经江华瑶族自治县人民法院调解，确定张建军应支付李江荣各种款项共计 180 万元，该调解书已生效。该案在执行过程中，经李江荣申请，一审法院裁定提取被执行人张建军代万力公司承建江华瑶族自治县老城区截污管道施工工程款 1348430.57 元。万力公司提出异议被驳回，遂提起本案诉讼。

【裁判结果】

湖南省永州市中级人民法院于 2017 年 9 月 26 日作出湖南省永州市中级人民法院（2017）湘 11 民初 33 号民事判决：一、不得执行永州市中级人民法院提取的 1348430.57 元标的款中的 316881 元；二、驳回万力公司的其他诉讼请求。

宣判后，万力公司和李江荣不服判决，向湖南省高级人民法院提起上诉。湖南省高级人民法院于 2018 年 1 月 23 日作出湖南省高级人民法院（2017）湘民终 718 号民事判决：一、撤销湖南省永州市中级人民法院（2017）湘 11 民初 33 号民事判决；二、停止执行万力公司在江华城建投公司基于《老城区截污管道施工合同》享有的工程款债权 1348430.57 元。

【裁判理由】

法院生效判决认为：本案的争议焦点是万力公司对江华瑶族自治县老城区截污管道施工工程款 1348430.57 元是否享有足以排除强制执行的民事权益。从本案法律关系看，万力公司与江华城建投公司签订了施工合同，双方成立建设工程施工合同关系，万力公司有权与江华城建投公司进行结算，并要求江华城建投公司向其支付工程款。同时，张建军与万力公司签订了《项目责任承包合同》，双方实际成立了转包关系。万力公司系将承接来的工程全部转包给不具备施工资质的张建军，该行为违反了《合同法》第二百七十二条第二款、第三款关于“承包人不得将其承包的全部建设工程转包给第三人”“禁止承包人将工程分包给不具备相应资质条件的单位”的规定，双方的《项目责任承包合同》为无效合同。在合同无效的情况下，根据《最高人民法院关于审理建设工程施工合同纠纷案件适用法律问题的解释》第二条、第二十六条第二款的规定，建设工程经竣工验收合格的，张建军可以请求参照合同约定支付工程价款，并可请求发包人在欠付工程价款范围内对其承担责任。根据上述规定，张建军应首先与万力公司进行结算，依照其与万力公司之间的合同确定工程价款，然后就其应得工程款，可以请求万力公司向其支付工程款，并可以请求发包人江华城建投公司在欠付工程款范围内承担责任。本案中，张建军与万力公司之间没有进行结算，张建军对万力公司是否还享有债权，债权数额为多少，均无法确定。在张建军的工程款债权没有确定的情况下，李江荣作为张建军的债权人，直接要求执行江华瑶族自治县老城区截污管道施工工程款1348430.57元，必然损害万力公司的民事权益。因此，万力公司对江华瑶族自治县老城区截污管道施工工程款1348430.57元享有足以排除强制执行的民事权益。在张建军与万力公司的债权确定之前，直接提取万力公司在江华城建投公司的债权不妥。万力公司主张撤销一审判决，并要求停止执行上述工程款的上诉理由成立，予以采纳。李江荣主张其有权申请执行全部工程款的上诉理由不能成立，不予采纳。

【案例注解】

该案例为案外人执行异议之诉，申请执行人系申请执行被执行人的到期债权，案外人提出异议，认为债权并不归属于被执行人，而应归属于案外人。就实体处理上，该案主要涉及的是实际施工人对发包人的工程价款请求权，以及实际施工人的债权人能否越过承包人，直接申请强制执行发包人的工程款这一问题。该案各方之间的工程款未经结算，一审判决依据《最高人民法院关于审理建设工程施工合同纠纷案件适用法律问题的解释》第二十六条的规定，认为实际施工人是工程款的最终请求权人，发包人的工程款最终归属于实际施工人，因此实际施工人的债权人可以直接申请强制执行发包人欠付的工程款。该认定混淆了实际施工人与承包人之间的转包关系，以及承包人与发包人之间的承包关系，突破了合同相对性，是对《最高人民法院关于审理建设工程施工合同纠纷案件适用法律问题的解释》第二十六条的错误理解。二审判决认定在各方未经结算的情况下，发包人欠付的工程款不属于实际施工人，实际施工人的债权人不能直接申请强制执行，厘清了各方之间的法律关系，对于正确理解《最高人民法院关于审理建设工程施工合同纠纷案件适用法律问题的解释》第二十六条的规定，规范建设工程施工中的发包、转包关系，统一执行中的做法，引导当事人依法维护自己的合法权益，具有重大意义。

一、执行第三人到期债权的规范基础及其理解适用

《最高人民法院关于适用〈中华人民共和国民事诉讼法〉的解释》第五百零一条规定：“人民法院执行被执行人的到期债权，可以作出冻结债权的裁定，并通知该他人向申请执行人履行。该他人对到期债权有异议，申请执行人请求对异议部分强制执行的，人民法院不予支持。利害关系人对到期债权有异议的，人民法院应当按照民事诉讼法第二百二十七条规定处理。”该规定是对被执行人到期债权执行的明确法律依据。在适用该条时应注意以下问题：

1. 被执行人对他人的债权是指到期债权。债务人用其全部财产来担保债权人债权的实现，而债务人的财产包括有形财产和无形财产，也包括物权和债权，因此，债务人对他人的债权属于债务人的财产范围。需要注意的是，作为人民法院强制执行对象的债权只能是到期债权，未到期债权因未届履行期限，具有不稳定性，不利于执行的顺利进行。到期债权，以当事人约定为准，如当事人没有约定，或属于法定之债，则依照法律规定判断是否已届履行期限。

2. 执行被执行人对他人的债权应是确定的债权。该条第二款规定，债务人对到期债权有异议，申请执行人请求对异议部分强制执行的，人民法院不予支持。这是债务人的绝对异议权，即只要债务人提出异议，申请执行人就不能通过执行程序强制执行被执行人的“债权”，只能转而通过诉讼程序解决。例外情形在该条第三款的规定：“对生效法律文书确定的到期债权，该他人予以否认的，人民法院不予支持。”根据上述约定，可以得出结论，即被执行人的债权应当是确定的，如果债务人提出异议，即表明被执行人与债务人之间的债权债务关系并没有确定，双方仍存在争议，债权具有不确定性，因此不得继续执行。但是已经生效法律文书确定的到期债权，表明双方的债权债务关系已经

确定，此时债务人再提异议的，人民法院不予支持。

3. 对相关权利人的救济。对到期债权执行中，利害关系人有异议的，可以依照《民事诉讼法》第二百二十七条规定处理。《民事诉讼法》第二百二十七条规定："执行过程中，案外人对执行标的提出书面异议的，人民法院应当自收到书面异议之日起十五日内审查，理由成立的，裁定中止对该标的的执行；理由不成立的，裁定驳回。案外人、当事人对裁定不服，认为原判决、裁定错误的，依照审判监督程序办理；与原判决、裁定无关的，可以自裁定送达之日起十五日内向人民法院提起诉讼。"在对被执行人到期债权的执行过程中，即使被执行人与债务人均没有异议，也不是必然可以执行。因为对到期债权的执行还可能损害他人的利益，该他人可以依照《民事诉讼法》第二百二十七条提出异议，如果异议被驳回，还可以向人民法院提起执行异议之诉。该案中债务人江华城建投公司未对执行提出异议，但是万力公司认为自己才是真正的债权人，并作为利害关系人提出异议，在异议被驳回后，万力公司提出执行异议之诉符合民事诉讼法的规定。

二、实际施工人对发包人工程价款请求权的行使依据及理解与适用

该案所涉实体问题主要是实际施工人对发包人的工程价款请求权如何行使的问题。实际施工人向发包人主张工程价款的依据主要是《最高人民法院关于审理建设工程施工合同纠纷案件适用法律问题的解释》第二十六条。该条规定："实际施工人以转包人、违法分包人为被告起诉的，人民法院应当依法受理。实际施工人以发包人为被告主张权利的，人民法院可以追加转包人或者违法分包人为本案当事人。发包人只在欠付工程价款范围内对实际施工人承担责任。"该条第二款明确规定，实际施工人可以突破合同相对性，以发包人为被告主张权利，发包人在欠付工程价款的范围内承担责任。司法实践中，存在错误适用该条规定的情形，即将实际施工人的地位等同于承包人，直接将承包人的合同权利义务认定为实际施工人的权利义务，导致各方之间的合同关系没有厘清，权利义务错位。

1. 第二十六条的立法精神。从该司法解释的出台背景来看，最高人民法院有关负责人就明确："按照合同相对性原则来讲，实际施工人应当向与其有合同关系的承包人主张权利，而不应当向发包人主张。但是从实际情况看，有的承包人将工程转包收取一定的管理费用后，没有进行工程结算或者对工程结算不主张权利。由于实际施工人与发包人没有合同关系，这样导致实际施工人没有办法取得工程款，而实际施工人不能得到工程款则直接影响

农民工工资发放。因此不允许实际施工人向发包人主张权利，不利于对农民工利益的保护。”2008 年，该司法解释的起草者之一冯小光法官在《民事审判指导与参考》发表文章《回望与展望——写在〈最高人民法院关于审理建设工程施工合同纠纷案件适用法律问题的解释〉颁布实施三周年之际》，指出：“完整准确理解《解释》第 26 条第 2 款规定，应当结合该条第 1 款规定一并解读，原则上不准许实际施工人提起以不具备合同关系的发包人、总承包人为被告的诉讼；只有在实际施工人的合同相对方破产，下落不明等实际施工人不提起以发包人或者总承包人为被告的诉讼就难以保障权利实现的情形下，才准许实际施工人提起以发包人或总承包人等没有合同关系的当事人为被告的诉讼。”最高人民法院第一巡回法庭分党组副书记、副庭长张勇健 2018 年在第一巡回法庭民商事审判工作座谈会上讲话，指出“恪守合同的相对性原则，实际施工人向与其没有合同关系的转包人、总承包人、发包人提起诉讼的，要严格依照法律、司法解释的规定进行审查。实际施工人突破合同相对性原则行使诉权的，一般应提供起诉证据证明发包人可能欠付工程款，其合同相对方有破产、下落不明、法人主体资格灭失等严重影响实际施工人权利实现的情形。”可见，第二十六条并非是准许实际施工人直接取代承包人的地位，突破合同相对性原则，享有承包人对发包人的权利，而是在恪守合同相对性原则的前提下，为了保护农民工的利益，在某些特殊情形下允许实际施工人提起诉讼，要求发包人在欠付工程款的范围内承担责任。

2. 第二十六条的理论基础——债权人代位权理论。通说认为，实际施工人可以向发包人提起诉讼并主张权利的法理基础是债权人代位权理论。债权人的代位权是指因债务人怠于行使到期债权，对债权人造成损害的，债权人可以向人民法院请求以自己的名义代位行使债务人债权的权利。《合同法》第七十三条规定：“因债务人怠于行使其到期债权，对债权人造成损害的，债权人可以向人民法院请求以自己的名义代位行使债务人的债权，但该债权专属于债务人自身的除外。代位权的行使范围以债权人的债权为限。债权人行使代位权的必要费用，由债务人负担。”《最高人民法院关于适用〈中华人民共和国合同法〉若干问题的解释》第十一条又规定：“债权人依照合同法第七十三条的规定提起代位权诉讼，应当符合下列条件：（一）债权人对债务人的债权合法；（二）债务人怠于行使其到期债权，对债权人造成损害；（三）债务人的债权已到期；（四）债务人的债权不是专属于债务人自身的债权。”在存在转包、分包或者挂靠资质的情形下，实际施工人是债权人，转包人、分包人或被挂靠单位是债务人，总承包人、发包人是次债务人。严格依照代位权理论，实际施工人向发包人主张权利应当符合上述法律规定的要件，即要存在转包人、分包人或者被挂靠的单位怠于行使到期债权，对实际施工人造成损害的情况。司法实践中，存在大量实际施工人未经与承包人结算，且未向承包人主张权利，就直接向发包人主权利的情形，与代位权行使的基本要求不符。

3. 第二十六条的具体适用。在转包、分包、挂靠情形下，实际存在两个并行但又各自独立的法律关系。一个是转包人、分包人与承包人之间的转包、分包合同关系，或者挂靠人与被挂靠单位之间的资质借用关系，一个是发包人与承包人之间的建设工程施工合同关系。原则上，转包人、分包人、挂靠人应当依照其与承包人之间的转、分包关系或者借用资质关系向与其有合同关系的转、分包人或者被挂靠单位主张权利，同时，转、分包人，被挂靠单位可以依照其与发包人之间的承包合同关系主张权利。但在发包人对承包人的债务已届清偿期，承包人对转包人、分包人、挂靠人的债务也已届清偿期，承包人既不向转包人、分包人、挂靠人清偿债务，又怠于行使对发包人的权利的情形下，应当允许作为实际施工人的转包人、分包人、挂靠人向发包人提起诉讼，行使债权人代位权。但即使准许实际施工人提起诉讼，其可以行使权利的范围仍应以承包人欠付实际施工人的工程款为限，且不得超过发包人欠付承包人的工程款范围。司法实践中，要确定实际施工人对发包人的债权金额，需要根据承包人与发包人之间承包合同进行结算，确定发包人欠付承包人的工程款，再根据承包人与实际施工人之间的合同关系进行结算，确定承包人欠付实际施工人的工程款数额，至此才能确定发包人应对实际施工人承担责任的范围。即各方应当依照各自的合同关系进行结算，在此基础上，发包人在其欠付承包人工程款的范围内向实际施工人承担付款责任。

三、未经结算，实际施工人对发包人的工程价款请求权不属于被执行人到期债权

1. 从执行标的物来看，债权虽然属于被执行人的财产范围，但是，可以执行的被执行人对他人的到期债权应当是到期债权，且是确定的债权，如果未经结算，实际施工人对承包人是否享有债权，债权是否到期，债权金额为多少，同时承包人对发包人是否享有债权，债权是否到期，债权金额为多少，均无法确定，更无法确定实际施工人对发包人的债权金额。因此，在发包人与承包人，以及承包人和实际施工人未依各自的合同关系结算之前，承包人对发包人的债权不属于到期的、确定的债权，不归实际施工人所有，不得作为实际施

工人的财产执行。

2. 根据《最高人民法院关于审理建设工程施工合同纠纷案件适用法律问题的解释》第二十六条的规定，发包人在欠付工程款的范围内对实际施工人承担责任，是指发包人在欠付承包人的工程款范围内承担责任，但是发包人欠付承包人的工程款并不等同于承包人欠付实际施工人的工程款。首先，发包人和承包人约定的结算条款与承包人和实际施工人约定的结算条款往往并不完全一致，因此发包人应向承包人支付的工程款，与承包人应向实际施工人支付的工程款并不相同。其次，两个合同约定的支付条件与支付时间可能并不同步，因此发包人向承包人的债务到期，并不意味着承包人对实际施工人的债务到期，反之亦然。再次，在实际施工过程中，实际施工人通常是以承包人项目部的名义从事施工行为，包括购买材料、聘用工作人员等，甚至包括对外融资借贷等。这些可能由承包人承担的债务，承包人可在应向实际施工人支付的工程价款中抵销。最后，一般而言，发包人与承包人之间的合同为有效合同，双方可以依合同主张违约责任，而违法转包、违法分包、挂靠情形下，双方合同必然为无效合同，双方只能依照合同无效的法律规定确定各自权利义务。基于以上原因，实际施工人可向承包人主张的债权与承包人可向发包人主张的债权并不完全等同。

综上所述，在执行过程中，可以执行的被执行人对他人的债权应当是到期债权、确定的债权，在各方未依照各自的法律关系进行结算之前，并不能确定实际施工人对发包人的债权金额，因此在执行案件中，不能将发包人对承包人欠付的工程款作为实际施工人的到期债权直接执行。

四、该案例对当事人行为的启示

该案例不但对于执行实际施工人的到期债权具有借鉴意义，还对引导各方当事人依法从事交易行为，维持自身合法权益具有引导价值。

1. 对规范建设工程施工合同签订与履行的启示。（1）发包人在签订合同时应当对相对人进行审查，确保相对人具备相应的资质，防止他人借用有资质的施工单位名义承接工程，更不能与不具备施工资质的单位或者个人相互串通，并以有资质的单位名义签订承包合同；在履行合同时发包人应当监督承包人的行为，防止承包人将工程转包、分包给他人施工，如果发现这类情况，应当及时制止，以避免纠纷，并防止质量不合格造成的安全事故。（2）承包人承接工程后应当自行组织施工，不得再违法分包或转包，更不得将工程交由不具备资质的实际施工人施工。在违法分包、转包或者同意他人挂靠施工的情形下，承包人仍应对分包人、转包人或者挂靠人的施工行为承担责任，并应对发包人承担合同责任。（3）虽然《最高人民法院关于审理建设工程施工合同纠纷案件适用法律问题的解释》第二十六条规定，实际施工人以发包人为被告主张权利的，发包人应在欠付工程价款范围内对实际施工人承担责任。但毕竟实际施工人并不等同于承包人，实际施工人并不完全享有承包人对发包人的合同权利，在发包人、承包人欠付工程款时，实际施工人不能依照承包人与发包人的合同向发包人主张权利，在其与承包人合同无效的情形下，还不能依照有效合同向承包人主张权利。综上，在建设工程施工行为中，应当严格依照法律的规定进行工程发包、承包、施工以及结算，唯有如此，才能有效保障各方当事人的合法权益。

2. 对当事人依法维持自己的民事权益的启示。无论是实际施工人，还是承包人，在工程竣工验收合格、符合结算条件时，均应及时与与其具有合同关系的相对人进行结算，这样才能确保及时获得工程款。在司法实践中，通常会出现实际施工人越过承包人，直接向发包人主张权益的案例，也有些法院未严格审查不同的合同关系，将实际施工人等同于承包人进行判决，由此可能导致二审发回重审，或者被再审改判，浪费了司法资源，也不利及时解决纠纷，维护当事人的合法权益。对此，当事人在起诉时应当慎重选择主张权利的对象，明确其请求权基础，提出合理诉求，以利于纠纷顺利解决，合法权益得到有效保障。

3. 对执行到期债权的启示。实际施工人对发包人的工程价款请求权属于实际施工人的债权，但是在该债权确定之前，不可以作为被执行人的到期债权直接执行。如果符合债权人代位权的条件，申请执行人应当提起代位权诉讼，通过诉讼确定权利，并对通过该案判决、执行来维护自己的合法权益。

（**一审法院合议庭成员**　唐向东　刘志军　王　耀
二审法院合议庭成员　谭智崇　李金霞　肖　芳
编写人　湖南省高级人民法院　肖　芳
责任编辑　杨　奕
审稿人　曹守晔）

商 事

中铁建业集团有限公司与中铁建业物流有限公司、江阴市远大燃料有限公司追收未缴出资纠纷案

——认缴制下未届出资期限的股东转让股权后的出资责任

关键词：商事　认缴制　股权转让　出资期限利益　出资责任

【裁判要旨】

无论是认缴制还是实缴制，公司以其独立的全部财产对公司债务承担责任，该财产也包括认缴制下未届出资期限的注册资本。当公司对外支付不能时，未届出资期限的股东应向公司履行出资义务，该出资义务不因股权转让而消灭。公司或者公司债权人通过个别诉讼程序要求转让股东与受让股东承担连带出资义务的，应予支持。

【相关法条】

《中华人民共和国公司法》第三条　公司是企业法人，有独立的法人财产，享有法人财产权。公司以其全部财产对公司的债务承担责任。

有限责任公司的股东以其认缴的出资额为限对公司承担责任；股份有限公司的股东以其认购的股份为限对公司承担责任。

《中华人民共和国破产法》第三十五条　人民法院受理破产申请后，债务人的出资人尚未完全履行出资义务的，管理人应当要求该出资人缴纳所认缴的

出资，而不受出资期限的限制。

《最高人民法院关于适用〈中华人民共和国公司法〉若干问题的规定(三)》第十三条 股东未履行或者未全面履行出资义务，公司或者其他股东请求其向公司依法全面履行出资义务的，人民法院应予支持。

公司债权人请求未履行或者未全面履行出资义务的股东在未出资本息范围内对公司债务不能清偿的部分承担补充赔偿责任的，人民法院应予支持；未履行或者未全面履行出资义务的股东已经承担上述责任的，其他债权人提出相同请求的，人民法院不予支持。

第十八条 有限责任公司股东未履行或者未全面履行出资义务即转让股权，受让人知道或者应当知道，公司请求该股东履行出资义务、受让人对此承担连带责任的，人民法院应予支持；公司债权人依照本规定第十三条第二款向股东提起诉讼，同时请求前述受让人对此承担连带责任的，人民法院应予支持。

受让人根据前款规定承担责任后，向该未履行或者未全面履行出资义务的股东追偿的，人民法院应予支持。但是，当事人另有约定的除外。

【案件索引】

一审：江苏省江阴市人民法院（2017）苏0281民初14549号（2018年1月29日）

二审：江苏省无锡市中级人民法院（2018）苏02民终1516号（2018年8月16日）

【基本案情】

原告诉称：中铁物流公司设立于2014年8月21日，设立时股东为中铁建业投资有限公司，认缴注册资本为2亿元，认缴期限至2044年5月28日前，设立时的法定代表人为王金相。2015年12月25日，中铁建业投资有限公司名称变更为中铁集团公司。2016年5月9日，中铁物流公司的法定代表人由王金相变更为王金清。2017年3月24日，中铁集团公司将持有的中铁物流公司100%的股权以零对价转让给远大公司并办理了工商变更登记。因中铁物流公司在经营过程中陆续开具大量商业承兑汇票作为货款对外支付，在票据到期后无力兑付，持票人向银行托收被拒后将中铁物流公司诉至法院。

中铁集团公司辩称：（1）对于中铁物流公司诉称提及的三笔债权中铁集团公司原来并不知情，直到收到法院的应诉材料以后才知晓，中铁集团公司对该些案件涉及交易的真实性有异议。（2）王金清作为中铁物流公司的原实际控制人，应当拿出切实可行的方案来解决涉案以及相关矛盾。（3）希望对中铁物流公司原来开票及相关交易进行查实，如果涉及刑事犯罪，应当追究相关人员的刑事责任。（4）中铁集团公司已向公安机关进行报案，公安机关也已受理，希望相关民事案件及破产案件的审理能够中止，待相关刑事案件查清以后再行处理。

远大公司辩称：（1）王金清原系中铁物流公司的法定代表人，也是实际控制人，远大公司的法定代表人陈雅娟与王金清系夫妻关系。（2）涉案三笔债权中有两张承兑汇票是开给绍兴柯桥道然纺织有限公司（以下简称道然公司）的，当时中铁物流公司因采购钢材向道然公司开具了该两张承兑汇票。（3）现远大公司及王金清愿意承担相应的还款责任，希望能够与管理人进行协商。

法院经审理查明，2014 年 8 月 12 日，中铁建业物流有限公司（以下简称中铁物流公司）成立，系有限责任公司（法人独资），股东（发起人）为中铁建业集团有限公司（以下简称中铁集团公司），设立时注册资本为 2 亿元，认缴期限为 2044 年 5 月 28 日之前，法定代表人为王金相，2016 年 5 月 9 日，法定代表人变更为王金清。

2017 年 2 月 23 日，中铁集团公司与江阴市远大燃料有限公司（以下简称远大公司）签订《股权转让协议》一份，将其在中铁物流公司 100% 的股权（计贰亿元）转让给远大公司，2017 年 3 月 24 日，江阴市市场监督管理局核准并公告该股权变更。中铁集团公司与远大公司均未向中铁物流公司缴纳注册资本，远大公司也未向中铁集团公司支付股权转让对价。

另查明，在案涉股权转让之前，中铁物流公司另涉三个票据请求权纠纷案件，分别是：

一审法院于 2016 年 5 月 20 日立案受理了原告鹏翔公司诉被告中铁物流公司票据付款请求权纠纷一案，后于 2016 年 6 月 23 日作出（2016）苏 0281 民初 6913 号民事判决，判决中铁物流公司应向鹏翔公司支付票据款 50 万元及该款自 2016 年 5 月 1 日起至判决确定给付之日止按中国人民银行同期同类银行贷款基准利率计算的利息、诉讼费 4400 元。

一审法院于 2016 年 5 月 6 日立案受理了原告谷阔公司诉被告中铁物流公司票据付款请求权纠纷一案，后于 2016 年 7 月 20 日作出（2016）苏 0281 民初6221号民事判决，判决中铁物流公司应向谷阔公司支付票据款50万元及该款自2016年5月1日起至实际给付之日止按中国人民银行同期同类银行贷款基准利率计算的利息、诉讼费4400元。

一审法院于2017年4月7日立案受理了原告张店经营部与被告中铁物流公司票据付款请求权纠纷一案，后于2017年6月28日作出（2017）苏0281民初4585号民事判决，判决中铁物流公司应向张店经营部支付票据款100万元及该款自2016年9月23日起至实际给付之日止中国人民银行同期同档贷款基准利率计算的利息、诉讼费6900元。

上述民事判决均已发生法律效力，中铁物流公司未履行付款义务，鹏翔公司、谷阔公司、张店经营部遂分别于2016年8月2日、2016年9月9日、2017年8月14日向一审法院申请强制执行，该三起执行案件皆因未发现中铁物流公司有可供执行的财产、中铁物流公司不能清偿到期债务且明显无清偿能力而由申请执行人申请终结本次执行。其中，谷阔公司向一审法院提出申请，一审法院经审查后于2017年9月5日作出（2017）苏0281破申7号民事裁定，裁定受理谷阔公司对中铁物流公司的破产清算申请，并于同日指定江苏公证天业会计师事务所（特殊普通合伙）担任管理人。

在破产清算过程中，中天物流公司破产管理人向中铁集团公司、远大公司追收未缴出资，要求判令中铁集团公司立即补交出资款2160164.5元，远大公司对中铁集团公司的上述债务承担连带责任。

【裁判结果】

江阴市人民法院与2018年1月29日作出（2017）苏0281民初14549号判决：一、中铁集团公司应于判决发生法律效力之日起10日内向中铁物流公司缴纳出资款2160164.5元。二、远大公司对中铁集团公司的上述债务承担连带清偿责任。

一审判决后，中铁集团公司不服，提起上诉。无锡市中级人民法院于2018年8月16日作出（2018）苏02民终1516号判决：驳回上诉，维持原判。

【裁判理由】

法院生效判决认为：公司是独立的法人，有独立的法人财产，享有法人财产权，公司以其全部财产对公司的债务承担责任，有限责任公司的股东以其认缴的出资额为限对公司承担责任；股份有限公司的股东以其认购的股份为限对公司承担责任。因此，无论认缴制还是实缴制，公司财产均包含公司注册资本在内。

认缴制下，公司股东虽然享有出资期限利益，但当公司财产不足以清偿债务时，认缴出资的股东应当向公司履行出资义务；并且，该出资义务被触发后不因股权转让而消灭，否则将导致股东向偿债能力较差的受让人转让股权，逃避出资义务进而损害公司外部债权人的利益和交易安全。此时，公司或者债权人请求股东与受让人在未出资范围内承担连带责任的，应予支持。

本案中，虽然中铁物流公司章程规定注册资本金采取认缴出资制，原股东中铁集团公司可在2044年5月28日之前认缴，但案涉债务均在中铁集团公司转让股权之前形成，而中铁集团作为中铁物流公司唯一股东在上述债务形成期间，并未向中铁物流公司进行任何出资，在债务经法院生效判决确认后，也未积极履行债务，反而以零对价向远大公司转让中铁物流公司股权。在中铁集团公司股权转让时，中铁物流公司的注册资本金始终为零且处于支付不能的状态，对此法院认为中铁集团公司在股权转让前已经触发了出资义务。而股权受让方远大公司在受让股权时，明知其前手股东中铁集团公司未出资，在受让股权后，也未对中铁物流公司出资，故远大公司与中铁集团应对股权转让时的公司债务在未出资范围内承担连带责任。上诉人中铁集团公司关于股权已经转让后出资义务已经消灭的上诉请求，不予采纳。

【案例注解】

实践中，出资未届期股东利用认缴制的制度优惠，在公司对外欠下巨额债务后，将股权转让至“穷股东”从而导致债权人利益落空的事例层出不穷，此类事例究竟属于正常的商业风险还是制度漏洞，转让股东是否必然免除出资义务，或者仍应承担出资义务？本文拟从公司法人人格与公司注册资本角度出发，提出一点浅见。

一、观点分歧下的核心问题①

围绕未届期股东的出资义务，形成了合同义务说、团体性义务说、债权人信赖利益说三种观点，分别得出转让股东免责、转让股东或发起人股东不免责、区分债权形成时间三种结论。

（一）观点一：合同义务说

这个观点是以合同理论为基础，认为未届期股东转让股权时，并无出资义务，故转让后无需向公司承担出资责任，自然也无需向公司债权人承担补充责任，除非有证据证明是恶意转让逃避出资为目。

受合同义务说影响，有观点从合同视角认为，股权转让是合同权利义务概括性转移，需要征得公司或者公司债权人的同意，否则转让股东仍应对公司或者债权人承担责任。

（二）观点二：团体性义务说

与合同义务说针锋相对的观点则认为，根据《公司法》第三条，股东认缴出资是对公司的责任，属于团体法上的义务，有别于一般的合同义务，因此转让股东的认缴义务，不因股权转让而免除。至于股权转让合同则是新旧股东之间的法律关系，股权转让合同不能处理作为第三人的公司债权。

另有观点则认为，作为发起人股东的出资义务不仅仅是合同法的义务，同时也是公司法上的义务，在受让方未履行出资义务时，公司有权请求转让方继续承担出资义务，但非发起人股东未届出资期限转让股权的应免责。

（三）观点三：债权人信赖利益说

较为折中的观点认为，公司注册资本及股东变更通过工商登记备案的方式对外宣示，债权人对股东出资应存在合理信赖，如债权形成于股权转让后，则转让股东不应承担补充责任，若形成于股权转让前，则不能免责。

理论上多种路径的探讨以及不同结论，都不约而同地指向认缴制下股东出资义务的定性这一核心问题：即便是债权人信赖利益说，也无法回避股东为何要丧失出资期限利益，实际还是股东的出资义务的定性。而更深层次的问题则是如何理解公司资本制度。

---

① 李志刚、李后龙等：《认缴资本制语境下的股权转让与出资责任》，载《人民司法·应用》2017年第13期。

二、从独立人格角度理解公司注册资本

从两个方面理解公司注册资本的本质：一方面是从债权人利益保护的视角，公司注册资本以及资本三原则是债权人利益的保护底线；另一方面可从独立产权角度，公司财产包括公司注册资本、公司法人人格是一系列关联着的概念，独立的财产是公司成为拟制法人的关键，公司注册资本是公司独立财产的基础，无论注册资本制采取实缴制还是认缴制，并不改变公司注册资本是公司对外承担责任的基础这一法律设置。

（一）独立的财产是公司法人的本质

公司注册资本是公司获得法人地位的最基本法律要素之一。作为拟制的法人，公司需有自己的名称、组织机构、住所、财产或者经费，但建立在独立财产基础上的责任能力是法人的本质属性之一。法人没有自己的财产就不能从事各种民事活动，也就不能取得权利并承担义务。[①] 公司发展史表明，公司独立人格最本质的要求是具备独立的财产，即与股东相隔离的财产，并围绕该财产架构组织、开展业务等。实践中，判断公司人格混同虽然有人员混同、业务混同、财产混同三方面标准，然最核心的标准是财产混同，其他刺破公司面纱否认公司人格的司法实践也主要依财务指标判断。

（二）股东出资是公司财产的起点

公司财产源于注册资本也即股东出资，故在股东出资义务与公司的独立财产之间建立起最基本的联系，即便公司独立财产不局限于静态的注册资本，而更侧重于动态的资产状况，但在法律上并不妨碍公司注册资本作为资合公司的财产基础以及最直观的信用指标的基本功能，[②] 因此，股东的出资义务是公司承担责任的底线保障。

（三）认缴制下股东出资义务始终存在

也即，公司财产与股东财产是互相隔离的，股东将其财产作价让渡给公司作为公司注册资本，成为公司最基础的责任财产，只不过在认缴制下，财产从股东转移至公司存在时间差，但并没有改变注册资本的基本含义。《破产法》第三十五条充分反映了这一点，公司进入破产程序后，管理人应向未尽出资义务的股东催缴出资，无论出资期限是否届至。

---

① 沈德咏主编：《〈中华人民共和国民法总则〉条文理解与适用》，人民法院出版社2017年版，第455页。

② 刘燕：《重构“禁止抽逃出资”规则的公司法理基础》，载《中国法学》2015年第4期。

既然包括公司注册资本在内的公司财产是公司责任财产，那么当公司对外偿债不能时，未届期出资自然应该加速到期，以偿还公司债务。只是股东出资义务的加速到期是否必须在破产程序中实现呢？这就引出下一个争论不休的话题。

三、股东出资义务加速到期的诉讼实现

公司因不能清偿到期债务进入破产，是公司丧失偿债能力的极端情形，《破产法》第三十八条规定了股东出资加速到期。那么，能否不经破产程序直接要求股东出资义务加速到期呢？这个问题争议非常大，理论界大多数认为可以将《最高人民法院关于适用〈中华人民共和国公司法〉若干问题的规定（三）》第十三条解释为不要求履行期限届至，以加强对公司债权人保护，[①] 司法实践则态度不一。本文认为，股东出资义务加速到期并非破产程序一种途径。

（一）个别诉讼实现加速到期并未损害其他债权人利益

坚持破产为加速到期唯一通道的主要观点是：通过个别诉讼加速到期，会造成债务清偿的不平等，损害其他债权人。而破产是概括性执行程序，可以一并且平等的解决所有债权债务关系，且可以发挥破产的倒逼作用，促使股东主动提前履行出资义务。以破产程序启动促进股东和解。[②]

其中平等保护所有债权人是主要的担忧，但显然多虑：如果只是单笔债务，当债权人申请债务人企业破产时，法院作出裁定受理破产申请前，股东如自愿提前履行出资义务以解公司燃煤之急，则这种清偿是有效的。这种在破产申请受理后正式进入破产清算前的缓冲期内股东提前出资，与通过个别诉讼实现加速到期并无本质区别。如果公司存在多笔债务，但仅一个债权人申请破产，且在法院裁定受理前达成和解了，这样的个别清也是有效的，并不会被认定损害其他债权人利益。可以说，非破产情况下的债权人之间的诉讼竞赛是常态，这本身也是正常的商业风险。既然如此，为何通过诉讼程序将公司、股东告在一起让股东承担出资义务就会被认为侵害其他债权人利益了呢？破产程序

---

① 冯果、南玉梅：《论股东补充赔偿责任及发起人的资本充实责任》，载《人民司法·应用》2016年第4期。其他类似观点，李建伟：《认缴制下股东出资责任加速到期研究》，载《人民司法·应用》2015年第9期；梁上上：《未出资股东对公司债权人的补充赔偿责任》，载《中外法学》2015年第3期；赵旭东：《资本制度变革下的资本法律责任——公司法修改的理性解读》，载《法学研究》2014年第5期；赵万一：《资本三原则的功能更新与价值定位》，载《法学评论》2017年第1期。

② 蒋大兴、李志刚等：《认缴资本制度下的债权人诉讼救济》，载《商事审判指导》2016年第2辑。

的适用意义，正如学者所指出的，意在警示倒逼，从而达到类似庭外和解的效果，[①] 严格来说并非进入正式的破产程序解决，因此与是否损害其他债权人利益并无关联。

（二）个别诉讼实现加速到期符合程序经济

为了可能清偿的债务去启动破产程序，本身并不符合程序经济，另一方面，通过个别诉讼中可将公司与未出资股东同时作为被告，直接请求股东在未出资范围内承担补充责任，实际上将债权人对公司、公司向未出资股东催缴出资两个程序进行合并处理。这就类似在保险合同纠纷中，受害方将侵权人、保险公司一并作为被告，由保险公司在保险范围内直接向受害方支付，从而将两个诉合并为一个诉。

（三）个别诉讼实现加速到期的现实参照

无论是认缴制还是实缴制，公司以其独立的全部财产对公司债务承担责任，也包括认缴制下未届出资期限的注册资本，从权利义务平等出发，股东所约定的出资期限应是隐含了不影响公司正常经营之前提，当公司出现偿债困难，这一前提已不存在。《美国特拉华州普通公司法》第162条（a）（1）规定：当就公司股份应支付的对价尚未被完全支付，且该公司资产的数额无法满足该公司债权人的债权请求权时，该公司的股份持有人或认购人应付清其持有或认购的该公司已发行或即将发行股份对价中尚未被支付部分的数额。

四、该出资义务并非纯粹合同义务，不因股权转让而免除

前文论述了股东加速到期义务在公司不能清偿债务的情况下被触发，那么该出资义务被触发后，若未通过诉讼程序或者破产程序履行，是否可以随着股权转让而转移呢？文章第一部分就列举了合同义务说与团体性义务说两种针锋相对的观点。本文同意如下观点，股东的出资义务既不是单纯的合同义务，也不是单纯的法定义务，而是两者的结合，股东出资义务的二重性，[②] 从以下几个方面论证。

（一）纯粹的合同义务说增加了商事交易风险

认缴制下，股东的权利由于缓解了出资压力而增加了，相对应的必然是债权人的风险增加。虽然企业信息公开要求将股东实缴出资予以主动公示，

① 王建文：《再论股东未届期出资义务的履行》，载《法学》2017年第9期。

② 郭富清：《资本认缴登记制下出资约束缴纳约束机制研究》，载《法律科学》2017年第6期。

但实践中主动的股东并不多，债权人据以判断的主要数据还是认缴的注册资本。那么增加的交易风险如何处理，如果由债权人承担的话，就等于是增加市场交易风险，增加了交易的不确定性，这与商业交易的风险分配原理不相符合，也显然与减轻股东出资负担、增加社会创新活力而推出的认缴制的初衷不符。

（二）合同义务下的解决之道并未缓解交易风险

通过何种方式来分配这种商业风险呢？合同义务说下有恶意串通股权转让合同无效，比照减资程序或者债务转移。

恶意串通将股权转让视为正常的商业风险，债权人应当预料到并努力克服之，仅有证据证明股权转让合同系双方恶意串通逃避出资的，转让股东才担责。但在实践中要证明恶意串通损害债权人利益非常难，且受让股东即便为“穷股东”也不能证明其就一定不具备出资能力，因此基本无法解决上述难题。

即便根据债务转移规则，股权转让需征得公司或者公司债权人的同意，但是仅征得公司同意即可免责同样面临交易风险增加的问题；需征得公司债权人同意这一观点的障碍是，公司债权人的请求权源自何处？一般只能基于公司对转让股东的出资请求权，但如果公司同意该债务承担，则转让股东退出，债权人只能对受让股东请求，反之债权人只能对转让股东请求，这就存在冲突了。另外，征得债权人同意是否会增加股权转让的交易费用？如果一些债权人同意，一些债权人不同意，是否意味着分别处理，股东要对不同意的债权人承担责任，对同意的债权人不承担责任，股权转让成本过高，接近于公司减资程序的成本，实践中公司减资频繁吗？由此推之，必然会遏制股权的流转，故而不是一条实际的解决方法。

减资程序除了增加成本以外，在逻辑上也难以自洽。受债务承担规则的启发，另有观点提出为杜绝股东将股权转让至偿债能力不足的新股东，即所谓的“穷”股东，类似于公司减资，故可比照减资程序，征得公司外部债权人的同意，否则转让股东不能免除出资义务。但这一观点，困难在于，无现行法上的依据，且论证逻辑上的自洽性较为困难。另有学者认为，公司减资与该情形能否类比，在假设上存在相反情形，是否也要类比公司增资情形？

从情形的类比看，本文认为，公司减资的确在客观上减少了公司注册资本，也就是公司的责任财产，因此，对公司债权人利益存在法律上的不利影响。但股权转让给“穷”股东，是否必然降低了公司的责任财产？纵观整个法律体系，并未将两者直接划上等号，因为公司的责任财产在法律上还是这么多，而“穷”股东的出资能力在事实上也存在两种可能性。如果比照减资程序，可能会引起法律概念的混乱。另外，在现实中，穷股东意味着偿债能力不足，这通常是一个事后才能作出的评判标准，如何将一个事后才能得知的结果提前预知，并要求转让股东征得外部债权人的同意呢？因此，减资论无论在理论上还是事实上较难解决这个问题。

五、具体运用

综上，当公司对外支付不能时，公司有权通过诉讼要求未届出资期限的股东缴纳出资，相应的债权人也有权请求股东承担补充责任，未届期股东转让股权的，该出资义务也不因股权转让而免除。如此，可堵上认缴制的制度漏洞，以避免“首富股东”通过股权转让的方式逃脱出资义务。

具体到本案中，虽然中铁物流公司章程规定注册资本金采取认缴出资制，原股东中铁集团公司可在2044年5月28日之前认缴，但案涉债务均在中铁集团公司转让股权之前形成，而中铁集团作为中铁物流公司唯一股东在上述债务形成期间，并未向中铁物流公司进行任何出资，在债务经法院生效判决确认后，也未积极履行债务，反而以零对价向远大公司转让中铁物流公司股权。在中铁集团公司股权转让时，中铁物流公司的注册资本金始终为零且处于支付不能的状态，可认为中铁集团公司在股权转让前已经触发了出资义务。而股权受让方远大公司在受让股权时，明知其前手股东中铁集团公司未出资，在受让股权后，也未对中铁物流公司出资，故远大公司与中铁集团应对股权转让时的公司债务在未出资范围内承担连带责任。

此外，本案还引发出一些其他思考：

（一）“支付不能”的具体判断

1. 破产法上的判断标准。也即破产法上规定的债务人不能清偿到期债务并且资产不足以清偿全部债务，或者是债务人不能清偿到期债务并且明显缺乏清偿能力。这是从财务指标的角度给出的结论，比较适合公司债权人。

2. 执行财产不能清偿之标准。① 如果是外部债权人，应指债务经强制执行仍不能清偿的情形。正如本案中，债权人申请执行，公司无可清偿的财产，此时债权人可以要求公司股东提前承担出资义务。

需要注意的是，“支付不能”应该是经由司法判断的结果，如果仅仅因为公司拒绝清偿债务的，债权人不能据此要求股东承担出资义务，因为这不仅增

① 梁上上：《未出资股东对公司债权人的补充赔偿责任》，载《中外法学》2015年第3期。

加了股东的负担，也与股东责任的补充性质相违背。[①]

（二）公司债务形成时间与持股期间不能截然对应的处理

按照前面的分析思路，股东丧失出资期限利益是因为公司支付不能，从而将债权人对公司、公司对股东主张债权的两个程序合并处理，也就是说，如果不存在支付不能的情况，则前手股东不应丧失出资期限利益。因此，在具体的判断上，如果股权转让时，并不存在支付不能的情况，则无须承担。这就需要进行个案分析。但是，公司经营是处于连续状态，如债务的发生无法截然分割时间，意味着在前后手股东间无法区分产权，应就无法区分部分承担连带责任。

（三）一人公司的类推适用

一人公司有特殊性，法律上推定一人公司与股东人格混同，除非股东可以证明与公司分别独立，因此通常情况下，股东应对一人公司债务承担连带责任。在不能证明公司与前手股东相互独立的情况下，前手股东如果存在侵犯债权人产权的情况，不应免责，反之可免。人格持续混同的一人公司，其侵犯产权的行为具有隐秘性与连续性，而且无法与具体债务对应和区分开来，因此前后手承担连带责任比较合适。相应的，如果一人公司股东未出资，这种期限利益在人格混同的情形下也是要丧失的；如果人格不存在混同，则考虑债务形成期。

（**一审法院独任审判员**　冯　海

二审法院合议庭成员　姜丽丽　胡　伟　王俊梅

编写人　江苏省无锡市中级人民法院　姜丽丽　诸佳英

责任编辑　潘　静

审稿人　曹士兵）

① 张其鉴：《论认缴制下股东补充赔偿责任中的“不能清偿”标准》，载《政治与法律》2017年第3期。

原告乳源东阳光优艾希杰精箔有限公司诉被告临清市特优金属材料有限公司、山东寿光巨能特钢有限公司等票据纠纷案

——票据变造情形下的权利主体界定

关键词：商事　票据效力　票据转让　票据融资

【裁判要旨】

票据的签发、取得和转让，应当遵循诚实信用的原则，具有真实的交易关系和债权债务关系；以背书转让的汇票，后手应当对其直接前手背书的真实性负责。

【相关法条】

《中华人民共和国票据法》第十条　票据的签发、取得和转让，应当遵循诚实信用的原则，具有真实的交易关系和债权债务关系。

票据的取得，必须给付对价，即应当给付票据双方当事人认可的相对应的代价。

第十二条　以欺诈、偷盗或者胁迫等手段取得票据的，或者明知有前列情形，出于恶意取得票据的，不得享有票据权利。

持票人因重大过失取得不符合本法规定的票据的，也不得享有票据权利。

第三十一条　以背书转让的汇票，背书应当连续。持票人以背书的连续，证明其汇票权利；非经背书转让，而以其他合法方式取得汇票的，依法举证，证明其汇票权利。

前款所称背书连续，是指在票据转让中，转让汇票的背书人与受让汇票的

被背书人在汇票上的签章依次前后衔接。

第三十二条 以背书转让的汇票，后手应当对其直接前手背书的真实性负责。

后手是指在票据签章人之后签章的其他票据债务人。

《最高人民法院关于民事诉讼证据的若干规定》第九条 下列事实，当事人无需举证证明：

（一）众所周知的事实；

（二）自然规律及定理；

（三）根据法律规定或者已知事实和日常生活经验法则，能推定出的另一事实；

（四）已为人民法院发生法律效力的裁判所确认的事实；

（五）已为仲裁机构的生效裁决所确认的事实；

（六）已为有效公证文书所证明的事实。

前款（一）（三）（四）（五）（六）项，当事人有相反证据足以推翻的除外。

【案件索引】

一审：福建省厦门市思明区人民法院（2016）闽0203民初11660号（2017年6月28日）

二审：福建省厦门市中级人民法院（2017）闽02民终4642号（2017年11月7日）

【基本案情】

原告乳源东阳光优艾希杰精箔有限公司（以下简称乳源公司）诉称：2016年3月10日，上海双桦汽车零部件股份有限公司（以下简称双桦公司）将票据号码为31300051/310×××××号的银行承兑汇票作为货款支付给乳源公司（更名前为乳源东阳光精箔有限公司）。后因票据遗失被盗，乳源公司即向公安机关报案，公安机关以乳源公司员工邵福晨涉嫌票据诈骗罪立案。后乳源公司向法院申请公示催告。在公示催告期间，东丰公司申报权利，法院终结公示催告程序。乳源公司从前手双桦公司处受让该票据，乳源公司为该汇票丧失前的最后合法持有人。邵福晨盗窃该票后进行非法出售，临清公司、山东寿光巨能特钢有限公司（以下简称寿光公司）、吉林省东丰铁合金有限责任公司（以下简称东丰公司）依次取得讼争票据系在票据被盗窃后，且汇票上乳源公司名称被抹除的那一页有伪造的痕迹，临清公司、寿光公司、东丰公司是恶意取得或至少有重大过失，故乳源公司诉请判令其享有讼争汇票的票据权利。

临清公司辩称：其系合法获得讼争汇票，乳源公司所诉与事实不符，其诉讼请求应当予以驳回。临清公司于2016年3月15日与屈锐、庞家玲夫妻两人达成讼争汇票的转让协议并依约支付票据转让款396600元。乳源公司的陈述前后相互矛盾，不应被认可，其先为获得票据权利，称讼争汇票遗失，临清公司的后手东丰公司向法院申报票据权利时，乳源公司又称其员工涉嫌票据诈骗。临清公司获得讼争汇票后，依法进行转让，在获取票据过程中，无任何过失或过错，应当依法享有票据权利。

寿光公司提交书面答辩意见称：寿光公司因与临清公司之间存在买卖合同关系，从临清公司处合法取得讼争票据，并因正常交易需要支付货款，又将该票据合法转让给东丰公司，寿光公司无任何过错或过失。后东丰公司以涉案票据无法兑付为由，将该票据退给寿光公司，寿光公司另行向其支付了相应货款，同时寿光公司也已将票据退还给临清公司，临清公司也另行向寿光公司支付了货款。综上，请求依法驳回乳源公司对寿光公司的诉讼请求。

东丰公司提交书面答辩意见称：东丰公司收到讼争汇票粘单上面体现的被背书人一栏中未见乳源公司的名称，也没有乳源公司所提交讼争汇票粘单中的第七页，而且在被背书人空格内除了上海熠安贸易商行及双桦公司填写了名称外，其余被背书人一栏均为空格，所以无法辨别出乳源公司所称的伪造痕迹，故东丰公司取得讼争汇票不存在故意或重大过失，东丰公司取得票据程序合法，故请求法院驳回乳源公司对东丰公司的诉讼请求。

法院经审理查明，2015年11月4日，漳州路桥翔通建材有限公司签发一份汇票号为31300051/310×××××的银行承兑汇票，付款行为厦门银行，收款人为福建省大祺物流有限公司，票面金额为40万元，出票日期为2015年11月4日，到期日为2016年5月4日。该票据的粘单处载明被背书人依次为：福建春驰集团新丰水泥有限公司、龙岩市荣菱汽车贸易有限公司、华菱星马汽车（集团）股份有限公司营销分公司、安徽华菱汽车有限公司、安徽华菱汽车有限公司发动机分公司、上海仪达空调有限公司、上海熠安贸易商行、双桦公司、临清公司、寿光公司、东丰公司。

2016年1月5日，乳源东阳光精箔有限公司（2016年5月10日更名为乳源公司）与双桦公司签订编号为 SHCG20160008 的《采购合同》一份，约定双桦公司向乳源公司购买铝锭。2016 年 1 月 25 日，乳源公司向双桦公司开具 5 张发票，总金额为 2087137.02 元。2016 年 3 月 10 日，双桦公司将讼争汇票背书给乳源公司用于支付货款。2016 年 3 月 15 日，临清公司向屈锐、庞家玲购买讼争汇票，并支付对价 396600 元。2016 年 3 月 18 日，临清公司因向寿光公司购买轴承钢将讼争汇票背书给寿光公司。2016 年 3 月 21 日，寿光公司因向东丰公司购买高铬将讼争汇票背书给东丰公司。2016 年 5 月 4 日，东丰公司委托中国农业银行股份有限公司东丰县支行就讼争汇票进行收款，付款行厦门银行以第四骑缝章（双桦公司与临清公司的连接处）有拼接现象为由将讼争汇票退回。2016 年 5 月 28 日，东丰公司以票据不能兑现为由将讼争汇票退回至寿光公司。寿光公司又将讼争汇票退回至临清公司。2016 年 6 月 3 日，乳源公司向本院申请公示催告。同日，本院通知厦门银行股份有限公司停止支付讼争汇票。东丰公司在规定期间向本院申报权利，本院于 2016 年 6 月 24 日作出（2016）闽 0203 民催 10 号民事裁定书，裁定终结公示催告程序。乳源公司于 2016 年 7 月 25 日诉至本院。

本案审理过程中，双桦公司于 2016 年 9 月 26 日出具《证明》一份，载明："我公司在与乳源东阳光优艾希杰精箔有限公司（原名乳源东阳光精箔有限公司）履行《采购合同》（合同编号：SHCG：20160008）的过程中将票号为 31300051/310 × × × × × 的银行承兑汇票背书给乳源东阳光优艾希杰精箔有限公司用于支付货款。我公司在背书人页加盖财务专用章及公司法定代表人章的同时，已在上方被背书人处加印了'乳源东阳光精箔有限公司'公司名称。乳源东阳光优艾希杰精箔有限公司系我公司在票号为 31300051/310 × × × × × 的银行承兑汇票上的唯一授权的被背书人。"该证明附有双桦公司签章后被背书人为乳源公司的讼争汇票背书页照片一张。

另查明，2016 年 3 月 25 日，乳源瑶族自治县公安局以涉嫌职务侵占罪对邵福晨立案侦查。2016 年 11 月 23 日，乳源县人民检察院以绍福晨犯职务侵占罪向乳源县瑶族自治县人民法院（以下简称乳源县法院）提起公诉，乳源县法院经审理查明以下事实：2015 年至 2016 年 3 月期间，邵福晨作为乳源公司的业务员，多次利用职务上的便利，在收取上海双桦公司等支付给乳源公司包括本案讼争汇票在内的 18 张承兑汇票后，不履行相关职责将承兑汇票交至公司财务部门进账，而是变卖给李维宾兑现现金等事实。2017 年 2 月 16 日，乳源县法院作出（2016）粤 0232 刑初 128 号刑事判决，判决邵福晨犯职务侵占罪并追缴其犯罪所得，发还给乳源公司等。一审宣判后，邵福晨不服，上诉至广东省韶关市中级人民法院（以下简称韶关中院），2017 年 3 月 31 日，韶关中院作出（2017）粤 02 刑终字 122 号刑事裁定，裁定驳回上诉，维持原判。

【裁判结果】

福建省厦门市思明区人民法院于 2017 年 6 月 28 日作出（2016）闽 0203 民初 11660 号民事判决：确认原告乳源东阳光优艾希杰精箔有限公司乳源公司享有票号为 31300051/310 × × × × × 的银行承兑汇票项下票据权利。

宣判后，被告临清公司不服，提起上诉。厦门市中级人民法院于 2017 年 11 月 7 日作出（2017）闽 02 民终 4642 号民事判决：驳回上诉，维持原判。

【裁判理由】

法院生效裁判认为：讼争编号为 31300051/310 × × × × × 的汇票（出票人为漳州路桥翔通建材有限公司，收款人为福建省大祺物流有限公司，付款行为厦门银行，票面金额为 40 万元，出票日期为 2015 年 11 月 4 日，到期日为 2016 年 5 月 4 日）符合《票据法》的相关规定，系合法有效汇票。根据《票据法》第十条之规定，票据的签发、取得和转让，应当遵循诚实信用的原则，具有真实的交易关系和债权债务关系。临清公司并未提交证据证明其与双桦公司之间存在交易关系或债权债务关系，讼争汇票系临清公司向屈锐、庞家玲购买所得。根据《票据法》第三十二条之规定，以背书转让的汇票，后手应当对其直接前手背书的真实性负责。

现讼争汇票付款行厦门银行已经以讼争汇票第四骑缝章（双桦公司与临清公司的连接处）有拼接现象为由拒绝付款，临清公司在进行讼争汇票交易时亦未审慎核实背书人双桦公司与屈锐、庞家玲之间的关系。结合乳源公司提交的其与双桦公司之间签订的《采购合同》、双桦公司出具的证明及讼争汇票背书页照片，以及乳源公司员工邵福晨因职务侵占将讼争汇票变卖给李维宾已经为生效的（2016）粤 0232 刑初 128 号刑事判决书与（2017）粤 02 刑终字 122 号刑事裁定书所确认的事实，法院确认乳源公司与双桦公司之间存在真实的交易关系，乳源公司系通过合法途径取得讼争汇票且应享有票据权利。综合乳源公司和临清公司各自的主张和举证情况，法院认为乳源公司提交的证据较为优势。综上，乳源公司请求判决其享有讼争汇票权利的诉讼请求，有事实与法律依据，应当予以支持。

【案例注解】

一、基础——票据效力相关问题。

票据的基本属性系作为有价证券的一种，而且是有价证券中权利证券化最为彻底的证券。票据被形象地比喻为“市场经济体这一血管中流动的血液”①。从历史上看，票据的产生先于其他有价证券，并且成为证券发达的先驱，也因此获得了“有价证券之父”② 的美誉。票据作为商业流通中普遍使用的支付工具具有极强的技术性，是否为有效票据的认定是认识判断票据上权利义务的首要步骤。认识票据的效力问题，必须从票据自身基本属性入手进行思考和判断。票据从本质上来说属于债权，但是其证券性质已经远远优于其债权性质。其最本质的特征表现为我们所熟悉的无因性、文义性、要式性三大基本特征。要式性特征属于票据成立上的特征，也是决定票据效力的绝对因素。票据的要式性要求在票据的记载内容上符合法律规定，在票据的记载方法上符合法律规定，在票据的记载介质上符合法律规定。票据的记载内容是否符合必要记载事项的规定，乃是决定票据与非票据的标准，只有法律规定的必要记载事项记载完备，才能成为票据并具有票据的效力，否则就不构成票据当然也不具有票据的效力。《票据法》规定，出票须在票据上记载相应的出票记载事项，且通常应在票据正面相应位置上进行记载，承兑亦应在票据上且在正面相应位置上进行记载；背书应在票据背面或者粘单上的背书栏中进行，保证亦应在票据上或者粘单上进行。相应的记载事项在其记载方法不符合法律规定时，当然不发生该记载事项的效力。《票据法》第一百零八条规定，汇票、本票、支票的格式应当统一；票据凭证的格式由中国人民银行规定。由此可见，我国实行统一票据凭证制度，签发票据应当使用中国人民银行规定格式的票据凭证。对于已经构成生效的票据，行为人是否承担票据义务、承担何种义务，就需要具体运用无因性和文义性进行考量。本案中，讼争编号为31300051/310×××××的汇票（出票人为漳州路桥翔通建材有限公司，收款人为福建省大祺物流有限公司，付款行为厦门银行，票面金额为40万元，出票日期为2015年11月4日，到期日为2016年5月4日）符合《票据法》的相关规定，系合法

---

① 赵新华：《票据法》，人民法院出版社1999年版，第1页。

② 姜建初：《票据法》，北京大学出版社1998年版，第18页。

有效汇票。

二、界定——票据转让相关问题。

票据的最大特点是其流通性，票据法设立各项制度的主要目的在于保护票据的流通，实现票据的功能。票据的流通通过票据的转让实现。票据权利转让的方式主要包括两种：一为单纯交付方式；一为背书方式。单纯交付转让是指持票人以转让票据权利为目的而将票据交付于他人的一种票据权利转让行为，其优点在于简单方便，但是不够安全，可靠性差，因此立法上的适用范围比较小，主要适用于无记名票据的票据权利转让。根据《票据法》规定，汇票与本票必须是记名票据，只有支票可采用无记名方式。根据《票据法》第二十七条、第三十条、第三十一条之规定，银行承兑汇票应通过背书方式转让票据权利，且背书时应当在票据背面或者粘单上签章并记载被背书人名称，持票人以背书的连续证明其汇票权利。背书行为在形式上有效，必须具备票据法所规定的必要形式，即背书需在汇票的背面或者粘单上记载背书事项，尤其需有背书人签章、被背书人名称等必要事项，否则背书行为无效。持票人以背书的连续性证明其票据权利。本案诉争汇票在多次转让中，呈现了背书转让和直接交付两种方式。票据关系的当事人既有背书人与被背书人，也有实际参与了票据的流转过程，但是并未在票据上记载其名称的主体。根据《票据法》第三十二条规定：以背书转让的汇票，后手应当对其直接前手背书的真实性负责。票据当事人不可能对向其转让票据的当事人是如何在其前手处获得票据的合法性以及交易的真实性负责。本案中寿光公司、东丰公司获取讼争票据均因相互之间的交易或买卖关系，且支付了对价，其合法性不受质疑，均属于善意取得票据。

根据《票据法》第十条规定：票据的签发、取得和转让，应当遵循诚实信用的原则，具有真实的交易关系和债权债务关系。本案中，付款行厦门银行以讼争汇票第四骑缝章（即双桦公司与临清公司的连接处）有拼接现象为由拒绝付款，而临清公司系以396600元的对价向屈锐、庞家玲购买该汇票，临清公司未能证明其与背书人双桦公司之间存在真实的交易或债权债务关系，也未能证明第四骑缝章的真实性。乳源公司已举证其与双桦公司之间的《采购合同》、双桦公司出具的证明及讼争汇票背书页照片，且生效刑事判决认定乳源公司的员工邵福晨因职务侵占将从双桦公司收取的讼争汇票变卖给李维宾的事实。综合乳源公司和临清公司各自的主张和举证情况，法院生效判决认为乳源公司提交的证据较为优势，并据此判决确认乳源公司享有票号为31300051/

310××××× 的银行承兑汇票项下票据权利。

三、延伸——票据融资相关问题。

近年来，中小企业蓬勃发展，但是由于它们具有偿债能力弱、融资规模小等共性，同时财务规范较差、公司治理机制不完善，导致中小企业难以抵御较大的风险。此外，各家银行越来越注重资金管理，不断提高贷款条件，中小企业贷款融资更是变得困难重重。因民间票据融资具有手续简便，方式灵活、利率高，弹性大的特点，许多民营企业通过套现尚未到期的汇票获取资金以解燃眉之急，票据的融资功能被越来越多的企业和银行重视和推崇，民间票据融资也得到了进一步的发展。本案中，临清公司系以向屈锐、庞家玲支付对价的方式购买讼争汇票，临清公司与其前手背书人双桦公司之间并不存在真实的交易或债权债务关系。民间票据融资其实是一种自发的经济事件，背后驱动实际上是企业利益。民间票据融资作为民间票据市场中重要的参与力量，合法性虽然尚未被目前的法律法规明确，但民间票据融资的存在和运作无疑弥补了国内正规金融机构在活跃票据市场满足中小企业融资方面的空白。

票据融资必将在我国经济结构的优化调整中发挥更大作用，多元化票据业务的创新会迅速涌现。目前我国普遍存在信用薄弱、法律法规不完善、票据市场不健全等问题，基于此，在纷繁复杂的票据纠纷案件审理中，法官须依票据法原理对民间票据融资进行客观分析和评判，同时需要监管部门通过合理途径来加以引导，使其能为我国中小企业在融资问题上发挥积极的作用，从而规范票据市场，促进金融行业的有序发展，充分保护社会成员各方的合法权益，最终实现司法公正。

（**第一审法院合议庭成员**　白良德　王丽娟　郝晓琳
第二审法院合议庭成员　陈朝阳　陈　杰　林　勤
编写人　福建省厦门市思明区人民法院　王丽娟
责任编辑　潘　静
审稿人　曹士兵）

知识产权

湖南张家界茶业有限公司与张家界市农业科学技术研究所商标权权属纠纷一案

——商标使用权入股和退股的认定

关键词：知识产权　商标使用权出资　减资决议　入股　退股

【裁判要旨】

1. 根据股东合作经营协议签订的将商标使用权出资至公司名下的协议，确定了商标使用的商品种类、使用地域、使用形式、使用期限等内容，且发生在股东和公司之间，可以视为系股东将商标使用权转移至公司的行为，符合《公司法》第二十八条“股东以非货币财产出资的，应当依法办理其财产权的转移手续”的规定。

2. 股东以商标使用权作价出资，股东和公司之间事先对商标使用权约定了终止条件的，该终止条件的约定可以被认定为公司的减资决议。约定的终止条件成就后，公司可以依公司法的规定进行减资，商标专用权人依此收回商标使用权的行为不构成公司法规定的抽逃出资的情形。

3. 商标使用权作为一种特殊的出资标的，与货币或其他出资标的相比，具有特定性和对商标专用权的依附性，在公司减资决议作出或生效后，即使公司尚未进入下一步的减资程序，商标专用权人关于收回商标使用权的主张应得到支持。因其收回行为导致债权人权利受到损害的，可在商标使用权出资范围内承担责任。

【相关法条】

《中华人民共和国合同法》第九十三条第二款　当事人可以约定一方解除合同的条件。解除合同的条件成就时，解除权人可以解除合同。

第九十六条　当事人一方依照本法第九十三条第二款、第九十四条的规定主张解除合同的，应当通知对方。合同自通知到达对方时解除。对方有异议的，可以请求人民法院或者仲裁机构确认解除合同的效力。

法律、行政法规规定解除合同应当办理批准、登记等手续的，依照其规定。

《中华人民共和国公司法》第二十八条　股东应当按期足额缴纳公司章程中规定的各自所认缴的出资额。股东以货币出资的，应当将货币出资足额存入有限责任公司在银行开设的账户；以非货币财产出资的，应当依法办理其财产权的转移手续。

股东不按照前款规定缴纳出资的，除应当向公司足额缴纳外，还应当向已按期足额缴纳出资的股东承担违约责任。

第三十七条　股东会行使下列职权：

（一）决定公司的经营方针和投资计划；

（二）选举和更换非由职工代表担任的董事、监事，决定有关董事、监事的报酬事项；

（三）审议批准董事会的报告；

（四）审议批准监事会或者监事的报告；

（五）审议批准公司的年度财务预算方案、决算方案；

（六）审议批准公司的利润分配方案和弥补亏损方案；

（七）对公司增加或者减少注册资本作出决议；

（八）对发行公司债券作出决议；

（九）对公司合并、分立、解散、清算或者变更公司形式作出决议；

（十）修改公司章程；

（十一）公司章程规定的其他职权。

对前款所列事项股东以书面形式一致表示同意的，可以不召开股东会会议，直接作出决定，并由全体股东在决定文件上签名、盖章。

第一百七十七条　公司需要减少注册资本时，必须编制资产负债表及财产清单。

公司应当自作出减少注册资本决议之日起十日内通知债权人，并于三十日内在报纸上公告。债权人自接到通知书之日起三十日内，未接到通知书的自公告之日起四十五日内，有权要求公司清偿债务或者提供相应的担保。

【案件索引】

一审：湖南省张家界市中级人民法院（2017）湘08民初19号（2018年1月17日）

二审：湖南省高级人民法院（2018）湘民终137号（2018年6月30日）

【基本案情】

原告湖南张家界茶业有限公司诉称：2012年8月，张家界市农业科学技术研究所（以下简称张家界农科所）与湖南张家界茶业有限公司（以下简称张家界茶业公司）法定代表人覃学签订《股权转让及公司合作经营协议书》，约定张家界农科所以“张家界”茶商标及现金出资，占公司36%的股份。之后双方又签订《商标使用授权合同》，约定张家界茶业公司对张家界农科所持有的“张家界”茶商标享有独占排他的使用权。但是，张家界农科所一直没有办理商标使用权的备案手续。2017年3月，张家界农科所以张家界茶业公司没有给予分红为由，向张家界茶业公司发出《关于终止“张家界”茶〈商标使用授权合同〉的函》，单方终止张家界茶业公司对该商标的使用权。张家界茶业公司认为，“张家界”茶商标属于张家界农科所作为公司股东对张家界茶业公司的出资，其相应的财产权利应该属于张家界茶业公司所有。张家界农科所对该财产权利不再享有处分权，“张家界”茶商标作为张家界茶业公司的注册资金，《商标使用授权合同》已经被张家界茶业公司的新章程所吸收，张家界农科所发函终止张家界茶业公司使用其商标的行为属于抽逃注册资金，是无效行为；同时，依据《公司法》相关规定，商标授权合同解除后必然涉及对公司注册资金的减少，在张家界农科所未经股东会决议且即使召开股东会也无法通过减少注册资金决议的情况下，擅自解除合同违反公司法的强制性规定，此解除行为应为无效。现诉至法院，请求判令：（1）确认张家界茶业公司享有“张家界”茶商标的使用权（独占排他性），并判令张家界农科所立即办理该商标的使用备案手续；（2）确认张家界农科所2017年3月21日作出的《关于终止“张家界”茶〈商标使用授权合同〉的函》无效；（3）本案的诉讼费用由张家界农科所承担。

张家界农科所辩称：(1) 张家界农科所并非是以涉案商标的使用权出资，而是以该商标的许可使用费出资，2012 年 8 月 29 日的公司章程第九条明确约定了出资方式为现金，占比 36%；(2) 根据《民法总则》第一百一十九条的规定，股权转让及公司合作协议书所附的解除条件和相关条款都是双方真实意思的表示，应当是有法律效力的。现在双方约定的终止条件已经成就，张家界茶业公司的违约行为导致合同目的无法实现，张家界农科所据此发出解除函有合同和法律依据。

法院经审理查明，2012 年 8 月 23 日，张家界农科所（甲方）与覃学（乙方）签订《股权转让及公司合作经营协议书》，该协议书约定：甲方将其持有的张家界市澧苑茶业有限公司 64% 的股份转让给乙方；转让后，乙方占该公司 64% 的股份，甲方占该公司 36% 的股份（其中，以“张家界”茶注册商标的使用权作价入股占 10%，该份额不受公司今后增资扩股、股权转让、公司兼并影响而始终保持不变。其使用授权详见“张家界”茶商标使用许可合同）。2012 年 8 月 28 日，张家界农科所（甲方）与张家界市澧苑茶业有限公司（乙方）签订《商标使用授权合同》，该合同约定：甲方将注册登记的第 30 类商标（申请号：638197）许可乙方使用在其销售的茶产品包装上；甲方许可乙方使用商标的形式为“中华人民共和国境内只限于乙方生产、销售的产品上许可使用。在本合同有效履行期内，甲方不使用该商标，并不再授权其他销售厂家使用甲方的第 30 类商标（本协议签订前张家界市农业局与张家界公园管理处达成的商标转让协议中特定的使用对象，以及因政策性原因如市政府要求申报张家界地理标志证明商标时除外）。张家界地理标志证明商标申报成功后，其他公司或个人使用该证明商标时，须得到公司同意”；同时，还约定了该合同终止的条件：乙方不能正常良性经营发展（自本协议签订第三年起连续两年不能盈利分红）时。2012 年 8 月 29 日，张家界市澧苑茶业有限公司新章程第九条载明“股东出资额共计 200 万元，包括：覃学出资 128 万元，出资方式为现金，股份比例 64%。张家界农科所出资 72 万元，出资方式为现金，股份比例为 36%”。2013 年 1 月 25 日，张家界市澧苑茶业有限公司名称变更为张家界茶业公司。张家界茶业公司 2013 年 2 月 1 日的公司章程修正案将公司章程第九条修改为：股东出资额共计 200 万元，包括：覃学出资 128 万元，出资方式为现金，股份比例 64%；张家界农科所出资 72 万元，出资方式为现金和“张家界”茶商标，股份比例为 36%。从 2012 年 8 月 28 日，双方签订《商标使用授权合同》之日起至 2017 年 10 月 19 日一审法院开庭审理本案之日，张家界茶业公司既没有盈利，也没有向张家界农科所分取任何红利。2017年3月20日，张家界农科所向张家界茶业公司发出《关于终止“张家界”茶《商标使用授权合同》的函》，告知张家界茶业公司：因张家界农科所作为“张家界”茶商标的所有权人和公司股东，从张家界茶业公司使用该商标至张家界农科所发函之日，从未向张家界农科所分红，已经达到《商标使用授权合同》约定的终止条件，张家界农科所决定终止与其签订的使用授权合同。自此函送达之日起，张家界茶业公司不得再使用“张家界”茶商标。2017年3月27日，张家界茶业公司向张家界农科所发出《对〈关于终止“张家界”茶〈商标使用授权合同〉的函〉的回复》，对张家界农科所依据授权使用合同终止其使用“张家界”茶商标提出异议，并于2017年6月19日向一审法院提起诉讼。

另查明，双方争议的“张家界”商标为第30类（茶叶）第638197号注册商标，该注册商标由张家界农科所于2012年12月20日通过转让方式取得。2015年12月11日，张家界茶业公司起诉要求判令张家界农科所办理“张家界”茶注册商标的权属至张家界茶业公司名下的转让手续；张家界市中级人民法院一审判决驳回张家界茶业公司诉讼请求；张家界茶业公司不服一审法院判决，向湖南省高级人民法院提起上诉；湖南省高级人民法院二审判决：驳回上诉，维持原判。

【裁判结果】

湖南省张家界市中级人民法院于2018年1月17日作出（2017）湘08民初19号民事判决：驳回张家界茶业公司的诉讼请求。

宣判后，张家界茶业公司不服，提起上诉。湖南省高级人民法院于2018年6月30日作出（2018）湘民终137号民事判决：驳回上诉，维持原判。

【裁判理由】

法院生效裁判认为：（一）关于张家界农科所发出《关于终止〈商标使用授权合同〉的函》是否有效的问题。一方面，《商标使用授权合同》系根据股东合作经营协议签订的将商标使用权出资至公司名下的协议，该协议确定了商标使用的商品种类、使用地域、使用形式、使用期限等内容，且发生在股东和公司之间，可以视为系股东将商标使用权转移至公司的行为，符合《公司法》

第二十八条“股东以非货币财产出资的，应当依法办理其财产权的转移手续”的规定。另一方面，《商标使用授权合同》第三条约定了商标使用权出资至公司存续期间，可以视为系商标使用权的整体出资，但该合同第十三条又约定了本合同终止的条件，即公司“不能正常良性经营发展（自本协议签订第三年起连续两年不能盈利分红）时”，该合同终止，即张家界农科所收回该商标使用权出资，张家界茶业公司不得再使用该商标。法院认为，在以商标使用权整体出资的情况下，商标使用权的取回必然导致公司资本减少。由于张家界茶业公司由张家界农科所和覃学两个股东组成，而覃学系张家界茶业公司的法定代表人，覃学亦在该合同上签字，可以认定该减少资本的合意是公司组织下由全体股东共同达成，是全体股东的真实意思表示。《公司法》第三十七条第一款第七项规定，股东会可以对公司减资作出决议；该条第二款规定，涉及股东会决议事项，在股东以书面形式一致表示同意的，可以不召开股东会会议，直接作出决定，并由全体股东在决定文件上签名、盖章。因此，无论是从内容上还是从形式上，《商标使用授权合同》中关于满足一定条件后合同应予终止的约定可以被认定为公司的减资决议。该减资决议虽系事先达成，但约定了生效条件，该约定并不违反公司法关于公司减资决议的相关规定，公司章程亦未对此类事项予以明确排除。在决议确定的减资条件满足后，张家界农科所作为股东有权根据公司的减资决议发出以解除商标使用权出资为目的的《关于终止〈商标使用授权合同〉的函》，且该合同解除函的发出系根据公司减资决议作出，并不构成公司法规定的抽逃出资的情形，也不违反公司法的相关规定。因此，张家界茶业公司关于确认《商标使用授权合同》无效、确认张家界农科所发出《关于终止〈商标使用授权合同〉的函》无效的主张没有事实和法律依据，本院不予支持。

（二）关于是否应确认张家界茶业公司享有“张家界”茶商标的独占使用权并判令办理商标使用备案手续的问题。依前所述，公司减资决议生效后，张家界农科所可以提出解除合同予以减资的请求。本案中，张家界农科所系用商标使用权出资，商标使用权作为一种特殊的出资标的，与货币或其他出资标的相比，具有特定性和对商标专用权的依附性。即使其作为出资标的入股公司，在公司解散、破产等情况下，该财产的处置均应受到商标专用权的影响，尊重商标专用权人意见，由商标专用权人处分或通过补足对价后收回，不能基于商标使用权系公司财产而实质剥夺出资人的商标专用权。在公司减资过程中，同样基于商标使用权的特定性和依附性，公司减资决议达成后，无论公司是否在先履行通知和公告义务，都不会对商标专用权人最终取回商标使用权产生影响。因此，在商标专用权人确定要依公司减资决议撤回商标使用权出资的情况下，即使公司尚未进入下一步的减资程序，也不宜再确认公司对商标的独占使用权，亦不宜判令当事人办理商标使用备案手续，否则，既与公司减资协议不符，有违诚实信用原则，又增加了市场主体的交易成本，与市场交易经济原则相悖。因此，鉴于本案公司减资决议确定的是减少商标使用权这一特殊出资，同时考虑到诚实信用原则和交易的经济性，法院对上诉人张家界茶业公司要求确认其享有“张家界”茶商标使用权并判令办理商标使用备案手续的上诉请求不予支持。

在公司减资决议生效且股东提请公司进入减资程序的情况下，张家界茶业公司应依《公司法》第一百七十七条的规定进入减资程序。若未进入减资程序的，作为公司股东的张家界农科所可依公司法的规定进行救济。

综上所述，张家界茶业公司的诉讼求不能成立，法院予以驳回。

【案例注解】

一、商标使用权能否用来出资

《公司法》第二十七条规定：“股东可以用货币出货，也可以用实物、知识产权、土地使用权等可以用货币估价并可以依法转让的非货币财产作价出资；但是，法律、行政法规规定不得作为出资的财产除外。对作为出资的非货币财产应当评估作价，核实财产，不得高估或者低估作价。法律、行政法规对评估作价有规定的，从其规定。”据此，现行公司法规定商标可以用来出资，但对商标的出资方式没有做出明确规定。虽然商标使用权不属于公司法所列举的出资形式，但出资财产只要符合法律规定的非货币财产出资的基本条件就可以作为出资标的物，即一是可以作价评估，二是依法可以转让，三是法律、行政法规未禁止其可作为出资的财产。并且，用商标使用权出资符合鼓励创新，充分利用无形资产价值的国家政策。综上，商标使用权可以用来出资。

二、商标使用权出资中财产权转移的认定

《公司法》第二十八条规定，以非货币财产出资的，应当依法办理其财产权的转移手续。基于该规定，商标专用权人需向目标公司转让拟用于出资的商标使用权。根据《商标法》第四十三条的规定，商标许可的本质系商标专用权人向被许可人让渡商标使用权，被许可人向商标权人支付商标许可使用费。

在这个意义上，商标许可使用系商标专用权人向被许可人转移商标使用权。本案中，在全体股东就设立公司达成合作经营协议，约定出资内容和份额后，公司和全体股东再根据股东合作经营协议签订《商标使用授权合同》，将商标使用权出资至公司名下的；并通过《商标使用授权合同》确定商标使用的商品种类、使用地域、使用形式、使用期限等内容，使公司对商标的使用范围得以具体化、明确化，且该转移行为发生在股东和公司之间，可以认定为系股东将商标使用权转移至公司的行为，符合《公司法》第二十八条“股东以非货币财产出资的，应当依法办理其财产权的转移手续”的规定。

三、商标使用权出资中，公司减资决议的认定

《公司法》第三十七条第一款第七项规定，股东会可以对公司减资作出决议；该条第二款规定，涉及股东会决议事项，在股东以书面形式一致表示同意的，可以不召开股东会会议，直接作出决定，并由全体股东在决定文件上签名、盖章。在以商标使用权出资的情况下，商标使用权的取回必然导致公司资本减少。实践中，由于市场主体在法律关系的设立、变更、终止中往往不会如法律所要求的那样规范和明确，在发生争议后，行为目的所要追求的法律效果往往需要法官根据案情作出判断。此时，需要从案件事实出发，根据诚实信用、公平原则来予以认定。本案中，双方在确定商标使用权投资入股后，股东和公司签订了商标使用许可协议，并在许可协议中约定了终止商标许可的条件。从双方合作经营公司来看，商标使用权出资方是愿意将商标使用权投入公司，许可公司使用商标的，但根据后续与公司签订、且得到其他股东认可的商标授权许可协议中可知，各方同意商标使用权出资方在一定条件满足后可以收回商标使用权，根据该约定，在条件成就时，公司自然不得再使用商标。商标使用权系作价出资的，商标使用权成为了公司财产，公司使用商标系作价商标使用权的体现。在该公司与全体股东达成商标许可终止约定的情况下，商标使用权出资人撤回商标使用权出资，实质上导致公司资本减少，这是公司和全体股东均能预料到的法律后果。所以说，公司和全体股东关于满足一定条件后商标使用许可合同应予终止的约定可以被认定为公司的减资决议。该减资决议虽系事先达成，但约定了生效条件，该约定并不违反公司法关于公司减资决议的相关规定，公司章程亦未对此类事项予以明确排除。在决议确定的减资条件满足后，商标专用权人作为股东有权根据公司的减资决议取回商标使用权，并不构成公司法规定的抽逃出资的情形，也不违反公司法的相关规定。

四、商标使用权出资人可以在公司减资程序前收回商标使用权

商标使用权作为一种特殊的出资标的，与货币或其他出资标的相比，具有特定性和对商标专用权的依附性。即使其作为出资标的入股公司，在公司解散、破产等情况下，该财产的处置均应受到商标专用权的影响，尊重商标专用权人意见，由商标专用权人处分或通过补足对价后收回，不能基于商标使用权系公司财产而实质剥夺出资人的商标专用权。在公司减资过程中，同样基于商标使用权的特定性和依附性，公司减资决议达成后，无论公司是否在先履行通知和公告义务，都不会对商标专用权人最终取回商标使用权产生影响。因此，在商标专用权人确定要依公司减资决议撤回商标使用权出资的情况下，即使公司尚未进入下一步的减资程序，也可以由商标使用权出资人收回使用权。至于因公司未进行减资程序，商标使用权的收回给公司债权人造成损害的，也可以通过商标使用权出资人在其出资额范围内对公司债务承担责任，而不宜在公司减资程序完结后才允许出资人取回商标使用权。

（**一审法院合议庭成员**　刘雪飞　黄　磊　姚天平
二审法院合议庭成员　陈小珍　徐　康　刘雅静
编写人　湖南省高级人民法院　陈小珍
责任编辑　丁文严
审稿人　林广海）

上海远播教育科技股份有限公司诉上海熠杨文化传播有限公司著作权侵权及不正当竞争纠纷案

——抄袭他人网页版式设计的行为构成不正当竞争

关键词：网页　版式设计　汇编作品　一般条款

【裁判要旨】

网页如果在内容的选择和编排上体现出独创性，可以作为汇编作品进行保护，但汇编作品是以体系化的方式呈现的信息的集合，仅仅体现独创性选择或编排的网页的版式设计不能作为汇编作品进行保护。由于网页的版式设计不属于著作权法关于作品类型的规定，故其难以获得著作权法的保护。但是这些不构成作品的内容，如果对其的抄袭、剽窃行为损害到竞争秩序时，应当被反不正当竞争法所禁止。判断涉案行为是否属于不正当竞争行为的关键在于涉案行为是否损害了经营者的合法权益以及市场竞争秩序。

【相关法条】

《中华人民共和国著作权法》第十四条　汇编若干作品、作品的片段或者不构成作品的数据或者其他材料，对其内容的选择或者编排体现独创性的作品，为汇编作品，其著作权由汇编人享有，但行使著作权时，不得侵犯原作品的著作权。

《中华人民共和国反不正当竞争法》第二条　经营者在生产经营活动中，应当遵循自愿、平等、公平、诚信的原则，遵守法律和商业道德。

本法所称的不正当竞争行为，是指经营者在生产经营活动中，违反本法规定，扰乱市场竞争秩序，损害其他经营者或者消费者的合法权益的行为。

本法所称的经营者，是指从事商品生产、经营或者提供服务（以下所称商品包括服务）的自然人、法人和非法人组织。

【案件索引】

一审：上海市徐汇区人民法院（2016）沪0104民初8918号（2017年6月2日）

二审：上海知识产权法院（2016）沪73民终278号（2018年7月2日）

【基本案情】

原告上海远播教育科技股份有限公司诉称：远播公司是专业从事教育推广的公司，2012年4月，案外人耀华学校与远播公司签订《远播教育网合作协议》，约定远播公司为耀华学校制作教育招生推广的网页，并向远播公司提供相关素材，包括照片、文字、视频等。远播公司根据耀华学校提供的素材制作了耀华学校招生推广网站。

熠杨公司是一家进行网页设计的公司，其有一个上海尚思教育的网站，该网站与远播公司的网站两者在网页的整体布局、栏目设置、色彩搭配、悬浮框效果以及部分的文字和图片的内容相同，但是两者在一些栏目项下具体内容上存在差异。远播公司的网页是对耀华国际学校的宣传和推广，其文字是关于耀华国际学校的介绍。熠杨公司的网页是关于尚思学校的宣传，其具体内容是关于尚思学校的介绍。比如，两个网页均有关于学校简介的内容，但具体的文字介绍不相同；另外，在课程设置方面，远播公司网站上的招生入学栏目下是关于耀华国际学校的课程设置，熠杨公司网站是关于尚思学校的课程设置，等等。

审理中，远播公司提交了相关照片、网页设计底稿、静态网页、网页源代码等，其形成时间在2012年9月至2014年1月间。熠杨公司也曾经提交过其网页文件的电子证据，经当庭演示，其网页源文件中有两处显示114study.com，CSS文件有八处114study.com，熠杨公司对此并未给出合理的解释。熠杨公司的网站上还有远播公司的微信公众号二维码以及电话等信息。

远播公司认为，远播公司按照耀华学校的需求通过自己独立创作将耀华学校提供的元素设计、排版与美化后形成权利网页，该网页的整个框架设计、栏目、照片的使用、文字的编排布局、网页功能设计体现了作品的独创性，构成汇编作品，熠杨公司的行为侵犯了其对涉案网页享有的著作权。同时，远播公司的网页是知名商品，涉案网页与之高度相似，并盗用其微信二维码、电话等信息，容易造成混淆，并依据《反不正当竞争法》）第五条第二项、第三项以及第二条一般条款主张熠杨公司行为构成不正当竞争。

被上诉人上海熠杨文化传播有限公司辩称：（1）被上诉人未侵犯上诉人的著作权：首先，上诉人的证据不足以证明该网页系其独立创作完成，其形成时间不能确定；其次，远播公司的网页不具有独创性，该网页中所采用的栏目和结构要素等来源于公有领域，编排较为简单，在内容选择以及布局编排等方面不能体现独特的构思，尚不足以构成有独创性的作品；再次，被上诉人的网页实际上替换了上诉人网页中被汇编的内容，上诉人的网页是关于耀华国际学校的推广，被上诉人的网页是关于尚思教育的推广，从整体上看，两者不构成实质性近似，而脱离了具体内容的网页框架结构不能单独构成作品受到著作权法的保护；最后，被上诉人部分使用上诉人的网页的目的是个人学习和欣赏，构成合理使用。（2）被上诉人的行为不构成不正当竞争：上诉人主张的网页不属于商品，更不属于知名商品；被上诉人并没有利用其网页从事实际经营，故与上诉人之间不存在竞争关系；被上诉人网页的相关信息如微信号等均直接指向上诉人，没有被上诉人相关信息，被上诉人也没有因此而获利，故被上诉人不构成对上诉人的不正当竞争。

在案证据显示，熠杨公司确实在涉案网页上引用了远播公司权利网页的部分内容。本案中，虽然远播公司与熠杨公司均确认权利网页系汇编作品，但是由于作品的构成必须具备法定条件，故不能简单地经由双方当事人确认。

网页是用超文本标记语言书写的基本文档，以数字化形式存储于计算机的存储设备中，通过网络浏览器以文字、图像、声音及其组合等多媒体效果展现在计算机的输出设备中，并能够以多种形式被复制。整体界面编排效果是否具有独创性是网页能否获得著作权保护的关键。权利网页是对耀华学校的介绍与推广，采用了大量的文字介绍与照片，而这些文字介绍、照片来源于耀华学校，且权利网页采用了一般网页均有的栏目和结构要素，所用的色彩、文字、推广方式、悬浮框效果或来源于公有领域，其内容及布局编排亦较为简单，在画面颜色、内容选择、展示方式及布局编排等方面尚不能体现出独特构思，难以呈现出一定的视觉艺术效果，再者，远播公司有关页面独创性的陈述也未能体现页面的独特构思，故该权利网页页面虽然图文并茂，但尚不足以构成著作权法上所称的作品。有鉴于此，远播公司依据著作权法及其相关规定主张熠杨公司侵犯其著作权不成立，故其相应诉讼请求，一审法院不予支持。

就远播公司主张熠杨公司违反《反不正当竞争法》第五条相关规定，一审法院认为，第一，关于前述第五条第二项规定的仿冒知名商品特有包装、装潢一节，远播公司在全国中小企业股份转让系统挂牌，并不意味着权利网页就是知名商品，在案证据无法证明权利网页属于知名商品，且权利网页不具有区别商品来源的显著特征，故远播公司认为熠杨公司涉案网页仿冒权利网页内容属于仿冒知名商品特有包装、装潢不成立。第二，关于前述第五条第三项规定的仿冒企业名称一节，如果四项信息经过使用和公众认同，已经为特定地域内的相关公众认可，与该企业建立起了稳定联系，已产生识别经营主体的商业标识意义，他人在后擅自使用该四项信息足以使特定地域内的相关公众对在后使用者和在先企业之间发生市场主体上的混淆，在后使用者就会不恰当地利用在先企业的商誉，侵害在先企业的合法权益，那么尚可以考虑将该四项信息视为企业名称。然而在本案中，四项信息明显不具备前述情形，也就是说并非远播公司的企业名称，故远播公司认为熠杨公司利用上述信息的行为属于仿冒企业名称不成立。综上，就远播公司主张熠杨公司上述不正当竞争行为，一审法院不予确认，相应的诉讼请求，一审法院亦不予支持。

至于熠杨公司辩称远播公司非法经营“远播教育网”一节，由于经营者是否有违反行政许可法律、法规而从事非法经营的行为并不属于知识产权审判审理范畴，故一审法院对此节不予采信。

至于远播公司庭审结束后提交的补充代理意见旨在说明即便权利网页不落入著作权法保护以及《反不正当竞争法》第五条第二项、第三项保护的范畴，熠杨公司的抄袭行为也应当受《反不正当竞争法》第二条规制。

对此，一审法院认为，《反不正当竞争法》第二条规定了市场竞争行为应当遵循的基本原则以及不正当竞争、经营者的法律定义，具有一般条款的性质；该法第二章（其中包括第五条）对各类不正当竞争行为的规定则属于具体规范的规定，是对一般条款的具体化，体现了一般条款的精神。司法实践中，对于《反不正当竞争法》明确规定的不正当竞争行为以外的其他可能涉及不正当竞争的行为，必要时可以按照该一般条款来进行认定和制止，以适应在经济发展中不断出现的新情况，解决新问题。但一般条款的适用也会带来法律适用的不确定性，故要限制其适用的范围，即只有在法律列举以外的不正当竞争行为的认定时才能适用，且适用条件也有严格限制。权利网页的栏目、结构要素、画面颜色、内容的选择、展示方式及布局编排等或来源于公有领域，或属于一般公司网站都有，这些元素并不能为远播公司带来竞争优势，况且，远播公司宣传的是“国际学校”，而熠杨公司的网站上出现的是“国内教育机构”，加之在案证据尚不足以表明远播公司由此遭受损失，故远播公司援引《反不正当竞争法》第二条之规定主张权利，一审法院难以采纳。

据此，一审法院依照《著作权法》第十四条，《著作权法实施条例》第二条，《反不正当竞争法》第二条、第五条第二项、第三项，《最高人民法院关于审理不正当竞争民事案件应用法律若干问题的解释》第一条第一款，《关于禁止仿冒知名商品特有的名称、包装、装潢的不正当竞争行为的若干规定》第三条规定，判决驳回上海远播教育科技股份有限公司的诉讼请求。

经审理查明，一审法院查明的事实属实。

【裁判结果】

上海市徐汇区人民法院于2017年6月2日作出（2016）沪0104民初8918号民事判决：驳回上海远播教育科技股份有限公司的诉讼请求。

宣判后，原告不服原审判决，提起上诉。上海知识产权法院于2018年7月2日作出（2017）沪73民终278号民事判决：撤销上海市徐汇区人民法院（2016）沪0104民初8918号民事判决，上海熠杨文化传播有限公司赔偿上海远播教育科技股份有限公司经济损失5万元及合理费用1万元，驳回上海远播教育科技股份有限公司的其余上诉请求。

【裁判理由】

法院生效判决认为，汇编作品的独创性体现为对其内容的选择与编排，这种选择或编排的结果能够反映汇编者对信息价值和其呈现方式的独特认识。本案中，涉案网页以远播公司所认为的合理方式呈现，提供的是远播公司认为的有价值的作品和信息，由此形成的汇编成果能够体现选择与编排上的独创性，能够独立的表现思想或文学艺术美感的内容，属于著作权法规定的汇编作品。但汇编作品应当是以体系化的方式呈现出的信息的集合，不能脱离被汇编的内容，仅仅反映独创性选择或编排的网页版式设计不能够作为汇编作品受到保护。两者网页虽然在整体布局上相同，但是其中大部分的文字、图片并不完全相同，熠杨公司实际上是在保留了远播公司网站设计模板的情况下对其中内容进行了简单替换，故从整体的角度看，两者网页并不构成实质性近似，熠杨公司不侵犯远播公司对其网页汇编作品享有的著作权。网页版式设计不属于著作权的保护范围，即使两者网页版式设计相同，熠杨公司的行为也不侵犯远播公司的著作权。但是，熠杨公司的行为有违诚实信用原则和公认的商业道德，损害了经营者的合法权益，损害了正常的市场竞争秩序，可以适用《反不正当竞争法》一般条款认定其构成不正当竞争。二审判决熠杨公司赔偿远播公司经济损失5万元及合理费用1万元。

【案例注解】

本案是一起高度抄袭他人网页版式设计的行为，远播公司在本案中主张其网页属于汇编作品，熠杨公司的行为侵犯了其对涉案网页享有的著作权。同时，远播公司主张熠杨公司的行为违反了《反不正当竞争法》第二条，构成不正当竞争。远播公司的主张能否成立，可以从以下几个方面进行分析：

一、熠杨公司的行为是否侵犯远播公司的著作权

（一）网页的整体可以作为汇编作品获得保护

《著作权法》第十四条规定：“汇编若干作品、作品的片段或者不构成作品的数据或者其他材料，对其内容的选择或者编排体现出独创性的作品，为汇编作品，其著作权由汇编人享有，但行使著作权时，不得侵犯原作品的著作权。”根据该规定，汇编作品的独创性体现为对其内容的选择与编排，这种选择或编排的结果能够反映汇编者对信息价值和其呈现方式的独特认识。本案中，远播公司根据耀华学校提供的基础元素的材料中进行筛选，选取与网页风格最匹配的文字和图片，并根据其多年教育推广经验对相关元素进行编排，使浏览者快捷的获取所需的信息，引导浏览者作出就读该学校的决定，可见远播公司对上述素材的选择与编排并非按照既定的规则或者规律进行，涉案网页以远播公司所认为的合理方式呈现，提供的是远播公司认为的有价值的作品和信息，由此形成的汇编成果能够体现选择与编排上的独创性，能够独立的表现思想或文学艺术美感的内容，属于著作权法规定的汇编作品，可以受到著作权法的保护。

但是，将熠杨公司的网页与远播公司的网页比较，两者在网页的整体布局、栏目设置、色彩搭配、悬浮框效果以及部分的图片和文字内容等方面相同，但是两者在栏目项下的一些具体内容上存在差异。远播公司的网页是对耀华国际学校的宣传和推广，其文字是关于耀华国际学校的介绍。熠杨公司的网页是关于尚思学校的宣传，其具体内容是关于尚思学校的介绍。笔者认为，汇

编作品应当是以体系化的方式呈现出的信息的集合，仅仅反映独创性选择或编排的网页版式设计不能够作为汇编作品受到保护。虽然熠杨公司网页与远播公司的网页在栏目设置、色彩搭配、悬浮框效果等整体布局上相同，但是对于其中大部分的文字和部分图片并不完全相同，由于两个网站分别为不同的学校做推广招生，熠杨公司网页实际上替换了远播公司网页中大部分具体信息，故从整体的角度看，熠杨公司的网页与远播公司的网页不构成实质性近似，不侵犯远播公司对其网页汇编作品享有的著作权。

（二）网页的版式设计不能获得著作权的保护

网页的版式设计能否构成作品。笔者认为，虽然远播公司网页的版式设计本身具有独创性，属于文学艺术领域内美感的表达，且不同的网页设计者对相关材料编排结果不具有唯一性，不会产生思想和表达的混同，但《著作权法》第三条对受著作权法保护的作品类型作出了明确的规定，网页的版式设计不属于该条规定的作品类型，且法律行政法规也未对其进行其他规定。著作权法关于作品类型的规定实际上限定了著作权的保护范围，由于网页版式设计难以归入美术作品的范畴，更难以归入其他作品的类别，故脱离了被汇编内容而独立存在的网页的版式设计无法获得著作权法的保护。本案中即使熠杨公司网页的版式设计与远播公司的网页版式设计相同，其行为也不侵犯远播公司的著作权。

需要说明的是，虽然我国著作权法规定出版者对其出版的图书、报纸、杂志的版式设计享有专有使用权，但是该项著作邻接权的主体不能作任意扩大解释，在法律没有明确规定的情况下，网页著作权人对网页版式设计不享有该著作权的邻接权利。

二、反不正当竞争法的保护路径

《著作权法》与《反不正当竞争法》有着不同的立法目的，《反不正当竞争法》的立法目的在于规范竞争秩序而重点不在于特定竞争者的具体权益，《著作权法》虽然通过禁止对作品的复制、发行等行为在客观上也维护了竞争秩序，但其本旨主要在于维护和鼓励文学艺术创作，因此对于受著作权法保护的作品有独创性高度的要求。但这并不意味着对于不构成作品的内容就可以被任意的抄袭和剽窃，这些不构成作品的内容，只是不能得到著作权的保护，但是如果抄袭、剽窃行为损害到整体竞争秩序，则应为《反不正当竞争法》所禁止。

（一）一般条款和特殊条款的关系

新修订的2018年《反不正当竞争法》第六条明确将网页作为商业标识予以规定，该条规定："经营者不得实施下列混淆行为，引人误认为是他人商品或与他人存在特定联系：……（三）擅自使用他人有一定影响的域名主体部分、网站名称、网页等；"根据该条规定，网页要获得《反不正当竞争法》的保护，需要具有一定的影响，与先前规定的知名度要件并无本质区别，同时该条规定亦强调了混淆要件。具有识别商品和服务来源的网页可以适用《反不正当竞争法》的特殊条款予以保护，网页法律地位在《反不正当竞争法》上得到了肯定。

对于一般条款和特殊条款的关系，笔者认为，《反不正当竞争法》的特殊条款的立法目的在于规制造成混淆的仿冒行为，其保护的是商业标识的识别性，故按照该条款对网页进行保护需要涉案网页达到一定的知名度并具有识别商品来源的功能和作用。而一般条款保护的是市场竞争秩序，强调行为的正当性和对竞争秩序的维护，体现了《反不正当竞争法》的立法宗旨和目的。笔者认为，特殊条款排除一般条款适用的前提是保护的利益具有一致性，而特殊条款和一般条款在保护利益上并不完全具有一致性。对于原样模仿抄袭网页版式设计的行为，目的不在于混淆商品和服务的来源，故本身并不属于仿冒行为，而是利用他人劳动成果省却自身劳动以获取不正当利益，即不属于《反不正当竞争法》特别条款调整的行为类型，故此时特殊条款并不能排除一般条款的适用，当该行为有损市场竞争秩序时，仍然可以适用一般条款。

（二）一般条款适用的条件

1993年《反不正当竞争法》第二条规定："本法所称的不正当竞争，是指经营者违反本法规定，损害其他经营者的合法权益，扰乱社会经济秩序的行为。"根据该规定，《反不正当竞争法》的目的在于维护竞争秩序，保护经营者的合法权益，判断涉案行为是否属于不正当竞争行为，关键在于涉案行为是否损害了经营者的合法权益以及市场竞争秩序。2018年《反不正当竞争法》又再次强调了对竞争秩序的保护。

对于双方当事人而言，涉案网页整体布局、栏目设置、色彩搭配等版式设计虽不能构成著作权法意义上的作品，不能受到著作权法的保护，但是远播公司作为涉案网页的设计者，对于网页的风格选择、整体布局、色彩搭配等付出了劳动，远播公司通过为学校设计网页并进行招生推广而获取收益，该网页的设计能够满足消费者的一定程度的需求，可以为远播公司带来经济利益，远播公司对于该网页的设计产生的合法权益应当受到法律的保护。熠杨公司抄袭了远播公司网页的设计框架和整体布局风格，仅简单对其中具体的信息内容进行了替换，该行为将淡化远播公司基于该网页享有的竞争优势，损害其合法权益。

对于市场竞争秩序而言，虽然公平的市场竞争允许一定程度的模仿自由，但本案是高度抄袭行为，熠杨公司在创建自己的教育推广网站时，不是主动对相关素材进行构思、创作，而是将远播公司网站进行复制后稍加修改即用于自己的网站，这种省却自身劳动，不正当地利用他人的劳动成果攫取竞争优势并以此参与市场竞争活动的行为明显有违公认的商业道德，超出了模仿自由的界限，损害了竞争秩序。推而广之，若允许其广泛存在，必将损害网页设计行业的健康发展，不利于公平的市场竞争。

（**一审法院合议庭成员** 李晓平 胡 艳 黄红梅
二审法院合议庭成员 胡 宓 易 嘉 杨馥宇
编写人 上海知识产权法院 杨馥宇
责任编辑 丁文严
审稿人 林广海）

高源诉天津滨海新区雪花啤酒有限公司、华润雪花啤酒（中国）有限公司侵害商标权纠纷一案

——是否损害商标的识别功能是判断商标侵权的关键

关键词：知识产权　商标的功能　侵权商标权　商标显著性

【裁判要旨】

商标最主要的功能是指示商品或者服务的来源，以区分不同生产者的商品或服务，简而言之“彰显自己，区别他人”。商标法规定的商标性使用，也指的是该使用行为发挥的是商标的这一功能。妨碍商标识别功能发挥的使用行为，通常构成商标侵权。

【相关法条】

《中华人民共和国商标法》第四十八条　本法所称商标的使用，是指将商标用于商品、商品包装或者容器以及商品交易文书上，或者将商标用于广告宣传、展览以及其他商业活动中，用于识别商品来源的行为。

第五十七条第一款第二项　（二）未经商标注册人的许可，在同一种商品上使用与其注册商标近似的商标，或者在类似商品上使用与其注册商标相同或者近似的商标，容易导致混淆的；

【案件索引】

一审：天津市第二中级人民法院（2016）津02民初369号（2016年8月

8日）

二审：天津市高级人民法院（2016）津民终398号（2017年1月9日）

【基本案情】

原告高源诉称：高源于2003年2月7日注册第3030501号“大学生”文字商标，该商标在有效期内。2016年5月，高源发现在天津各大超市、烟酒店等批发和零售网点所销售的天津滨海新区雪花啤酒有限公司（以下简称滨海雪花啤酒公司）生产的雪花啤酒，其包装箱、瓶签等显著位置都有“大学生勇闯天涯”字样，其中“大学生”三字单独突出。华润雪花啤酒（中国）有限公司（以下简称雪花啤酒中国公司）在官网、央视广告等众多媒体进行商品推广活动中也有相同形式的使用，且从其官网新闻的报道中看到“华润雪花啤酒”在2015年3月就使用“大学生—勇闯天涯”进行系列推广宣传活动并在产品标签和包装上大量使用，侵权活动已经超过一年多时间。高源认为，滨海雪花啤酒公司、雪花啤酒中国公司故意在产品包装、宣传推广等行为中使用“大学生”，侵犯了其商标专用权。故起诉请求：滨海雪花啤酒公司、雪花啤酒中国公司立即停止侵权行为，收回并销毁带有侵权性质的产品包装、标签、宣传品以及赔偿高源在天津范围内经济损失包括维权合理开支共计人民币300万元。

被告滨海雪花啤酒公司、被告雪花啤酒中国公司辩称：在产品包装上对大学生文字的使用，是为宣传针对大学生人群的雪花勇闯天涯挑战未登峰活动，是对大学生通用词义的文义性使用，属于正当使用，不属于商标性使用，不构成对原告“大学生”商标的侵权。高源商标注册后，未生产过大学生啤酒，客观上不存在使相关公众对产品来源产生混淆误认的事实基础。故二被告请求驳回原告的诉讼请求。

法院经审理查明，原告高源于2003年2月7日取得国家工商行政管理总局商标局颁发的第3030501号“大学生”中文文字商标专用权，核定使用的商品为第32类——矿泉水、啤酒、制矿泉水用配料。经续展商标有效期限至2023年2月6日止。高源为证明其对涉案商标实际使用情况，提供其与天津市禹助水处理新技术有限公司签订的《商标使用许可合同》，由该公司生产“大学生”牌桶装饮用纯净水对外销售。

2016年5月，高源发现在天津市各大超市以及酒类批发、零售网点销售由滨海雪花啤酒公司生产的雪花勇闯天涯瓶装啤酒使用“大学生”文字，华润雪花在全国各地子公司亦生产相同包装和瓶贴的啤酒。经查，被控侵权商品是500ml瓶装啤酒，瓶颈贴纸标明“雪花”文字商标，瓶身正面瓶贴以群山和一背包客正在攀登放大的陡峭山体作为背景，瓶贴中间显著位置标注“雪花啤酒 SNOW BEER”，该文字右下方标注“勇闯天涯”；瓶贴又上角印刷红色飘带，飘带内以雪山为远景，下标“大学生 勇闯天涯”。瓶身背面小瓶贴左上角与正面瓶贴图案背景相同，图案中标注“雪花啤酒 SNOW BEER”；右侧为产品原料表和相关注意事项；瓶贴下方注明“华润雪花啤酒（中国）有限公司商标授权”“华润雪花啤酒（天津）有限公司出品（T）”“天津滨海新区雪花啤酒有限公司出品（J）”。瓶体在瓶颈和瓶身交界处浮雕一周四组“雪花”文字标识。该瓶装啤酒商品的包装为6瓶装纸箱包装。包装箱一面正视图图案与瓶装啤酒瓶身正面瓶贴的主体图案和文字相同，但没有红色飘带及雪山图案和“大学生勇闯天涯”文字；另一面正视图主体图案为蓝天、白云、近景雪山，三名背包客身背标有“雪花 勇闯天涯”标识的背包正在攀登雪山，下半部中间位置大字体醒目标注“大学生勇闯天涯”，该文字左下方注明“雪花 勇闯天涯”，右下方标“挑战未登峰”“2016敢来吗!”包装箱左右视图顶部均印刷“雪花 勇闯天涯”及红色飘带，飘带内同样以雪山为远景，下标“大学生 勇闯天涯”。该包装箱为顶部、两侧同时开启，开启后内盖标注“8度勇闯500×6瓶机包礼盒厂址大学生版TJZ－2016012622”。包装箱两侧视图分别标注生产厂家和产品情况，内容与啤酒背面瓶贴相同。

另查，案外人华润雪花啤酒（辽宁）有限公司是“雪花”横排、“雪花”竖排、“SNOW”“雪花SNOW”等商标的商标权人，核定使用的商品均为第32类啤酒等商品。上述商标均许可雪花啤酒中国公司使用。雪花啤酒中国公司同时在32类啤酒商品上注册了“勇闯天涯”“背包客攀登陡峭山体（图案）”等商标，该公司将前述部分商标许可滨海雪花啤酒公司使用。2002年9月雪花（SNOW）啤酒产品被国家质量监督检验检疫总局认定为中国名牌产品、2005年9月再次被认定为中国名牌产品。2007年“雪花”商标被国家工商行政管理总局商标局认定为驰名商标。此外，“雪花”啤酒、“雪花勇闯天涯”啤酒及其品牌管理者被告雪花啤酒中国公司获得多项荣誉。2015年10月，雪花啤酒中国公司主办的“雪花勇闯天涯大学生挑战未登峰自媒体传播”案例获得广告主杂志社在第四届社交网络营销论坛暨金蜜蜂奖颁奖盛典中评选的最佳客户关系管理类银奖。

“雪花勇闯天涯”活动是雪花啤酒中国公司组织的全国范围的品牌推广活动。自2005年开始已举行了十一届，2015年举办“雪花 勇闯天涯 大学生挑战未登峰”、2016年延续“雪花　勇闯天涯　大学生挑战未登峰”主题活动。雪花啤酒中国公司在2015年“雪花　勇闯天涯　大学生挑战未登峰”品牌推广活动中，通过公司官网、央视广告等众多媒体进行宣传推广，活动主题画面为雪山背景配以攀登者图案，宣传语为“雪花　勇闯天涯　大学生　挑战未登峰”。在2016年初开始的新一年大学生挑战未登峰品牌推广活动中，雪花啤酒中国公司继续通过公司官网、央视广告等众多媒体进行宣传。主题画面同被控侵权商品瓶贴和包装箱相同，宣传语为“大学生　勇闯天涯”“2016年敢来吗！挑战自己，挑战青春　挑战未登峰”。举办该2016年主题活动的同时，华润雪花啤酒各地分公司推出本案被控侵权的“大学生版雪花勇闯天涯啤酒”。

【裁判结果】

天津市第二中级人民法院于2016年8月8日作出（2016）津02民初369号民事判决：驳回原告高源的诉讼请求。

宣判后，高源不服判决，提起上诉。天津市高级人民法院于2017年1月9日作出（2016）津民终398号民事判决：驳回上诉，维持原判。

【裁判理由】

法院生效裁判认为：

一、高源合法注册的“大学生”文字商品商标仍在有效期内，高源对该商标享有的注册商标专用权，应受到法律保护。

二、本案的争议焦点有两个：（1）雪花啤酒中国公司在其主办的“大学生勇闯天涯”品牌推广活动中使用“大学生”文字的行为是否属于商标使用行为；（2）滨海雪花啤酒公司生产、销售的大学生版勇闯天涯啤酒的行为是否属于商标使用行为。

（一）雪花啤酒中国公司在其主办的“大学生勇闯天涯”品牌推广活动中使用涉案商标的行为是否属于商标使用行为。

根据《商标法》第四十八条规定，认定雪花啤酒中国公司使用涉案商标的行为是否属于商标使用行为，应主要审查被告是否在商业活动中使用了涉案商标以及该使用行为是否用于识别商品来源。商标的功能主要是标识商品来源，商标只有通过实际使用在商品上，通过建立消费者和商标的认知联系，使得消费者通过商标能够识别商品的来源，才能够真正实现商标识别商品来源的功能。因此，商标使用行为的目的就是为了实现商标识别商品来源的功能，即使用商标是为了识别商品来源。

本案中，认定雪花啤酒中国公司在商业活动中使用涉案商标是否用于识别商品来源，应主要考虑两个因素：一是涉案商标与商业活动是否具有联系。涉案商标核定使用的商品类别包括啤酒，但实际上由高源仅曾许可涉案商标在桶装饮用纯净水上使用该商标，并未在啤酒上实际使用涉案商标。雪花啤酒中国公司早于高源在啤酒上注册“雪花”“勇闯天涯”商标，并将上述商标实际使用在啤酒上，时间均早于涉案商标。雪花啤酒中国公司在商业推广活动中虽然使用了涉案商标，但是涉案商标未实际使用在啤酒上仅使用在饮用纯净水上，故涉案商标与上述的商业推广活动没有必然联系。雪花啤酒中国公司在商业活动中为了说明商业推广活动的相关内容，基于正当表达思想的目的使用生活常用词汇，不应受到限制。高源将生活常用词汇注册为涉案商标，就应该预知和容忍他人正当表达思想的合理使用，而不应加以限制。二是雪花啤酒中国公司使用涉案商标是否具有识别商品来源的目的。雪花啤酒中国公司在连续多年的商业推广活动中广泛地使用了其享有权利的“雪花”和“勇闯天涯”等商标，2007年“雪花”商标被认定为驰名商标。消费者已经在“雪花”“勇闯天涯”等商标与雪花啤酒中国公司之间建立了稳定的联系。涉案商标注册时间晚于“雪花”“勇闯天涯”等商标，2015年之前的商业推广活动均使用的是“雪花”“勇闯天涯”等商标，未使用涉案商标。结合涉案商标实际使用的事实，消费者在涉案商标与雪花啤酒中国公司的商品之间无法建立联系，因此被告雪花啤酒中国公司在商业活动中使用涉案商标没有发挥识别商品来源的作用。

（二）滨海雪花啤酒公司生产、销售的大学生版勇闯天涯啤酒的行为是否属于商标使用行为。滨海雪花啤酒公司生产、销售标注有“雪花”“SNOW”“勇闯天涯”和“攀登者攀登陡峭山体（图形）”商标的啤酒，虽然生产、销售啤酒的瓶贴和包装箱上标注了涉案商标，但涉案商标与瓶贴和包装箱上“雪花”“SNOW”“勇闯天涯”和“攀登者攀登陡峭山体（图形）”商标相比，字体较小而且颜色不醒目，未对消费者的视觉造成显著影响；涉案商标实际使用时间晚于“雪花”商标且知名度没有该商标高；滨海雪花啤酒公司使用涉案商标的行为并非发挥识别其生产、销售的啤酒来源的功能，滨海雪花啤酒公司生产、销售的大学生版勇闯天涯啤酒的行为不属于商标使用行为。

三、高源主张雪花啤酒中国公司和滨海雪花啤酒公司使用涉案商标，造成“反向混淆”。雪花啤酒中国公司和滨海雪花啤酒公司使用涉案商标不属于商标使用，相关公众虽然在涉案商品上看到“大学生”文字，但不会将涉案商品与“大学生”商标联系起来，不会对涉案商品的来源产生误认，也不会误认“大学生”商标标注的商品来源于雪花啤酒中国公司和滨海雪花啤酒公司或与其存在特定联系。

【案例注解】

一、是否损害商标的识别功能是判断侵权与否的关键

商标作为一种商业标识，具有多种功能，首先，商标的本意是为了指示商品或者服务的来源，以区分不同生产者的商品或服务，简而言之“彰显自己，区别他人”。其次，商标具有保障商品或服务的质量的功能，便于消费者多次重复的购买，减少消费者购买的成本，保证商品质量的稳定。正如欧洲法院所指出的：“商标的基本功能是为消费者或者终端使用者识别被标识的商品的来源提供保障，其方式是因不具有任何混淆可能性而使其能够与他人商品或者服务区别开来。为使商标能够在不扭曲的竞争中实现该基本功能，它必须提供一种保证，即使用商标的所有商品或者服务均源于对其质量负责的特定经营者的控制之下。”再次，商标具有广告宣传的作用，商标的使用者通过长期持续性的使用，不断的扩大市场占有率，增强市场影响力，能够使其商标在市场上获得一定知名度和美誉度。而在商标的所有功能中，最主要的功能在于标识商品或者服务的来源。认定是否构成商标侵权，判断的标准在于是否损害商标的识别功能。

商标功能的发挥依赖于商标的使用，商标只有实际使用在商品上，才能使消费者建立商品与商标的特定联系，才能发挥商标的识别功能，商标的生命也在于使用。何为商标的使用？根据《商标法》第四十八条规定：“本法所称商标的使用，是指将商标用于商品、商品包装或者容器以及商品交易文书上，或者将商标用于广告宣传、展览以及其他商业活动中，用于识别商品来源的行为。”该法律条文对商标的使用即商标法意义上的使用行为作出了明确的规定。一种行为是否侵犯注册商标专用权，首先应判断被控侵权的使用行为是否属于识别商品或者服务来源的使用行为，只有用于识别商品或服务来源的使用行为才称为商标法意义上的使用行为。倘若所使用的与他人注册商标相同或者

近似的文字、图形等标识不具有区分商品或者服务来源的作用，这种使用就不能称为商标意义上的使用，因而不会构成对于他人注册商标专用权的侵害。

注册商标专用权的保护范围与其知名度有直接的关系。持续性使用注册商标的时间越长、范围越广，知名度也越高，在商标侵权中认定商标近似和商品类似的范围越大，其商标专用权的排斥范围越大，因而可以获得更宽的保护范围。相反，知名度越低的注册商标，其注册商标专用权的排斥范围就越小，对其保护范围也越小。最高人民法院关于当前经济形势下知识产权审判服务大局若干问题的意见（法发〔2009 年〕23 号）文件指出："认定商品类似和商标近似要考虑请求保护的注册商标的显著程度和市场知名度，对于显著性越强和市场知名度越高的注册商标，给予其范围越宽和强度越大的保护，以激励市场竞争的优胜者，净化市场环境，遏制不正当搭车、模仿行为。"关于商标权的保护范围的大小，有一个形象的比喻，商标的保护范围好比电筒的光照范围，电池的强度如同商标的显著性，电筒的高度如同商标的知名度，电池越强，电筒越高，光照的范围也就越亮和越大，商标的保护范围也应该越强和越大。①

本案中，高源主张保护的涉案商标为第 3030501 号"大学生"文字商标，其核定使用商品为第 32 类：矿泉水、啤酒、制矿泉水用配料。被告雪花中国虽然在其主办的"大学生勇闯天涯"品牌推广活动中使用了"大学生"文字，但该使用是与"勇闯天涯"结合使用，并且在"雪花 勇闯天涯"的宣传语言环境下使用，目的是为了凸显此次活动针对的消费群体，该使用行为并未发挥商标的基本功能即识别商品来源，不构成商标侵权。被告滨海雪花公司在其生产、销售的啤酒的酒瓶上贴有"大学生勇闯天涯"文字瓶贴，并在包装箱上标注有相同的"大学生勇闯天涯"文字，同时在瓶身及包装箱上使用了"雪花""勇闯天涯""攀登者攀登陡峭山体（图形）""SNOW"商标，上述商标比"大学生"商标具有更高的知名度，并且经过长时间的使用已经使消费者与其商品建立了稳固的联系，消费者在看到该商品时并不会产生误认或者混淆，滨海雪花的使用行为并未影响"大学生"商标识别功能的发挥，非商标性使用，不构成对涉案商标的侵权。

另外，"大学生"商标虽由原告注册，但在注册后其仅仅授权自来水的生产厂家使用，未曾在啤酒上使用过该商标，并未使消费者将该商标与啤酒产生对应关系，雪花啤酒公司的使用行为不会导致消费者的混淆。

综上，虽然二被告在商业活动中均使用了带有"大学生"文字的标识，

① 黄晖：《商标法》，法律出版社 2004 年版，第 129 页。

但由于均不构成商标性使用，高源要求二被告停止侵权并赔偿损失的的诉讼请求无法得到法院的支持。

二、显著性弱的商标其商标专用权的保护范围应受限制

不同于专利权中对专利申请有“新颖性”的要求，著作权对作品有“独创性”的要求，在商标法中，申请的商标想要获得顺利注册，该商标必须满足“显著性”的特征。商标的显著性，亦即商标所具备的借以将一经营者的商品或者服务与其他经营者的商品或者服务区分开来的特性。①

关于商标的显著性，《与贸易有关的知识产权协议》第十五条规定：“任何标记或标记的组合，只要能够将一企业的商品和服务与其他企业的商品或服务相区别，即能够构成商标。”该条规定强调的是商标的显著性。《商标法》第八条规定：“任何能够将自然人、法人或者其他组织的商品与他人的商品区别开的标志，包括文字、图形、字母、数字、三维标志、颜色组合和声音等，以及上述要素的组合，均可以作为商标申请注册。”第九条第一款规定：“申请注册的商标，应当有显著特征，便于识别，并不得与他人在先取得的合法权利相冲突。”从上述两条法律规定可以看出，在我国申请注册的商标必须具有显著性是法定的积极条件。商标是区别商品或服务来源的标志，文字商标、图形商标、组合商标以及立体商标，都必须具有显著性这一特征，才能区别于他人同类商品或服务，如此商标的基本功能才得以发挥。商标的显著性是商标最本质的特征。

商标显著性的强弱因商标自身是否是独创的、独特的、个性的而异，独创的、越有个性的商标其识别性越强，它的区别作用就越大，也就越便于人们识别，即该商标的显著性越强。相反，根据《商标法》第十一条第一款的规定：“下列标志不得作为商标注册：（一）仅有本商品的通用名称、图形、型号的；（二）仅直接表示商品的质量、主要原料、功能、用途、重量、数量及其他特点的；（三）其他缺乏显著特征的”，上述法条中列举的内容之所以不得作为商标注册，原因就在于不具有显著特征，不能发挥识别作用。之所以要求商标具备显著特征，其目的在于使消费者能够通过商标识别商品的来源。但现实中，有些商标即使其构成要素缺乏先天的显著性特征，但由于商标所有人长期的持续性使用，使得商标与某一商品形成特定的联系，则该商标即已具备了识别作用，取得后天显著性的同样可以取得注册，如《商标法》第十一条第二

① 刘春田主编：《知识产权法》，中国人民大学出版社2014年版，第253页。

款所规定："前款所列标志经过使用取得显著特征，并便于识别的，可以作为商标注册。"

"大学生"文字本身属于生活中的常用词汇，意指读大学阶段的学生群体。该词汇作为注册商标核定使用在第32类——矿泉水、啤酒、制矿泉水用的料上，但该商标注册后，并未在啤酒上实际使用，消费者对涉案商标与啤酒商品并未建立起稳定联系，故涉案商标啤酒商品上的显著性较弱，识别性不强，其保护范围会应到更多的限制。另外，从雪花啤酒两公司使用"大学生"文字的目的来看，其目的是为彰显大学生年轻朝气蓬勃，积极奋斗的拼搏，敢于冒险的精神，属于对"大学生"这一通用词汇的正当合理使用。因此应当根据实际情况，防止将"大学生"词汇完全纳入商标权人专用领域，排除他人正当使用。

三、雪花啤酒中国公司与滨海雪花啤酒公司的使用行为不构成"反向混淆"

混淆理论是商标保护的基础理论，我国商标法在经过第三次修改之后，已经明确将混淆可能性规定为判定商标侵权的构成要件，如《商标法》第五十七条第二项规定"未经商标注册人的许可，在同一种商品上使用与其注册商标近似的商标，或者在类似商品上使用与其注册商标相或者近似的商标，容易导致混淆的"。对于传统混淆而言，我国商标法已经在立法层面上提供了较为完善的法律规定，但是针对新出现的反向混淆，我国的立法尚留有空白。

传统的商标混淆是指在后商标使用人在相同或类似商品上使用了与在先注册商标权人相同或近似的商标，使消费者误以为在后商标使用人的商品来源于在先商标使用人，对商品的来源产生误认，即正向的混淆。所谓反向混淆是与传统意义上的正向混淆相反，即在后商标使用人对商标的使用已使之具有较高的知名度，以致于消费者会误认为在先商标使用人的商品来源于在后商标使用人或认为二者之间存在关联关系。反向混淆必须以在后的企业或其相关品牌具有较强大的市场影响力，其通过强有力的市场宣传等活动，使得他人在先商标受到实质性损害，甚至使消费者误认为商标主人人是侵权行为人。① 比如在浙江丽水蓝野酒业公司与上海百事可乐饮料有限公司"蓝色风暴"商标权纠纷案件中，上海百事可乐饮料有限公司凭借其很高的知名度在商业活动中使用

① 《商标与不正当竞争法原理和判例》法律出版社2009年版，第275页。

"蓝色风暴"文字，导致商标权人浙江丽水蓝野酒业公司的商品因涉嫌冒用百事可乐标识被当地质监部门查封，陷入尴尬的境地。

传统混淆的表现是攀附他人的商标价值追求商业利润，而在反向混淆中损害不仅表现为割裂了权利人和其商标的联系，损害了权利人的商誉，更为严重的是还阻碍了商标权人进一步的市场的开拓，侵占了商标法为商标权人预留的市场空间。在反向混淆中，侵权人使用商标的行为首先必须是商标性使用，这是其构成反向混淆的基本前提。如果其使用行为并非商标行性使用则不构成反向混淆。

本案中虽然雪花啤酒两公司是知名品牌企业，拥有强大的市场影响力，并且在商业活动中实际使用了"大学生"文字，而作为"大学生"商标注册人的高源属于相对弱势地位，表面上看，雪花两公司与商标权人高源，实力悬殊，雪花两公司的使用行为貌似符合反向混淆中大企业使用小企业的注册商标的情形，使得高源与其注册的"大学生"商标的联系被割断，"大学生"注册商标失去其基本的识别功能，高源寄予"大学生"商标谋求市场声誉，拓展市场空间的价值受到抑制。但仔细分析，会发现无论是在正向混淆即传统的商标侵权行为中，还是在反向混淆侵权行为中，其构成商标侵权的前提是商标性使用，故此判断雪花啤酒两公司的行为是否构成反向混淆的关键是应认定其使用行为是否构成商标行使用，如前所述雪花啤酒两公司虽然在商业活动中使用"大学生"文字，但该使用行为并非商标性使用，故不构成反向混淆。

（**一审法院合议庭成员** 王教柱　胡　浩　周义宽
二审法院合议庭成员 咸胜强　张　胜　裴　然
编写人 天津市第二中级人民法院　史凡凡
责任编辑 丁文严
审稿人 林广海）

陈伟忠诉广东天池茶业股份有限公司、潮州市天池众福茶业有限公司、上海道轩贸易有限公司侵害商标权纠纷案

——恶意抢注者对在先权利人提起侵权之诉的处理原则及程序衔接

关键词：知识产权　侵害商标权　诚实信用　权利滥用　民行交叉

【裁判要旨】

1. 当事人违反诚实信用原则，损害他人合法权益，扰乱市场正当竞争秩序，恶意取得、行使商标权并主张他人侵权的，人民法院应当以构成权利滥用为由，判决对其诉讼请求不予支持。

2. 对于在先权利的认定，应适度从宽解释其范围，降低以不正当手段抢注商标的证明要求，以便在先权利人依法制止商标抢注，体现商标注册应有真实使用意图的精神，彰显人民法院遏制恶意抢注、囤积商标行为的司法导向。

3. 在特定民行交叉纠纷的解决中，应强化民事诉讼的引导作用，发挥司法的能动性，对于确属恶意抢注商标且不实际使用的行为，在民事侵权案件中不予保护，并在判决中对其取得商标的不正当性和效力给出明确指引，以便行政机关及后续的行政诉讼案件依照判决意旨进行合理认定，有效协调和衔接民事程序和行政程序，实现公平与效率，及时维护市场公平竞争秩序。

【相关法条】

《中华人民共和国民法通则》第四条　民事活动应当遵循自愿、公平、等价有偿、诚实信用的原则。

《中华人民共和国商标法》（2013 年修正）第七条第一款　申请注册和使用商标，应当遵循诚实信用原则。

第三十二条　申请商标注册不得损害他人现有的在先权利，也不得以不正当手段抢先注册他人已经使用并有一定影响的商标。

《中华人民共和国民事诉讼法》（2017 年修正）第十三条第一款　民事诉讼应当遵循诚实信用原则。

【案件索引】

一审：广东省潮州市中级人民法院（2017）粤 51 民初 20 号民事判决（2017 年 12 月 1 日）

二审：广东省高级人民法院（2018）粤民终 310 号（2018 年 11 月 9 日）

【基本案情】

陈伟忠诉称：陈伟忠系核定使用商品第 30 类（茶；面包）“天池”注册商标权人，注册时间为 2006 年 10 月 21 日。经过多年的潜心经营，该商标已成为潮州众所周知的茶业品牌。2016 年 11 月，天池茶业公司、天池众福公司、道轩公司未经天池茶业公司同意，擅自在互联网上使用、销售及商标的茶叶产品。其在同一种商品上使用与陈伟忠注册商标近似的商标行为，已侵犯了陈伟忠的注册商标专用权，故请求法院判令天池茶业公司、天池众福公司、道轩公司立即停止生产、销售及商标的茶叶产品，停止在互联网使用上述商标，公开赔礼道歉，并赔偿陈伟忠经济损失 20 万元及律师费、公证费等维权合理费用 22724 元。

广东天池茶业股份有限公司（以下简称天池茶业公司）、潮州市天池众福茶业有限公司（以下简称天池众福公司）及上海道轩贸易有限公司（以下简称道轩公司）共同答辩称：（1）天池茶业公司登记成立于 2002 年 6 月，早于涉案商标的申请注册时间，天池茶业公司使用“天池茶业”的字号应受法律保护，并不构成对陈伟忠的商标侵权。池茶业公司在公司网页、淘宝平台、被诉产品外包装及网页突出使用“天池茶业”指示商品生产者的做法并无不妥，特别是在天池茶业公司的上述商业标识已经具有较高知名度的情况下，天池茶业公司突出使用“天池茶业”字号的做法并不会使消费者误认商品来源。(2) 陈伟忠是恶意抢注“天池”商标，其权利取得并非正当。故请求法院驳回陈伟忠的诉讼请求。

法院经审理查明：陈伟忠第 4121291 号“天池”文字注册商标，申请日期为 2004 年 6 月 15 日，注册公告日为 2006 年 10 月 21 日，核定使用商品为第 30 类：茶，面包。陈伟忠注册该商标后，先后将该商标许可给广东宏伟集团有限公司、潮州市湘桥区宏发茶行使用。目前，该商标经商标局核准续展注册有效期至 2026 年 10 月 20 日。

个人独资企业潮州市湘桥区宏发茶行成立于 1990 年 2 月 27 日，投资人为陈伟忠，经营范围为批发、零售、采购茶叶。广东宏伟集团有限公司成立于 1996 年 3 月 25 日，法定代表人为陈伟忠，经营范围为加工、销售茶叶及农副产品等。2004 年至 2016 年期间，广东宏伟集团有限公司及其“宏伟牌”“凤凰山牌”等茶产品曾获得诸多荣誉。天池茶业公司以其或广东宏伟集团有限公司名义经商标局核准注册有各类商标 97 个，其中在第 30 类商品上注册商标 47 个。

天池茶业公司的原名称为潮州市天池凤凰茶业有限公司，该公司于 2002 年 10 月 18 日登记成立，经营范围包括：种植茶叶，加工、销售茶叶。2014 年 5 月，潮州市天池凤凰茶业有限公司经商标局核准取得第 11878604 号“”图形注册商标，该商标的核定使用商品为第 30 类，即可可制品、茶、茶饮料、糖果、月饼等，注册有效期限自 2014 年 5 月 21 日至 2024 年 5 月 20 日止。

潮州市天池凤凰茶业有限公司于 2005 年被广东省科学技术厅评为“广东省星火技术产业带建设示范单位”。2006 年 5 月，该公司被潮安县工商行政管理局评为“守合同重信用单位”。2006 年 10 月 18 日，该公司的“蜜兰香单丛”经“人文中国·茶香世界”中华茶文化宣传活动组委会评定，获得 2006 年“首届中华名茶”乌龙茶类银奖、铜奖。2007 年 3 月 2 日，该公司被潮州市茶叶行业协会批准为该协会单位会员，该公司的法定代表人柯江明被聘任潮州市茶叶行业协会顾问。2010 年，该公司在“2010 中国（澳门）国际茶业博览会”中被评为最受港澳茶客欢迎茶企业。2011 年 2 月 25 日，北京中绿华夏有机食品认证中心向该公司颁发《有机转换产品认证证书》。该公司于 2012 年被潮州市人民政府评为“潮州市农业龙头企业”称号。2012 年 11 月 22 日，该公司荣获 2012 中国（广州）国际茶业博览会大会唯一指定单丛茶，该公司选送的“黄枝香单丛茶”在博览会全国名优茶质量竞赛中荣获特等金奖。2013 年 1 月，该公司为潮安县食品行业协会理事单位。2013 年 6 月，该公司被评为“连续八年（2004－2012）广东省守合同重信用企业”。2015 年 6 月，被评为“连续十年（2005 年度至 2014 年度）广东省守合同重信用企业”。该公司于 2014 年 1 月被潮州市潮安区人民政府授予潮州市潮安区科学技术进步奖一等奖，2014 年 5 月被潮州市人民政府授予潮州市科学技术进步奖三等奖，2016 年 2 月被广东省人民政府授予广东省科学技术奖一等奖。

2005 年 11 月由羊城晚报出版社出版的《广东省专业强镇》第 493 页记载“产业大事记　1995 年 9 月……1995 年 10 月……1999 年 6 月……2000 年……2002 年……”该页插图为“凤凰三大茶业公司企业家与镇委书记陈长平合影”，在该合影照片中显示的茶产品外包装上印有“天池茶业”字样。

2015 年 12 月 15 日，潮州市天池凤凰茶业有限公司变更名称为广东天池茶业股份有限公司，经营范围并未变更。2012 年 5 月，该公司成为广东省茶业行业协会团体会员单位。2016 年，潮州市农业局向该公司颁发了生态茶园证书。2016 年 12 月，该公司被国家农业部授予农业技术推广成果奖三等奖。

2016 年 3 月 7 日天池茶业公司以“无正当理由连续三年不使用”为由申请撤销陈伟忠第 4121291 号第 30 类“天池”商标在“茶”等全部核定使用商品的注册，国家工商行政管理总局商标局作出商标撤三字【2016】第 Y009044 号决定，撤销涉案商标的注册。陈伟忠不服申请复审，国家工商行政管理总局商标评审委员会于 2017 年 8 月 30 日作出商评字【2017】第 0000107865 号复审决定，对涉案商标在茶商品上予以维持，在面包商品上予以撤销。天池茶业公司不服该复审决定，向北京知识产权法院提起行政诉讼（以下简称“撤三”诉讼），该案仍在审理中。

2016 年 11 月至次年 1 月期间，陈伟忠先后发现天池茶业公司在其官网及微信公众号中宣传相关产品，其中在凤凰单丛茶叶罐装产品上使用的标识，在微信公众号页面使用及的标识；在名称为“广东天池茶业股份有限公司”淘宝店的罐装茶产品盖子或外包装中使用及标识；道轩公司在名称为“道轩茶叶专营店”天猫店的潮州凤凰单丛茶叶罐和包装袋上使用及的标识。陈伟忠还从天池茶业公司、天池众福公司处购买了外包装标注及标识的黄枝香茶叶及蜜兰香茶叶的实物四罐。陈伟忠认为天池茶业公司、天池众福公司、道轩公司侵犯其商标权，遂提起本案诉讼。

【裁判结果】

广东省潮州市中级人民法院于2017年12月1日作出（2017）粤51民初20号民事判决：驳回陈伟忠的诉讼请求。

宣判后，陈伟忠提起上诉，广东省高级人民法院于2018年11月9日作出（2018）粤民终310号判决：驳回上诉，维持原判。

【裁判理由】

法院生效裁判认为：《民法通则》第四条规定，民事活动应当遵循自愿、公平、等价有偿、诚实信用的原则。《商标法》（2013年修正）第七条第一款规定，申请注册和使用商标，应当遵循诚实信用原则。《民事诉讼法》（2012年修正）第十三条第一款规定，民事诉讼应当遵循诚实信用原则。可见，诚实信用原则是一切市场活动参与者所应遵循的基本准则。一方面，它鼓励和支持人们通过诚实劳动积累社会财富和创造社会价值，并保护在此基础上形成的财产性权益，以及基于合法、正当的目的支配该财产性权益的自由和权利；另一方面，它又要求人们在市场活动中讲究信用、诚实不欺，在不损害他人合法利益、社会公共利益和市场秩序的前提下追求自己的利益。民事诉讼活动同样应当遵循诚实信用原则。一方面，它保障当事人有权在法律规定的范围内行使和处分自己的民事权利和诉讼权利；另一方面，它又要求当事人在不损害他人和社会公共利益的前提下，善意、审慎地行使自己的权利。任何违背法律目的和精神，以损害他人正当权益为目的，恶意取得并行使权利、扰乱市场正当竞争秩序的行为均属于权利滥用，其相关权利主张不应得到法律的保护和支持。

第一，从天池茶业公司的相关被诉行为的权利基础及其合法性方面看，天池茶业公司享有合法的在先权利基础。首先，根据已经查明的事实可知，陈伟忠第4121291号“天池”商标的申请时间为2004年6月，获准注册时间为2006年10月，而天池茶业公司前身天池凤凰公司最早将“天池”作为企业字号使用的时间为2002年，早于陈伟忠“天池”商标的申请时间。其次，从天池茶业公司提交的证据可见，天池茶业公司早在2002年至2005年期间就已将“天池茶业”作为商业标识在其茶产品的外包装上突出使用，并经过天池凤凰公司长期使用和经营，获得了一定的荣誉和奖励，在当地茶行业具有一定的影响力和知名度，据此，天池茶业公司对前述字号和商业标识享有合法的在先权利。陈伟忠称自1990年2月27日登记成立潮州市湘桥区宏发茶行时起即开始使用“天池”商标，但未能提供相应的证据予以证实，法院不予采信。

第二，从天池茶业公司的使用方式和行为性质方面看，其使用行为具有正当性，不会导致相关消费者产生混淆。商标的基本功能是区分商品和服务的来源。在客观上，如上所述，天池茶业公司的“天池”字号产生于2002年，其于2002年至2005年期间就将“天池茶业”商业标识用于其茶产品上，经过长期持续的使用，其“天池茶业”茶产品获得不少荣誉，并在当地具有一定影响力。而与之相反的是，陈伟忠在一审提供的证据难以证实其已将涉案商标实际使用于相应的茶产品上，其在一审提交的销售合同由于与发票金额不能一一对应，且发票仅写“茶业”而没有注明品牌，经法院释明后陈伟忠亦未能提供使用涉案商标的相关茶产品实物予以证实。虽然陈伟忠提供了其茶产品取得了众多荣誉，但所有荣誉都是基于宏伟公司“宏伟牌”“凤凰山牌”等其他品牌取得，而与涉案的“天池”商标没有关联。因此，天池茶业公司在其产品上使用“天池茶业”，在客观上不会使相关消费者误认该商品来自陈伟忠。从天池茶业公司的具体使用方式来看，由于“天池”本身就是天池茶业公司的企业字号，且一直以“天池茶业”为商业标识用于其茶产品上，故天池茶业公司将“天池茶业”与其“”图形注册商标组合使用于其茶叶产品的作法并无明显不妥，不具有攀附陈伟忠涉案商标的主观意图，亦不会为普通消费者正确识别被诉侵权商品的来源制造障碍，该使用行为不会导致相关消费者产生混淆。

第三，从陈伟忠的权利正当性角度看，其取得和行使“天池”商标权的行为难谓正当。首先，根据《商标法》（2001年修正）第三十一条的规定，申请商标注册不得损害他人现有的在先权利，也不得以不正当手段抢先注册他人已经使用并有一定影响的商标。本案中，陈伟忠和天池茶业公司均为处在相同地域、相同行业的商品经营者，且天池茶业公司是当地茶叶协会会员单位，而陈伟忠为该协会会长，陈伟忠对天池茶业公司及其在先享有的“天池”字号、“天池茶业”商业标识理应完全了解，在此情形之下，陈伟忠仍在第30类相同类别的商品上申请注册“天池”商标，属于违反诚实信用原则、扰乱社会经济秩序的抢注行为，有违善意。其次，陈伟忠在抢注“天池”商标后，又未有足够的证据显示其进行了实际使用。除此之外，经法院在中国商标网上查询，陈伟忠以其本人或宏伟公司的名义还注册了各类商标近百个，其中仅在第30类商品上就注册了近50个商标。可见，陈伟忠的商标注册行为并非基于其正常生产经营的需要，而有囤积商标之嫌，不正当占有公共资源，扰乱公平竞争的市场秩序，对具有在先权利的天池茶业公司也涉嫌存在不正当竞争。据此，陈伟忠取得和行使“天池”商标权的行为难谓正当。陈伟忠以非善意取得的商标权对天池茶业公司的正当使用行为提起的侵权之诉，有违权利行使的正当性，其与此有关的诉讼请求不应得到法律的支持。

综上所述，综合考虑天池茶业公司的在先权利状况、使用行为的正当性以及陈伟忠取得和行使权利的性质等因素，对陈伟忠所提天池茶业公司、天池众福公司、道轩公司侵害其第4121291号商标权的诉讼主张，不予支持。天池茶业公司、天池众福公司、道轩公司无须在本案中承担相应的法律责任。

【案例注解】

一、在先权利的范围和判定

根据2001年《商标法》第三十一条（2013年修订后第三十二条）规定，申请商标注册不得损害他人现有的在先权利，也不得以不正当手段抢先注册他人已经使用并有一定影响的商标。“在先权利”是指在商标注册申请人提出商标注册申请之前，他人已经取得的权利和权益，既包括法律有明确规定的在先权利，也包括其他应予保护的合法权益，包括在先著作权、外观设计专利权、姓名权、字号权等权利以及角色形象、作品名称、角色名称等权益。判断是否损害在先权利的时间点一般为诉争商标申请日。这意味着，申请商标注册不应损害他人现有的在先权利，即不得将他人已获得的权利作为商标申请注册。

本案中，天池茶业公司将“天池”作为企业字号登记和使用的时间为2002年，早于诉争商标的申请日，天池茶业公司享有的在先权利为“天池”的企业字号权。同时，天池茶业公司在诉争商标的申请日前已经将“天池茶业”商业标识在其茶产品上突出使用，并在当地具有一定的影响力，因此，“天池茶业”属于天池茶业公司已经使用并有一定影响的商标。天池茶业公司对前述字号有合法的在先权利。

二、在先权利人使用行为的性质认定

（一）对于是否属于商标性使用的判定。并非所有使用与他人注册商标相同标识的行为均为侵害商标专用权行为，如对注册商标的指示性使用、描

述性使用、说明性使用等，可认定为正当使用。根据2013年8月30日修订的《商标法》第四十八条规定，本法所称商标的使用，是指将商标用于商品、商品包装或者容器以及商品交易文书上，或者将商标用于广告宣传、展览以及其他商业活动中，用于识别商品来源的行为。因此，商标使用是以识别商品来源为目的将商标用于商业活动的行为。如果不是以识别商品来源为目的使用商标，或者将商标用于非商业活动中，都不构成本法意义上的商标使用。本案中，首先，天池茶业公司将“天池茶业”使用于其茶叶产品的罐盖、外包装及其广告宣传的网页上；其次，天池茶业公司将“天池茶业”与“”图形注册商标组合使用，由于“”为天池茶业公司持有的注册图形商标，在客观上“天池茶业”与“”商标发挥了同样的识别功能，故构成商标性使用。

（二）对于是否对消费者造成混淆的判定。商标的基本功能是区分商品和服务的来源，在先权利人的商标性使用是否会造成消费者产生混淆，是本案认定是否构成商标侵权最核心的焦点问题。本案合议庭在判定该焦点时，应从使用人是否具有合法的在先权利基础、使用人在主观上是否有攀附对方商标商誉的意图以及客观上是否会导致消费者产生混淆的后果这三方面进行综合分析。首先，如上所述，天池茶业公司享有“天池”在先企业字号权和“天池茶业”已使用但未经商标注册的权利，其具有合法的在先权利基础。其次，对于天池茶业公司的主观意图而言，天池茶业公司的“天池”字号产生于2002年，其于2002年至2005年期间就将“天池茶业”商业标识用于其茶产品上，经过长期持续的使用，其“天池茶业”茶产品获得不少荣誉，并在当地具有一定影响力。而与之相反的是，陈伟忠未能提供证据证明其已将涉案商标实际使用于相应的茶产品上，虽然陈伟忠证明了其茶产品取得众多荣誉，但所有荣誉都是基于宏伟公司“宏伟牌”“凤凰山牌”等其他品牌取得，与涉案的“天池”商标没有任何关联。故天池茶业公司攀附陈伟忠涉案商标知名度意图的说法难以成立。最后，从天池茶业公司的具体使用方式来看，由于“天池”本身就是天池茶业公司的企业字号，且一直以“天池茶业”为商业标识用于其茶产品上，故天池茶业公司将“天池茶业”与其“”图形注册商标组合使用于其茶叶产品，在客观上不会使相关消费者误认该商品来自于陈伟忠，不会为普通消费者正确识别被诉侵权商品的来源制造障碍和产生混淆。

三、恶意抢注的判定标准

根据《商标法》第三十一条（2013 年修订后第三十二条）对商标的恶意抢注作出的规定："申请商标注册不得损害他人现有的在先权利，也不得以不正当手段抢先注册他人已经使用并有一定影响的商标。"关于商标的恶意抢注的具体判断标准，可从以下三个方面进行判定：（1）被抢注人已经在先使用该商标或享有其他在先权利；（2）被抢注的商标具有一定影响力。对于是否具有"一定影响力"，需要从商品的销售额、市场占有率、消费者的知悉状态、投放广告以及相关荣誉等方面进行综合判断。需要注意的是，在判定"一定影响力"时，要考虑双方所处的地域性以及知名度的相对性，并应适度从宽把握，以降低以不正当手段抢注商标的证明要求，以便在先权利人依法制止商标抢注，体现商标注册应有真实使用意图的精神，彰显人民法院遏制恶意抢注的司法导向。（3）抢注人在主观上是否具有恶意。可从以下因素进行判定：一是抢注人明知或应知被抢注人在先使用该商标或者享有其他在先权利。如两者是否为同行关系、曾有合作经历或者属于一定范围内的知情人，如果是则一般可推定抢注人具有明知或应知的主观故意，这在 2013 年修订的《商标法》第十五条第二款规定中也得以体现；二是抢注人以获取不当利益为目的。这包括积极的作为和消极的不作为两方面，积极的作为包括抢注商标后进行高价转让、许可或直接控告被抢注人侵权并提出高额赔偿请求；消极的不作为是指抢注商标后并不进行实际使用，除此之外，抢注人如还存在抢注其他大量商标的囤积行为，不正当地占有公共资源，也是构成其具有主观恶意的考虑因素。上述所列几种不正当手段，其共同之处在于抢注者剽窃他人已经使用但未来得及申请注册的商标或其他在先权利，在他们所申请注册的商标上并未凝聚自己的智慧和创意，实为用合法的形式掩盖不合法的本质，违背了"诚实信用"原则。

本案中，陈伟忠和天池茶业公司均同处在潮州市相同地域、同系茶业商品经营者，且天池茶业公司是当地茶叶协会会员单位，而陈伟忠为该协会会长，陈伟忠对天池茶业公司及其在先享有的"天池"字号、"天池茶业"商业标识理应完全了解，在此情形之下，陈伟忠仍在第 30 类相同类别的商品上申请注册"天池"商标，这种违反诚实信用原则、扰乱社会经济秩序的抢注行为，具有主观恶意。其次，陈伟忠在抢注"天池"商标后，又未能提供证据证实其进行了实际使用。除此之外，经查，陈伟忠以其本人或宏伟公司的名义还注册了各类商标近百个，其中仅在第 30 类商品上就注册了近 50 个商标。可见，陈伟忠的商标注册行为并非基于其正常生产经营的需要，而有囤积商标之嫌，不正当占有公共资源，扰乱公平竞争的市场秩序，对具有在先权利的天池茶业公司也涉嫌存在不正当竞争。据此，陈伟忠取得和行使"天池"商标权的行为难谓正当。陈伟忠以恶意抢注的商标权对天池茶业公司的正当使用行为提起的侵权之诉，有违权利行使的正当性，其与此有关的诉讼请求不应得到法律的支持，恶意抢注者不能通过形式合法谋取不正当利益。

四、诚实信用原则与禁止权利滥用原则的适用

诚实信用原则作为民法的"帝王原则"贯穿始终，其要求每个民事主体在民事活动中应该诚实守信。2013 年《商标法》进行修订时在总则中的七条第一款增加了"申请注册和使用商标，应当遵循诚实信用原则"的规定。禁止权利滥用原则亦属于民法的一项基本原则，为私权的行使划定了边界，即不得损害他人利益或公共利益。在恶意抢注者通过合法形式谋利的类似案件中，抢注者凭借所拥有的商标专用权即合法形式的外观谋取不正当利益，客观上损害他人正当权益，且进一步将扰乱市场正当竞争秩序，最终损害公共利益，确已超出了权利行使的边界，违背诚实信用原则，其相关权利主张不应得到法律的保护。知识产权的外部性使相对于其他民事权利而言受到更多的限制，在"通过合法形式谋利"的类似案件中法官对诚实信用原则与禁止权利滥用原则的灵活运用亦属于限制的一种，有助于弥补现行知识产权制度的缺失与不足，维护市场正常竞争秩序与其他诚实信用经营者的合法权益，在实体上贯彻了"如果实质内容失去正当性，个人不能通过形式获利"的法谚精神。

五、民事诉讼与行政程序的衔接

由于我国的商标行政程序与民事程序相互独立，人民法院在民事诉讼阶段并不能直接撤销或无效商标，在行政机关撤销对商标权人的授权前，其权利均应视为合法，权利人只能另行通过行政程序进行撤销或无效。然而，商标行政程序存在着环节过多、时间过长、甚至循环往复等弊病，严重影响了权利人的合法权益。此时，民事判决若能起到实质意义上的撤销或无效商标的效果，无疑能更有效地协调和衔接民事程序和行政程序，具有重大的程序价值。

同时，我国商标审判的司法政策和理念随着市场经济和社会的发展而不断变化，从最初的形式主义阶段到折中主义阶段再到实质正义阶段。在形式主义阶段，法院认为这类案件其无权直接审理，而应当先交由行政机关处理。在折

中主义阶段，法院主张应尊重行政处理的优先性，将行政处理作为前置程序，或者在不否定注册商标效力的情况下，作出认定侵权成立但无须赔偿的折中处理，如“七色花”案、“优衣库”案等，法院一般判决享有合法权益的在先使用人侵犯恶意抢注者的注册商标权，但不支持或仅部分支持恶意抢注者的赔偿请求。在实质主义阶段，行政程序的处理与法院的审理相对独立，是否经由行政程序处理与法院对案件的审理无直接关系，法院可在民事案件中根据立法精神进行实质性审查和判断。

在本案中，基于民事诉讼与行政程序衔接的程序价值在于：一是并未通过行政程序宣告原告商标专用权无效，法院依然指出其权利的取得不正当，运用诚实信用原则与禁止权利滥用原则驳回原告的诉讼请求；二是对于被告已经提起但尚未审结的“撤三”行政诉讼，以及其后续可能以《商标法》第四十四条第一款“以其他不正当手段取得注册"为由提出商标无效的行政程序中，发挥了司法的能动性，强化民事诉讼的引导作用，通过在民事判决中对其取得商标的不正当性和效力给出明确指引，以便行政机关及后续的行政诉讼案件依照判决意旨进行合理认定，有效协调和衔接民事程序和行政程序，实现公平与效率，及时维护市场公平竞争秩序，同时表明人民法院依法遏制恶意抢注商标的司法导向和态度。

近年来，恶意抢注商标趋势日益严重，抢注人通过高价转让抢注商标、提起商标侵权诉讼要求高额赔偿等方式获利，极大地扰乱了商标申请和使用秩序，给诚信经营者造成了不必要的成本和障碍。最高人民法院陶凯元副院长在2018年全国法院知识产权审判工作会议上指出：“充分利用现有法律手段，坚决遏制恶意抢注商标行为，有力规范商标注册秩序。”本案系典型的商标恶意抢注案例，法院通过该案的实体认定和程序衔接，不仅打击了不正当抢注行为，维护了在先权利人的合法权益，更明确了规则，回应了当前的社会关切和司法政策，发挥了应有的司法指引作用，对于同类案件的审理具有重要的指导价值。

（**一审法院合议庭成员** 康森炎 李奕毅 冯泽冰
二审法院合议庭成员 王晓明 欧丽华 叶 丹
编写人 广东省高级人民法院 王晓明 郑英豪
责任编辑 丁文严
审稿人 林广海）

行政及国家赔偿

卢承卫不服海口市交通港航综合执法支队行政处罚决定及海口市交通运输和港航管理局行政复议决定案

——不以营利为目的的“有偿拼车”不构成擅自从事道路运输经营

关键词：行政　营利　有偿拼车　道路运输经营

【裁判要旨】

判定“拉客”行为是否构成“擅自从事道路运输经营”，应当综合考虑从驾驶人员的职业、出行回程动机，行驶路线、搭载时段、载客频率，收取费用等相关因素。对于不以营利为目的的有偿拼车行为不宜认定为经营性道路运输。

【相关法条】

《中华人民共和国道路运输条例》第六十四条　不符合本条例第九条、第二十二条规定条件的人员驾驶道路运输经营车辆的，由县级以上道路运输管理机构责令改正，处200元以上2000元以下的罚款；构成犯罪的，依法追究刑事责任。

《中华人民共和国行政诉讼法》八十九条　人民法院审理上诉案件，按照下列情形，分别处理：(一) 原判决、裁定认定事实清楚，适用法律、法规正确的，判决或者裁定驳回上诉，维持原判决、裁定；(二) 原判决、裁定认定事实错误或者适用法律、法规错误的，依法改判、撤销或者变更；（三）原判决认定基本事实不清、证据不足的，发回原审人民法院重审，或者查清事实后改判；（四）原判决遗漏当事人或者违法缺席判决等严重违反法定程序的，裁定撤销原判决，发回原审人民法院重审。原审人民法院对发回重审的案件作出判决后，当事人提起上诉的，第二审人民法院不得再次发回重审。人民法院审理上诉案件，需要改变原审判决的，应当同时对被诉行政行为作出判决。

【案件索引】

一审：海南省海口市龙华区人民法院（2017）琼0106行初21号行政判决(2017年6月13日)

二审：海南省海口市中级人民法院（2017）琼01行终156号行政判决(2017年10月16日)

【基本案情】

原告诉称：依法撤销被告市交通执法支队作出的琼交运罚（2016）460111164号行政处罚决定及市交通港航局（2016）海交复字第14号行政复议决定。事实和理由如下：（1）行政处罚没有事实根据。处罚决定认定“2016年4月2日，你（单位）车辆琼BT1631无许可从事道路客运经营活动，从海口市西站载五名乘客至八所，……司机向车上每名乘客收取运费捌拾元”，没有事实根据。首先，所谓的“无许可从事道路客运经营活动”是指以营利为目的、一贯性的一种经营活动，比如长期从事跑客运为生的“黑车”等。但在本案中，原告本是去位于海口市秀英区的省人民医院为胞哥买药，从海口西站经过时，乘客以搭顺风车的方式拼车顺路回东方，在这个过程中，原告没有任何的运输行为，也没有任何的费用结算行为，只是乘客上车之后，便被执法支队的人员拉下车，也就是该运输行为还没有开始就已终止，虽原告有问询乘客及与乘客提到油料费的行为，但这些行为均不是《道路运输条例》规定的运输行为，这些行为都只是运输的前置性行为，前置性行为并不等于实际实施的运输行为，前置性行为有随时终止的可能，与《道路运输条例》第六十四条所要求的有运输并有费用结算的非法营运行为是明显不相符的。其次，在本案中，更为重要的一点是，原告并没有收取乘客的80元运费，处罚决定书却记载“司机向车上每名乘客收取运费捌拾元”这是毫无事实根据的。从始至终，原告均未收取乘客任何费用，虽然，在乘客在车上时，原告确实与他们谈过付些油料费的问题，但没有实际收取，该事实纯属捏造。再次，搭顺风车拼车，是日常生活中经常见到的交通出行方式，一来可以为车主节省一些油料钱，二来可以减轻日趋紧张的交通压力，是一种环保高效的出行方式，为政策法律所允许。搭顺风车拼车的行为与“跑黑车”为业的非法营运行为有着本质上的区别，所以，执法支队将搭顺风车的行为当“跑黑车”的非法营运行为进行处罚，没有任何的事实和法律依据。(2)该处罚行政行为程序违法。首先，依据《行政处罚法》第三十七条第一款“行政机关在调查或者进行检查时，执法人员不得少于两人，并应当向当事人或者有关人员出示证件”及交通部颁布的《交通行政处罚程序规定》的第十六条第一项“案件调查人员调查、收集证据，应当遵守下列规定：(一)不得少于两人”的规定，执法检查时应有二人以上，并向当事人出示表明身份的证件。但在本案中，将原告拉下车并要求原告交出驾驶证行车证检查时，仅是一人，同时并没有给原告出示任何的证件（事后也无任何证据表明其具有执法资格），而是一来就将原告从车上粗暴的拉下来，原告刚开始以为是打劫的，随后又认为是交警。当他扣押了原告的二证，电话通知叫来七八个人时，来的这群人也没有给原告出示证件表明身份，而是将原告推拉到西站派出所处理。其次，在对车上五名乘客做询问笔录时，也没有分开作，而是在原告的车辆旁边围在一起作笔录，因互相影响，所作笔录内容几乎一致，其执法程序严重违反交通部颁布的《交通行政处罚程序规定》第十六条第二项：“案件调查人负调查、收集证据，应当遵守下列规定：(二)询问证人和当事人，应当个别进行并告知其作伪证的法律责任”的规定。(3)该行政处罚涉嫌钓鱼执法。从本案的过程看，是二名乘客先上原告的车辆，后等了四十多分钟，又有三名乘客到来（在等待的过程中原告对他们说再不来原告就回家了，原告要赶路，但他们要求继续等），在等到他们三人到来了，却没有急着要上车，而是说去买东西，一等又是十多分钟，当他们刚一上车，执法队的一个工作人员立即就将原告抓住拉下车，从该过程看，这些人员可能是串通好的，作为诱饵钓鱼执法。另，该处罚决定书使用法律错误，因为按照道路运输条例的第六十四条的规定进行处罚应该在200~2000元，而按照行政强制法的规定，被告市交通执法支队扣押原告的车辆，应该先向行政负责人报告批准，后才能实行扣押车辆的行为，被告市交通执法支队是先扣押车辆再报告批准，且《询问笔录》也没有给原告看，没有得到原告的签名确认。原告认为被告市交通执法支队的以上做法均是不合法的。综上，该行政处罚的具体行政行为，认定事实不清，证据不足，程序违法，是违法的具体行政行为。就被告市交通执法支队该违法的行政处罚行为，原告向被告市交通港航局提起行政复议，被告市交通港航局于2016年9月6日作出“（2016）海交复字第14号”行政复议决定，决定维持该行政处罚行为，于2017年2月23日才将行政复议决定书送达原告。被告市交通港航局维持该违法的行政行为，主要证据不足，程序违法，依法也应予以撤销。

被告一市交通执法支队辩称：一、市交通执法支队作出的琼交运罚（2016）460111164号行政处罚决定书，事实认定清楚，程序合法，适用法律法规正确。2016年4月2日13时，被告市交通执法支队下辖二十八中队的巡逻执法工作人员在汽车西站路段巡查时，发现原告驾驶牌号为琼BT1×××的车辆在进行招揽乘客的活动，于是对其进行询问检查。经询问确认：原告无法提供合法有效的营运手续，车上五名乘客均不认识原告且双方已商定承运路线与费用（目的地为东方市八所汽车站，费用为每人80元）。原告行为涉嫌违反《道路运输条例》第十条的规定，构成非法营运。被告市交通执法支队执法人员遂根据《道路运输条例》第六十三条的规定作出了《海南省道路运输扣押车辆行政强制措施决定书》，决定扣押原告驾驶的琼BT1×××轿车，并告知了原告对扣押车辆的强制措施不服提起行政复议或者提起行政诉讼的权利和期限，原告签收了行政强制措施决定书。经内部重大案件集体讨论决定，被告市交通执法支队于2016年4月6日作出《违法行为通知书》［琼交运违通（2016）460111164号］，告知了被告市交通执法支队涉嫌违法行为的事实以及被告市交通执法支队拟做出行政处罚决定的具体内容和法律依据，并告知了原告陈述申辩、申请听证的权利和期限，原告于当日签收。陈述申辩以及申请听证期限届满后，被告市交通执法支队于2016年4月11日做出460111164号行政处罚决定书，并于当日依法直接送达原告。综上，被告市交通执法支队在作出460111164号行政处罚决定前，依法对原告涉嫌的违法行为进行了现场调查，原告违法营运的事实清楚，同时被告市交通执法支队还告知了原告陈述、申辩、听证的权利，程序合法，适用法律法规正确。二、原告诉称内容没有事实和法律依据。（1）原告诉称其属于来省人民医院购买药品后回乐东与事实不符。在被告市交通执法支队执法现场调查以及陈述申辩阶段，原告均没有提供从医院购买药物的清单及相关药品，也没有向执法人员陈述其为其购买药品的事实，因此无法证实其诉称是否属于属实。（2）原告诉称其行为尚未实施，也未收取乘客的费用，依法不构成非法营运，没有法律依据。根据原告的陈述和现场调查查明的事实，原告未取得道路运输经营许可和其他证明资料，且已经在汽车站公开招揽乘客、确定运输路线和运输费用，且根据原告确定的乘车费用数额高达400元，这与正常的与同事或熟人等拼车上下班顺风车只收取油料费存在根本不同，因此其行为具有以营利为目的，属于非法营运性质。(3) 原告根据自己主观推测认定被告市交通执法支队下属一线执法人员存在钓鱼执法与事实不符。根据被告市交通执法支队交通巡逻执法工作任务，被告市交通执法支队下属执法人员长期在客运西站等黑车营运频发的地方进行执法巡逻，且当场调查询问的乘客并不属于被告市交通执法支队执法人员，因此并不存在钓鱼执法。综上，被告市交通执法支队作出460111164号行政处罚决定认定事实清楚，程序合法，适用法律法规准确，原告诉称没有事实依据。

被告二市交通港航局辩称：原告无法提供合法有效的营运手续，车上五名乘客均不认识原告且双方已商定承运路线与费用（目的地为东方市八所汽车站，费用为每人80元）。原告行为涉嫌违反《道路运输条例》第十条的规定，构成非法营运。被告市交通港航局作出14号行政复议决定书认定事实清楚，程序合法，适用法律法规准确，原告诉称没有事实依据，恳请法院予以维持。

法院经审理查明，原告卢承卫，乐东黎族自治县乐东中学的在编老师，于2016年4月2日驾驶琼BT1×××日产轿车到海口为其兄买药，中午顺道在海口市汽车西站路段招揽到五名乘客，并与乘客商定了前往东方市八所镇的路线和费用，但尚未实际收取。五名乘客上车后，随即被在现场执法的市交通执法支队的执法人员拉下车进行检查。经调查取证，市交通执法支队认为卢承卫涉嫌无道路运输经营许可非法从事道路运输经营活动，作出琼交运罚（2016）460111164号行政处罚决定书，决定对卢承卫给予责令停止经营活动并对其罚款3万元的处罚。卢承卫不服该行政处罚决定，向市交通港航局提起行政复议，市交通港航局作出（2016）海交复字第14号行政复议决定书，决定维持市交通执法支队作出的琼交运罚（2016）460111164号行政处罚决定。卢承卫不服被告海口市交通港航综合执法支队于2016年4月11日作出的琼交运（2016）460111164号《行政处罚决定书》及被告海口市交通运输和港航管理局于2016年9月6日作出的（2016）海交复字第14号《行政复议决定书》，于2017年2月28日向法院起诉。

【裁判结果】

海南省海口市龙华区人民法院一审作出（2017）琼0106行初21号行政判

决：驳回原告卢承卫的全部诉讼请求。

宣判后，卢承卫不服原审判决，提起上诉。海口市中级人民法院经审理后作出（2017）琼01行终156号行政判决：撤销海口市龙华区人民法院（2017）琼0106行初21号行政判决；撤销海口市交通港航综合执法支队作出的琼交运（2016）460111164号《行政处罚决定书》及海口市交通运输和港航管理局作出的（2016）海交复字第14号《行政复议决定书》。

【裁判理由】

法院生效裁判认为：本案被诉行政处罚决定及行政复议决定是否合法，关键在于卢承卫的行为是否构成“擅自从事道路运输经营”？《道路运输条例》所规定的“道路运输经营”是指在道路上使用交通工具，实现货物或旅客空间位置转移的活动，具有商业性、公共性、有偿性的经营活动。商业性要求道路运输是一个持续的和相对稳定的行为，经营是作为谋生手段带有职业性的行为。本案中，卢承卫的行为是否构成“擅自从事道路运输经营”，应当综合考虑以下因素进行判断：（1）职业。卢承卫在乐东黎族自治县乐东中学任教，是在编教师，有正当稳定的职业，其偶然的“拉客”行为不具有持续性的特征；（2）目的。卢承卫前往海口为其兄买药，回程“拉客”目的在于减少车耗成本，不具有“营利”目的，只是对燃油、车耗等成本简单的补偿；（3）线路。卢承卫只是在沿线返回乐东时，准备顺路搭载回东方八所的人，并未根据不同搭载对象的特定目的地而制定多种行驶线路；（4）次数。卢承卫在此之前并无被查处和发现“拉客”的记录，没有实施道路运输持续性行为；（5）结果。卢承卫未启动车辆，也未收取任何费用，不宜认定已经实际实施运输行为。因此，卢承卫的行为不构成“擅自从事道路运输经营”。

一审判决适用《道路运输条例》第十条的规定，认定卢承卫的行为属于“非法运营”。该条款是有关申请从事客运经营办理程序的规定，而并不是“非法运营”的构成要件。原审法院依据该条将卢承卫的行为定性为“非法运营”，属适用法律错误。

综上所述，原审判决认定基本事实不清，适用法律错误，处理不当，应予纠正。本案被诉行政处罚决定及行政复议决定，定性错误，应予撤销。

【案例注解】

本案的争议焦点为卢承卫的“有偿拼车”行为是否构成“擅自从事道路运输经营”?

近年来，随着经济发展，人民生活水平的不断提高，体现在“行”方面就是我国汽车总量在全球名列前茅。国家统计局发布了《2018 年国民经济和社会发展统计公报》。报告显示，我国私人汽车保有量首次突破 2 亿辆，达到 2. 07 亿辆，增长 10. 9%；私人轿车接近 1. 26 亿辆，增长 10. 3%。汽车数量大幅提升的同时，也为城市发展带来了交通拥堵、停车难、交通事故纠纷多发等问题；为社会带来了汽车尾气增加、空气污染指数上升等问题。为了解决这些问题，部分城市出台了限号、限行政策，也有人主张借鉴国外鼓励“有偿拼车”的做法。“有偿拼车”这一社会现象在我国北京、上海、广州等大城市开始试水，并逐渐蔓延到一些二、三线城市。作为一种既便利又环保的出行方式，“有偿拼车”以互助为主要目的，车主与搭乘者通过“有偿拼车”都相应获得收益，车主收取费用是为了抵消油耗、车耗等合理成本，减轻养车压力；搭乘者以较小的代价也能够获得便利、快捷、舒适的出行。

作为一种新生事物，我国现行法律并没有对“有偿拼车”行为的性质做出明确的规定，对车主的客运行为，拼车人并不希望相关的行政管理部门介入予以管制。但基于公共利益的考虑，道路运输管理是政府的一个重要职能，打击处罚“擅自从事道路运输经营”是政府有关部门的重要职责。为此如何在规范“有偿拼车”和处罚“擅自从事道路运输经营”之间取得平衡，实现车主、搭乘者、政府三者的双赢，极大考验着执法者、司法者的智慧。

道路运输管理主要对象是道路运输经营活动，即经营性道路运输，该种运输活动主要为社会提供服务、发生费用结算或者获取报酬的道路运输。道路运输经营具有社会性、商业性、持续性，为保证旅客人身、财产安全，有效管理道路运输行为，政府对道路运输经营实行行政许可制，要求从事道路运输经营要取得合法有效的营运手续。对“擅自从事道路运输经营”由交通执法部门予以查处。“有偿拼车”并不当然构成“擅自从事道路运输经营”，两者在车主职业、行驶路线、主观目的、收取费用方面存在诸多区别。理由是：（1）“有偿拼车”的私家车主一般都有自己的正当职业，并不以运输为生活来源，而“擅自从事道路运输经营”车辆的车主则以营运为主要职业；（2）“有偿拼车”的车主主观上是抵消油耗、车耗等合理成本，减轻养车压力，不是以“盈利”为目的。“擅自从事道路运输经营”的车主主观上就是赚取利润、以营利为目的；（3）“有偿拼车”的私家车主一般都是在上下班途中或者其他途中顺路对他人进行搭乘，目的地通常以私家车主的到达地为准，而“擅自从事道路运输经营”车辆一般都是在在相对固定的时间和地点“趴活”，根据搭乘者要求确定目的地；（4）“有偿拼车”收取的费用一般只是分摊行驶成本，没有利润空间，“擅自从事道路运输经营”车辆则是在合理成本之外加价收取客观的利润。

实践中对卢承卫这种顺路搭乘收取费用的“有偿拼车”行为是否构成“擅自从事道路运输经营”，应当从驾驶人员的职业、出行回程动机，行驶路线、搭载时段、载客频率，收取费用等方面进行综合来考量。对于不以营利为目的的“有偿拼车”行为不宜认定为“擅自从事经营性道路运输”：首先，有偿拼车的驾驶人员不以载客为职业，主观上不存在营利的动机，客观上也无持续从事载客业务的时空条件；其次，有偿拼车与顺路乘车人谈好的所谓价格，也只是对燃油、车耗等成本的补偿，不具有营利性；再次，有偿拼车具有偶发性、临时性，驾驶人不存在长期持续从事道路运输行为；最后，从驾驶路线上，驾驶人根据自己往返目的地搭载乘车人，乘车人是线路沿线特定的人，驾驶人一般不会在与乘车人不顺路的情况下，专程接送。

综上，顺路搭乘收取费用这种个人之间互惠互利，不以营利为目的的“有偿拼车”行为不宜认定为“擅自从事经营性道路运输”。他们本质上属于当事人意思自治范畴，公权力机关应当尊重私法自治原则，给予私权利空间，方便人民生活。

当然，“有偿拼车”在某些特定情形下符合一定条件则构成“擅自从事道路运输经营”：（1）收取的费用超出了私家车辆的行驶成本，则认定为主观上具有营利目的；（2）驾驶人不是根据自己往返目的地顺路搭载乘车人，由搭乘者决定行驶路线和目的地。对这种行为，交通执法部门应当严厉打击，以维护国家运输经营管理秩序。

（**一审法院合议庭成员** 符史山 陶丽莎 肖世俊
二审法院合议庭成员 郭朝阳 傅海燕 吴 茜
编写人 海南省高级人民法院 李周伟
海南省海口市中级人民法院 杨 聪
责任编辑 韩德强
审稿人 王振宇）

向文生、荆茂英诉溆浦县人民政府、溆浦县大江口镇人民政府行政允诺案

——行政允诺内容违法导致履行不能的法律后果

关键词：行政　行政允诺履行不能信赖利益补救措施

【裁判要旨】

1. 行政允诺是单方行政行为，允诺对象不仅仅局限于不特定主体，只要符合行政允诺的实质性要件，针对特定主体亦能成立行政允诺行为。

2. 行政允诺包括条件和允诺义务两个部分，在条件成就时，行政主体允诺履行相应的义务，条件不明确时，应当作出有利于行政行为相对方的解释。

3. 行政允诺内容为承诺行政相对人对国有土地使用权享有优先购买权的，属于违反法律强制性规定，该行政行为违法。

4. 行政允诺内容违法导致履行不能的，应在尊重行政机关对违背现行法律的承诺自行纠正或不再履行的权力的同时，责令行政机关对相对人因承诺履行不能产生的信赖利益损失进行必要的弥补，使相对人实际获得的利益不低于或者适当高于补偿的标准。

【相关法条】

《中华人民共和国行政诉讼法》第七十四条　行政行为有下列情形之一的，人民法院判决确认违法，但不撤销行政行为：

（二）行政行为程序轻微违法，但对原告权利不产生实际影响的。

第七十六条　人民法院判决确认违法或者无效的，可以同时判决责令被告采取补救措施；给原告造成损失的，依法判决被告承担赔偿责任。

第八十九条第一项 人民法院审上诉案件，按照下列情形，分别处理：

（一）原判决、裁定认定事实清楚，适用法律、法规正确的，判决或者裁定驳回上诉，维持原判决、裁定。

【案件索引】

一审：湖南省怀化市中级人民法院（2016）湘12行初168号（2017年3月31日）

二审：湖南省高级人民法院（2017）湘行终1131号（2018年4月13日）

【基本案情】

原告向文生、荆茂英诉称：向文生、荆茂英原有住房一栋，位于大江口镇大江坪村，湘维公司大门一侧临公路，三层楼房、三间门面，占地面积130平方米，建筑面积254平方米。由于S308省道改建必须拆除该栋房屋，经多次协商，最后确定拆迁款30.8万元，溆浦县S308公路改造协调指挥部及原江口镇人民政府共同立下《承诺书》，郑重承诺在江口镇新街规划区优先购买两个门面位置的宅基地（8米×12米），2011年7月12日立字，上盖有江口镇人民政府大印，下角还加盖S308公路改造协调指挥部同意意见及公章。此事经办人是时任江口镇党委书记舒建中，主办人还有江口镇镇长田鑫、江口镇国土所所长吕明等人。总之，原江口镇人民政府主要官员是S308线江口段拆迁工作具体实施者，溆浦县S308公路改造协调指挥部无人出面。2014年11月，原告向原江口镇镇长田鑫申请，要求政府兑现承诺，但一直未予办理。2016年4月，原告再次要求兑现承诺，现任大江口镇镇长看了申请报告和《承诺书》后，见了两次面后就再无结果。一个基层政府立下《承诺书》，上面还加盖县级公路指挥部公章，应该是有效的可信的凭证，但却被二任镇长拖了三年不办，再后被第三任镇长以“无事实依据”否定了。根据《合同法》第二十一条、第二十三条的规定，承诺的兑现是有法可依的。请求判令溆浦县政府、大江口镇政府履行溆浦县S308公路改造协调指挥部及原江口镇人民政府共同在2011年7月13日立下的《承诺书》条款。

被告溆浦县政府辩称：第一，行政允诺尚未生效，不应当履行。因省道S308线改扩建，原江口镇人民政府于2011年7月13日作出承诺，同意原告夫妇在“江口镇新街规划区内享有宅基地优先购买权”。“新街规划区”是协议具备法律效力的附加条件，但至今大江口镇城镇总体规划及控制性详细规划中均无新街规划区的相关概念，根据《合同法》第四十五条的规定，该行政协议尚未生效，被告不应当履行。第二，行政允诺的内容违法，不能履行。农村宅基地安排是农村集体经济成员享有的一种社会福利，其前提必须是该集体经济组织的成员，且还须履行当事人申请、村委会或村民小组同意，乡镇人民政府审核、县人民政府审批等一系列程序。本案中，原告系城镇居民，不具备要求安排农村宅基地资格，且宅基地亦不能通过购买形式获得。根据《合同法》第五十二条第五项关于合同无效情形的规定，该允诺无效，应当不予履行。同时，溆浦县政府自始至终不知情，不知道该承诺的存在，也没有任何单位和个人报告，属原江口镇人民政府超越职权的行为，作为县级政府的被告应当不予履行。第三，原告系错误理解允诺内容，无须履行。根据调查，原江口镇人民政府作出该承诺书时，与原告的合意是：江口镇人民政府在未来规划建设新街时，若有土地公开向社会招拍挂出让，其可同等参与购买，在此基础上再享有优先购买权，并不是原告所理解的按照土地征收成本由其购买。同时，在大江口镇多次土地拍卖过程中，原告没有参与其中的竞买。根据《合同法》第一百一十一条的规定，被告无需履行优先购买的承诺。请求驳回原告的起诉。

法院经审理查明，因省道S308线（溆浦段）公路改造项目建设，需拆迁原告向文生、荆茂英位于溆浦县江口镇江维街的房屋。溆浦县S308公路改造协调指挥部于2010年9月9日、2011年7月13日与向文生签订了2份《房屋拆迁协议书》，溆浦县S308公路改造协调指挥部依约支付了房屋建筑补偿款、附属物补偿款、房屋装修补偿款、临时安置费、拆迁奖金等共计人民币30.8万元。向文生夫妇亦在指定的期限内腾空房屋交由指挥部拆迁处理。

2011年7月13日，原江口镇人民政府（以下简称原江口镇政府）向向文生夫妇作出《承诺书》，“因省道S308线改扩建，致使上街居民向文生、荆茂英夫妇房屋拆迁。为妥善安置拆迁户，江口镇人民政府郑重承诺，同意向文生、荆茂英夫妇在江口镇新街规划区享有宅基地优先购买权（只限两个门面位置，且不能转让）。承诺单位：江口镇人民政府二〇一一年七月十三日”，原江口镇政府在《承诺书》上加盖了公章，溆浦县S308公路改造协调指挥部于2011年7月15日在《承诺书》上签署意见：“同意江口镇政府意见”，并加盖了公章。

2014年11月14日，向文生向原江口镇政府提出《请求兑现“承诺”解决在江口新城规划区给二个门面宅基地的报告》，原江口镇政府未予回复。2015 年 4 月 19 日，向文生、荆茂英再次向原江口镇政府提交《再次要求兑现“承诺”在大江口镇新规划区解决（两个门面）宅基地的报告》，大江口镇政府亦未予回复。向文生夫妇于 2016 年 10 月 18 日提起本案诉讼，请求判令溆浦县政府、大江口镇政府履行 2011 年 7 月 13 日签订的《承诺书》。

另查明，溆浦县 S308 公路改造协调指挥部系溆浦县政府设立的临时机构，负责省道 S308 溆浦段的公路改造项目。2015 年 12 月，溆浦县乡镇区划调整，原江口镇和洑水湾乡成建制合并设立大江口镇。溆浦县政府、大江口镇政府提交的《溆浦县江口镇总体规划（2007—2020）》显示溆浦县江口镇没有“江口镇新城规划区”。向文生、荆茂英所称江口镇新城规划区即“富美新城”项目，该项目于 2013 年 5 月 28 日经溆浦县国土资源局以挂牌方式出让国有土地使用权，由湖南富美房地产有限公司竞买成功。

【裁判结果】

湖南省怀化市中级人民法院依据《行政诉讼法》第七十四条第二款、第七十六条之规定作出（2016）湘 12 行初 168 号行政判决：一、确认原溆浦县江口镇人民政府于 2011 年 7 月 13 日向原告向文生、荆茂英作出的《承诺书》违法，责令溆浦县人民政府与溆浦县大江口镇人民政府采取补救措施；二、驳回原告向文生、荆茂英的诉讼请求。案件受理费 50 元，由被告溆浦县人民政府与溆浦县大江口镇人民政府负担。

宣判后，向文生、荆茂英不服原审判决，提起上诉。湖南省高级人民法院经审理认为，原审判决认定事实清楚，虽然原审存在适用法律不当和判决主文不明确导致执行困难的问题，但是判决结论并无不当，依法应予维持。向文生、荆茂英请求依法改判，责令政府兑现承诺的诉讼请求不成立，不予支持。依照《行政诉讼法》第八十九条第一款第一项的规定作出（2017）湘行终 1131 号行政判决：驳回上诉，维持原判决。

【裁判理由】

法院生效裁判认为：案涉承诺书在性质上属于行政允诺，本案的争议焦点为：一、案涉承诺书的条件是否成就；二、承诺事项是否超越职权范围；三、承诺内容是否违法；四、若履行不能，政府是否应采取补救措施。

一、案涉承诺书的条件是否已经成就

行政允诺包括条件和允诺义务两个部分，在条件成就时，行政主体允诺履行相应的义务。当条件描述不具体时，如何审查判断条件成立与否，法律没有明确的规定。由于行政允诺往往是行政主体为了履行行政职能而作出的授益性行政行为，通常具有奖励的内容，即有利于行政行为相对方，因此当假设条件约定不明确时，为维护政府公信力，保障公民合理范围内的期待利益，应当作出有利于行政行为相对方的解释。本案中，设立“新街规划区”是案涉承诺书具备法律效力的条件。溆浦县江口镇目前没有“新街规划区”，向文生、荆茂英坚称“富美新城”项目即“新街规划区”，该项目土地已于2013年由湖南富美房地产有限公司竞买成功。“新街规划区”的描述并不具体，且双方当事人对其理解不一致。“新街规划区”不等同于“富美新城”，而是泛指大江口镇城镇总体规划上新开发区的一个笼统概念，它应当也包含了“富美新城”项目。综上所述，案涉承诺书的条件已经成就。

二、承诺事项是否超越职权范围

1990年《中华人民共和国城镇国有土地使用权出让和转让暂行条例》第十一条规定，土地使用权出让合同应当按照平等、自愿、有偿的原则，由市、县人民政府土地管理部门与土地使用者签订。从上可知，城镇国有土地使用权出让是市、县人民政府土地管理部门的职权范围。本案中，溆浦县S308公路改造协调指挥部系溆浦县政府设立的临时机构，属于不具有独立承担法律责任能力的机构，溆浦县S308公路改造协调指挥部以自己名义作出的行政行为被提起行政诉讼的，应当以组建机构的溆浦县政府为被告，因此溆浦县政府是本案的适格被告。溆浦县政府是县级土地管理部门的上级机关，被诉承诺书为溆浦县政府设定了向被拆迁的向文生夫妇享有在江口镇新街规划区两个门面位置土地优先购买权的义务，该承诺事项没有超出溆浦县政府的职权范围。

三、承诺内容是否超出法律规定

《承诺书》载明：“向文生、荆茂英夫妇在江口镇新街规划区享有宅基地优先购买权（只限两个门面位置，且不能转让）。”《承诺书》前面表述的“宅基地”按字面意思应当指农村宅基地，属于集体土地性质；后面“两个门面位置”明显指的是城镇国有土地性质，这两个表述相互矛盾。证据显示：

(1) 向文生、荆茂英夫妇被拆迁的房屋为私房，土地用途为住宅；(2)《土地面积及补偿金额到户明细表》记载，向文生宅基地面积后注明（国有)。可见，2011 年拆迁和签署《承诺书》时，双方所理解和使用的“宅基地”一词应当只是笼统地指建房所需的土地，至于土地性质是集体所有还是国有，则需通过后面括号中的注明来进一步区分。向文生夫妇均是城镇户口，被拆迁房屋土地是国有性质，因此向文生夫妇要求购买的土地从情理上分析也不应当是农村集体土地。且向文生在法庭上一再表示是购买建房的地，而不是农村的宅基地。综上所述，关于优先购买权的土地性质，一审判决认定《承诺书》中“宅基地”为农村集体土地，忽略了相关事实，违背了当事人的真实意思，是不恰当的，应当认定为国有土地。

优先购买权是指特定人依照法律规定或者合同约定，在出卖人出卖标的物于第三人时，享有的同等条件下优于第三人购买的权利。通常包括有限责任公司的股东、承租人、共有人、知识产权法上权利人的优先购买权等情形。本案中，政府承诺向文生夫妇享有的是政府将土地出卖给个人时的土地优先购买权。国有土地使用权依法可以买卖，分为出让、转让两种情形。土地法及国土资源部相关的部门规章规定，经营性用地必须通过招标、拍卖或者挂牌等方式向社会公开出让国有土地，统称为招拍挂制度。通过招拍挂制度取得国有土地是价高者得，政府无权在出让前自行决定受让人，且溆浦县政府、大江口镇政府作为国家机关法人不得参与经营性用地的竞买，故向文生夫妇不符合行使优先购买权的情形和条件。溆浦县政府、大江口镇政府承诺向文生夫妇享有土地优先购买权，违反了法律规定，属于承诺内容违法。

四、若履行不能，政府是否应采取补救措施

“人无信不立，国无信不治。”对有利于相对人的承诺，如果行政机关可以履行，也有能力履行，就应当履行承诺；如果允诺内容违法导致履行不能，则应在尊重行政机关对违背现行法律的承诺自行纠正或不再履行的权力的同时，责令行政机关对相对人因承诺履行不能产生的信赖利益损失进行必要的弥补，使相对人实际获得的利益不低于或者适当高于补偿的标准。本案中，溆浦县 S308 公路改造协调指挥部与向文生签订《房屋拆迁协议书》后，溆浦县政府、大江口镇政出于“因省道 S308 线改扩建，致使上街居民向文生、荆茂英夫妇房屋拆迁。为妥善安置拆迁户”，作出承诺。因此，溆浦县政府针对向文生夫妇的房屋拆迁补偿实际上包括了两项内容：一是已履行完毕的《房屋拆迁协议书》，二是因内容违法而不能直接履行的《承诺书》。对于第二项内容

《承诺书》，作为相对方的向文生夫妇没有过错，政府方应当采取相应的补救措施。一审法院确认行政允诺违法，并责令溆浦县政府与大江口镇政府采取补救措施，有事实和法律依据。结合本案实际情况，具体的补救措施可先由双方相互协商确定；协商不成，溆浦县政府、大江口镇政府在本判决生效后60日内按照《国有土地上房屋征收与补偿条例》及当地实施办法的规定，参照本案判决时溆浦县签订国有土地上房屋征收补偿协议并搬迁腾空房屋的最高奖励标准和一次性每户奖励，对向文生夫妇房屋拆迁进行一次性的货币补偿。故向文生、荆茂英上诉提出“一审判决‘责令政府采取补救措施’没有具体内容”的理由成立。

关于向文生、荆茂英上诉提出“涉案房屋拆迁补偿款应是30.08万元，一审认定为30.8万元不当”的理由，经查成立，二审予以纠正。

关于溆浦县政府提出“溆浦县政府不是本案的适格被告”和“向文生、荆茂英的诉讼属重复起诉，且超过起诉期限”的理由，经查均不成立，二审不予采纳。

【案例注解】

本案认定原江口镇人民政府向向文生夫妇作出的《承诺书》“因省道S308线改扩建，致使上街居民向文生、荆茂英夫妇房屋拆迁。为妥善安置拆迁户，江口镇人民政府郑重承诺，同意向文生、荆茂英夫妇在江口镇新街规划区享有宅基地优先购买权（只限两个门面位置，且不能转让）”，在性质上为行政允诺，并以此为核心归纳出了四个争议焦点。行政允诺自2004年在《最高人民法院关于规范行政案件案由的通知》中被列为接受司法审查的行政行为之一以来，在行政诉讼中数量渐增，裁判规则逐步成熟，审理理念也随着法治的进步逐步开放。本案关于行政允诺相关问题的认定思路和处理规则，可以说既是一次重申和总结，也是一次升华和创新，兹分述如下：

一、行政允诺的界定及成立要件

（一）行政允诺的内涵界定

行政允诺，又称行政承诺，是指行政主体为实现特定行政管理目的，依其行政职权和相应的法律法规、政策向相对人做出的，承诺在一定条件成就时履行作为或不作为义务的单方授益性行政行为。[1] 就此来看，行政允诺具有以下特点：第一，公益性。行政允诺必须以实现行政管理、维护公共利益为目的，这使得行政允诺区别于民事领域中私人之间的允诺行为。第二，单方性。行政允诺是单方行政行为，正如德国行政法学者平特纳所言："行政允诺是行政机关以一定方式在将来做某事或者不做某事的单方意思表示"，[2] 行政允诺一经作出，无须相对人即可成立，因此行政允诺的拘束力原则上也只及于行政主体，对相对人没有法律上的强制力。这也是区分行政允诺与行政协议（行政合同）的关键所在。第三，授益性。行政允诺是现代社会管制型行政向服务型行政转变、命令式行政向协商式行政转化的成果，是一种授益性行政行为，多表现为给予行政相对人一定的奖励。[3] 这使得行政允诺区别于其他基于行政管理目而实施的行政行为。第四，附条件性。行政允诺的核心内容之一乃是行政机关依承诺履行作为或不作为义务的前提条件，这个条件是尚未发生的，既可以是相对人完成一定行为，也可以是行政机关完成一定行为，还可以是某一客观事实的出现。如在本案中，大江口镇政府承诺的"新街规划区"项目完成，即是该行政允诺的条件。

（二）行政允诺的成立要件

本案认定"涉案承诺书符合行政允诺的全部要件"，主要是从以下几个方面对行政允诺的成立要件进行了审查：

第一，目的要件：行政允诺必须是行政主体在履行公共管理和公共服务职能过程中，以实现公共利益和行政管理为目的而实施的行为。根据行政法中的比例原则，任何行政行为的选择都应有利于行政目的的实现，偏离甚至背离目的的行政行为因违背比例原则而丧失合法性和合理性。在本案中，两级政府作出行政允诺的直接目的为"为了妥善安置拆迁户"，最终目的则是

---

① 该界定综合了理论与实务界的多种定义，具体参见贾媛媛：《行政承诺法源论：证成与适用》，载《政治与法律》2014年第9期；张鲁萍：《行政允诺的性质及其司法审查——基于对司法判决书的实证分析》，载《西南政法大学学报》2016年第6期；陈艳：《行政允诺制度初探》，载《社会科学家》2010年第5期；湖南省高级人民法院（2017）湘行终619号行政判决；安徽省高级人民法院（2015）皖行终字第00029号行政判决。

② ［德］平特纳：《德国普通行政法》，朱林译，中国政法大学出版社1999年版，第124页。

③ 尽管如此，但是理论上行政允诺应区别于以招商引资为主要表现形式的行政奖励，行政奖励是指"行政主体依照法定条件和程序，对为国家和社会作出重大贡献的单位和个人，给予物质或精神奖励的具体行政行为"。参见罗豪才主编：《行政法学》，北京大学出版社2006年版，第256页。行政允诺在范围上较广，规范依据要求相对宽松，行政机关在行政允诺中的自由裁量权相对较大。参见张鲁萍：《行政允诺的性质及其司法审查——基于对司法判决书的实证分析》，载《西南政法大学学报》2016年第6期。

促进省道S308线（溆浦段）公路的改造建设。综上，该行政允诺符合目的要件。

第二，主体要件：行政允诺的作出主体必须是具有行政职能、能够作为行政诉讼被告的行政机关。本案中《承诺书》为原江口镇政府直接作出，其符合主体要件并无争议。但溆浦县政府认为，S308公路改造协调指挥部在《承诺书》上签署“同意江口镇政府意见”的行为不属于县政府的行为，协调指挥部的行为超越了职权。按照溆浦县政府的逻辑，镇政府和县政府联合做出的行政允诺由于其中一个主体不符合条件，该允诺行为很可能面临无效。诚然，临时指挥部是县政府设置的临时机构，当然不具有行政主体资格。然而，这并不意味着由其作出的行政行为一律无效，若是如此，将极大损害政府公信力，侵害行政相对人的合理信赖利益。实际上，临时机构所作出的行政行为，其法律后果由组建该机构的行政主体承担，行政法和行政诉讼法早已明确规定。[①]因此，本案中临时指挥部签署“同意江口镇政府意见”并加盖公章的行为，应当视为县政府的行为，县政府符合行政允诺的主体要件。

第三，对象要件：行政允诺的对象一直存在是否必须为不特定对象的争论。在行政允诺理论和实践起步阶段，一般认为行政允诺具有“对象的不确定性，允诺行为作出以后，真正的权利主体尚不能立即出现”，[②] 应该说，行政允诺行为兴起之初，确实多表现为针对不特定对象作出的承诺，但随着协商式行政的深入发展，向特定对象作出的承诺也时有出现。理论和司法实践逐步认识到这一变化，学者已经将行政允诺的对象扩大为“社会不特定或特定公众”，[③] 司法实践中也有法院明确指出：“行政允诺的对象可以是不特定的，也可以是特定的。”[④] 本案中，一、二审法院皆认为政府针对向文生夫妇（特定对象）做出的承诺行为属于行政允诺。笔者认为，行政允诺对象范围的扩大，将是今后行政允诺案件审理中的一大趋势。

第四，内容要件：行政允诺的内容包括条件和允诺义务两部分，缺少任一部分都不能成立。本案具有完整的条件（江口镇设立新街规划区）和允诺义务（向文生夫妇在新街规划区享有两个门面的优先购买权）。需指出的是，法院在审查行政允诺内容是否符合成立要件时，首先仅从形式上审查内容是否完

---

① 《行政诉讼法》第二十条：行政机关组建并赋予行政管理职能但不具有独立承担法律责任能力的机构，以自己的名义作出行政行为，当事人不服提起诉讼的，应当以组建该机构的行政机关为被告。

② 闫尔宝：《行政允诺行为详论》，载《山东审判》2001年第2期。

③ 张淼堂：《论行政允诺及其合法预期保护》，载《重庆广播电视大学学报》2011年第3期。

④ 参见湖南省高级人民法院（2015）湘高法行终字第70号行政判决。

整。至于实质上是否合法、条件是否明确、义务是否具有履行的可能等，则是属于已经成立的行政允诺的合法性判断范畴。

二、行政允诺假设条件不明确时的解释规则

如果说确定行政允诺成立是本案审理思路的逻辑起点，那么对行政允诺条款的解释则是重要突破口。本案中，政府认为江口镇没有行政允诺中的"新街规划区"，主张允诺条件未成就。向文生夫妇坚称"新街规划区"就是"富美新城"项目。由于允诺条件的不明确，双方对允诺条件的理解产生分歧，法律对行政允诺条件的审查规则也没有明确规定。此时是否比照《合同法》第一百二十五条的解释规则，按通常含义、目的、习惯、诚实信用的顺序进行解释？笔者对此持否定意见。行政允诺虽然具有民事性质，但是仍然不同于平等主体之间的合同行为，行政相对人在行政允诺中，由于自身地位和信息不对称等因素，天然地处于弱势地位。因此在对行政允诺条款进行解释时，不能完全依照《合同法》的解释规则，法院应当适当矫正这种地位上的不平等，采取有利于行政相对人的解释规则。实践中已经有判决对此进行了论证，该判决指出：在对行政允诺关键内容的解释上，应当限制行政主体在无其他证据佐证的情况下，任意行使解释权。否则，将可能导致该行政行为产生的基础，即双方当事人当初的意思表示一致被动摇。[①] 在本案中，"新街规划区"不是一个具体的规划项目，而是大江口镇总体规划区的泛称，虽然不同于具体的"富美新城"项目，二审法院根据有利于相对人的解释规则，将"富美新城"项目解释为"新街规划区"下的具体项目，笔者认为是妥当的。

三、行政允诺违法的法律后果

判断本案中承诺内容是否违反法律强制性规定，是本案审理的关键步骤。法院基于三个方面的理由认定本案承诺内容违法：其一，根据《土地管理法》第六十二条、第六十三条，宅基地为农村村民基于农民身份专享的用益物权，且宅基地使用权不得出让、转让。向文生夫妇均为城镇户口，其本身就没有购买宅基地的资格。其二，政府承诺向文生夫妇享有优先购买权的两个门面，字面含义应为城镇国有土地性质。加之向文生夫妇被拆迁的房屋所占土地本身即为国有性质，因此承诺中的"宅基地"并非法律上的宅基地，而是如判决指

① 参见江苏省高级人民法院（2016）苏行终字第90号行政判决。

出的“建房所需的土地”。其三，优先购买权是法律赋予具有特定关系人在相同条件下优先购买标的物的法定权利。在我国，优先购买权限于公司股东、房屋承租人、共有权人等特定情形，政府不能任意设置优先购买权。另外，既然涉案土地性质上为国有土地，根据《土地管理法》《物权法》等法律规定，国有土地的出让必须通过招拍挂程序进行，由价高者竞得。政府没有权利事先决定谁享有“优先购买权”，否则将滋生权力寻租空间。

由于行政允诺内容违法，本案中政府实际上已经无法履行承诺的义务，行政允诺处于履行不能状态，但履行不能并不等于政府可以免除任何义务。行政允诺一经作出即对政府产生了拘束力，并且对相对人产生了信赖利益，根据行政法中信赖保护原则的要求，行政主体对其行政过程中形成的可预期的行为、承诺等，必须遵守诚信，不得随意变更，否则将承担相应的法律责任。[①] 本案一审法院判决“确认承诺违法，并责令溆浦县人民政府和大江口镇人民政府采取补救措施”，这是对新《行政诉讼法》第七十六条确定的补救判决的实践，不过由于“采取补救措施”的不明确性，实际上该判决成了一纸空文，这也是向文生夫妇提起上诉的主要理由。

四、“判决责令被告采取补救措施”的具体运用

本案二审对新《行政诉讼法》第七十六条“判决责令被告采取补救措施”的具体化进行了尝试，是本案审理过程中的重大创新。有学者对补救判决文书进行统计分析，发现有超过一半的行政判决中仅笼统地判决“采取补救措施”，没有明确如何补救。该学者对出现这一现象的原因进行了分析：“出于对行政权的尊重，司法权必须保持必要的克制，正是基于此，更多法院在作出补救判决时并不明确补救措施的具体内容，以免有僭越之嫌。”[②] 问题是，这种刻意回避问题的宣言式判决，不仅没有可执行的内容、无益于补正判决制度目的的实现，而且放弃了法院对行政机关的监督权，是人民法院的一种自我矮化。

要正确适用行政允诺案件中的补救判决，首先应清晰认识行政优益权。行政优益权是指“国家为行政主体行使职权提供的行为优先条件和物质保障条

① 参见莫于川、林鸿潮：《论当代行政法上的信赖保护原则》，载《法商研究》2004 年第 5 期。

② 陈思融：《论行政诉讼补救判决的适用——基于 104 份行政裁判文书的统计分析》，载《中国法学》2015 年第 2 期。

件。”[①] 理论上多认为行政优益权主要调整行政机关与行政相对人之间的关系，但是笔者认为这种理解是片面的，在涉及司法机关与行政机关之间的关系时，司法机关也应当尊重行政机关的行政优益权，若行政机关可以通过行政手段自行解决与行政相对人之间争议，司法机关应当尊重其行政自由裁量权。因此行政优益权也调整行政机关与司法机关之间的关系，只不过由于司法机关对行政行为具有审查和监督的权利，这使得二者的关系变得复杂起来。

笔者认为司法监督权与行政优益权不是非此即彼的关系，在与本案类似的行政允诺内容违法的案件中，一方面行政机关具有较大的自由裁量权，另一方面法院对其违法行政行为享有审查权，对于如何把握二者之间的关系，本案二审做出了颇具特色的尝试。判决明确：“结合本案实际情况，具体的补救措施可先由双方相互协商确定；协商不成，溆浦县政府、大江口镇政府在本判决生效后60日内按照《国有土地上房屋征收与补偿条例》及当地实施办法的规定，参照本案判决时溆浦县签订国有土地上房屋征收补偿协议并搬迁腾空房屋的最高奖励标准和一次性每户奖励，对向文生夫妇房屋拆迁进行一次性的货币补偿。”这一判决具有如下创新：

第一，考虑到了行政允诺的民事合同性质，引入民法中的意思自治原则，判决可由双方协商确定具体补救措施。这不仅使得补救判决具有了灵活性，同时还给予行政机关自行采取措施纠正违法行为的机会，在审查行政机关违法行为的过程中保持了适当的克制。

第二，明确了采取补救措施的时间、标准和方式，具有了可供执行的内容。我们注意到，二审判决并没有直接确定协商不成后的货币补偿金额，只是明确补偿的标准，因为对于与向文生夫妇类似的“签订国有土地上房屋征收补偿协议并搬迁腾空房屋的最高奖励标准和一次性每户奖励”，是行政机关在履行拆迁安置补偿职能过程掌握的信息，行政机关对这些信息掌握得更准确，也更方便亲自调取。这同样是尊重了行政机关对具体补偿数额的决定权，巧妙地平衡了监督与尊重的关系，有利于形成人民政府与人民法院在解决行政争议案件中各司其职、相互合作的良好局面。

第三，将本属于司法建议的内容置于判决中。本案二审合议过程中，有意见认为可以将采取补救措施的时间、标准和内容通过出具司法建议书的形式明确。这种做法虽不能说错误，但是司法建议本身没有强制力、执行力和既判力，而且司法建议具有隐秘性，对当事人、社会公众而言都是不可知

① 莫于川：《行政职权的行政法解析与建构》，载《重庆社会科学》2004年第1期。

的，仅以司法建议的形式明确补救措施，法律效果和社会效果都会大打折扣。

第四，体现了在行政诉讼中解决民事纠纷的行政案件审理理念。有观点主张可以在本案中判决确认违法，并告知向文生夫妇另行提起民事诉讼请求补偿或者赔偿。这种行政违法与民事赔偿完全分开的审理理念，在行政允诺、行政协议等兼具行政和民事性质的案件中已经落后，不仅人为延长了诉讼，降低了司法效率，而且也不符合现代服务型行政和协商式行政的发展趋势。本案确认行政行为违法的同时判决采取补救措施并将其明确化，达到了行政行为审查与民事纠纷解决的双重效果。

五、小结

“一个案例胜过一打文件”，在相关法律和司法解释出台之前，本案对行政允诺成立要件的审查思路、对允诺条件不明确时解释规则的选择、对行政允诺内容违法的认定及其法律后果的确定、对确认行政允诺违法后补救判决内容的创新、对行政优益权和司法监督权界限的把握，对于审理新时期行政允诺案件都有重要的参照意义。同时，本案对于规范政府行为、构建诚信政府也具有积极意义。

（**一审法院合议庭成员** 尹卫红 何志良 李容容
二审法院合议庭成员 黄 燕 钟玺波 张 平
编写人 湖南省高级人民法院 童飞霜 钟玺波
责任编辑 韩德强
审稿人 王振宇）

海事海商

浙江隆达不锈钢有限公司诉A.P.穆勒—马士基有限公司海上货物运输合同纠纷案

——目的港无人提货时承运人无回运货物绝对义务的认定

关键词：海事海商　无人提货　托运人的变更权　公平原则

【裁判要旨】

货物在起运后、到港前，托运人依据《合同法》第三百零八条要求承运人办理货物退运，承运人对此有义务配合，但是该义务并非无条件的，承运人可提出合理抗辩。货物到达目的港后无人提货，承运人将货物卸入目的港仓库，基于海上货物运输合同的货物交付与管理义务得以终止。托运人认为承运人拒绝配合货物回运、对货物管理不当，适用一般的过错责任原则，由托运人承担证明其主张的举证责任和举证不能的法律后果。因托运人原因无人提货，导致货物被海关拍卖，承运人无须承担赔偿责任。最高人民法院类似案例体现了海商法优先适用的司法导向，优先从法律关系性质、承托双方身份、提单功能等方面解决纠纷，审慎适用第三百零八条处理承托双方的纠纷。

【相关法条】

《中华人民共和国合同法》第五条　当事人应当遵循公平原则确定各方的权利和义务。

《合同法》第三百零八条 在承运人将货物交付收货人之前，托运人可以要求承运人中止运输、返还货物、变更到达地或者将货物交给其他收货人，但应当赔偿承运人因此受到的损失。

【案件索引】

一审：宁波海事法院（2015）甬海法商初字第534号（2016年3月4日）。

二审：浙江省高级人民法院（2016）浙民终222号（2016年9月29日）。

再审：最高人民法院（2017）最高法民再412号（2017年12月29日）。

【基本案情】

原告（上诉人、再审被申请人）浙江隆达不锈钢有限公司（以下简称隆达公司）诉称：其委托A. P. 穆勒—马士基有限公司（以下简称马士基公司）出运的货物在到达斯里兰卡科伦坡后，因收货人未支付货款，隆达公司向马士基公司提出退运要求，马士基公司也确认同意安排退运但未安排，直到货物被拍卖后才告知隆达公司。马士基公司未尽到妥善保管货物的义务或已实施无单放货，请求法院判令马士基公司赔偿货物损失366918.97美元及利息。

被告（被上诉人、再审申请人）马士基公司辩称：涉案货物系托运人过错造成被海关拍卖，承运人依法免责；马士基公司从未同意隆达公司的退运申请；隆达公司未证明其货款损失。

法院经审理查明，2014年6月，隆达公司由中国宁波港出口一批不锈钢无缝产品至斯里兰卡科伦坡（COLOMBO），货物报关价值为366918.97美元。隆达公司通过货代向马士基公司订舱，涉案货物于同年6月28日装载于4个集装箱内装船出运，船名航次GUNDE MAERSK 1404。涉案货物出运时隆达公司系要求做电放处理，同年7月9日，隆达公司通过其货代向马士基公司发邮件称发现货物运错目的地要求做改港或退运处理，马士基公司于同日回复因货物距抵达目的港不足2天，无法安排改港，如需退运则需与目的港确认后回复。次日，隆达公司的货代询问货物退运是否可以原船带回，马士基公司于当日回复“原船退回不具有操作性，货物在目的港卸货后，需要由现在的收货人在目的港清关后，再向当地海关申请退运。海关批准后，才可以安排退运事宜”。涉案货物于2014年7月12日左右到达目的港，后隆达公司要求马士基公司签发正本提单，马士基公司于2015年1月29日向隆达公司签发了编号603386880的全套正本提单，根据提单记载，托运人为隆达公司，收货人及通知方均为VENUS STEEL PVT LTD，起运港中国宁波，卸货港斯里兰卡科伦坡。2015年3月13日，涉案货物被目的港海关拍卖。2015年5月18日，隆达公司向其货代发邮件称决定向船公司即马士基公司申请退运。次日，隆达公司向马士基公司发邮件表示已按马士基公司要求申请退运。隆达公司在马士基公司告知需由原收货人在目的港办理清关才可以安排退运后，于2014年7月10日又提出“这个货要安排退运，就是因为清关清不了，所以才退回宁波的，有其他办法吗”。此后，马士基公司再无回复邮件。马士基公司随后告知隆达公司涉案货物已被拍卖。

【裁判结果】

宁波海事法院经审理认为，货物抵港后，隆达公司作为涉案货物的托运人和正本提单持有人，理应及时关注货物状态并采取有效措施，其虽知晓货物到港后无人提货，亦主张因货物在目的港清关风险太大，想要在当地寻找买家，但直至货物被海关拍卖长达半年时间内，隆达公司均未采取自行提货等有效措施，最终导致货物在目的港被海关拍卖，相应货损风险应由隆达公司自身承担，于2016年3月4日作出（2015）甬海法商初字第534号民事判决，驳回隆达公司的诉讼请求。

宣判后，隆达公司提起上诉。浙江省高级人民法院经审理认为，隆达公司系涉案货物托运人，且持有全套正本提单，其对涉案货物享有控制权。根据《合同法》第三百零八条和《最高 人民法院关于审理无正本提单交付货物案件适用法律若干问题的规定》第九条规定，隆达公司作为涉案货物的托运人，在货物交付收货人之前，依法可以要求承运人马士基公司进行退运或改港。隆达公司上诉提出其享有改港及退运的权利有相应法律依据，马士基公司对涉案货损应承担相应的赔偿责任。隆达公司在马士基公司拒绝改港且对退运事宜未作出明确答复时，未积极采取有效措施防止损失发生，对本案货损也应承担责任，酌定双方的责任比例为50%，于2016年9月29日作出（2016）浙民终222号民事判决，撤销宁波海事法院（2015）甬海法商初字第534号民事判决，马士基公司赔偿隆达公司货物损失183459.49美元及利息，驳回隆达公司其他诉讼请求。

宣判后，马士基公司申请再审。最高人民法院于2017年12月29日作出（2017）最高法民再412号民事判决，依照《合同法》第五条、第三百零八条，《海商法》第四十八条、第八十六条，《民事诉讼法》第二百零七条第一款、第一百七十条第一款第（二）项的规定，判决撤销浙江省高级人民法院（2016）浙民终222号判决，维持宁波海事法院（2015）甬海法商初字第534号判决。

【裁判理由】

最高人民法院认为，因海商法未就航程中托运人请求变更运输合同的权利予以规定，故本案适用《合同法》的有关规定。依据《合同法》第三百零八条的规定，在承运人将货物交付收货人之前，托运人享有请求变更运输合同的权利，但双方当事人仍要遵循合同法第五条规定的公平原则确定各方的权利和义务。海上货物运输具有运输量大、航程预先拟定、航线相对固定等特殊性，托运人要求改港或者退运的请求有时不仅不易操作，还会妨碍承运人的正常营运或者给其他货物的托运人或收货人带来较大损害。在此情形下，如果要求承运人无条件服从托运人变更运输合同的请求，显失公平。因此，在海上货物合同下，托运人并非在任何情况下都应无条件服从托运人请求变更运输合同的指示。为合理平衡海上货物运输合同中各方当事人的利益，在托运人可以行使请求变更运输合同权利的同时，承运人也相应地享有一定的抗辩权。如果变更运输合同难以实现或者将严重影响承运人正常营运，承运人可以拒绝托运人改港或者退运的请求，但应当及时通知托运人不能执行的原因。涉案运输方式为国际班轮运输，载货船舶除运载隆达公司托运的四个集装箱外，还运载了其他货主托运的众多货物。涉案货物于2014年6月28日装船出运，7月12日左右到达目的港，而隆达公司于7月9日才要求马士基公司改港或者退运。在承运船舶距离到达目的港只有两三天时间的情形下，马士基公司主张由于航程等原因无法安排改港，原船退回不具有操作性，客观合理。一审判决支持马士基公司的上述主张，符合公平原则，本院予以维持。关于货损，隆达公司已了解货物到港的大体时间并明知涉案货物在目的港无人提货，但在长达8个月的时间里未采取措施处理涉案货物致其被海关拍卖。隆达公司虽主张马士基公司未尽到谨慎管货义务，但并未举证证明马士基公司存在管货不当的事实。隆达公司的该项主张缺乏依据，本院不予支持。根据《海商法》第八十六条的规定，马士基公司卸货后所产生的费用和风险应由收货人承担，马士基公司作为承运人无须承担相应风险。二审判决判令马士基公司承担涉案货物一般的损失，缺乏事实依据，适用法律不当，应予纠正。一审判决适用无单放货司法解释的规定，与本案事实及争议的法律问题不符，应予纠正，但判决结果正确，可予维持。

【案例注解】

本案的司法参照价值在于，为海事法院审理海上货物运输合同纠纷时，正确理解《合同法》第三百零八条的适用条件，判断承运人抗辩不能依据托运人指示办理货物回运、改港的合理性，以及认定托运人对其关于承运人在拒绝服从指示、管理货物等方面存在过失的主张负有举证责任，提供了有益的借鉴。

一、再审、二审以及一审的法律适用

再审判决对二审判决适用《合同法》第三百零八条持肯定态度，认为海商法未作规定下可以适用合同法的一般法规定，但认为托运人据此要求承运人依指示办理货物退运、改港，需要符合《合同法》第五条确定的公平原则。再审从公平原则的角度认定马士基公司未根据隆达公司指示办理货物退运、改港，不违反《合同法》第三百零八条。据此，对于托运人依据该条规定提出交付前货物的改港、退运，承运人有权拒绝并说明原因。这是再审与二审的主要分歧之处，二审观点与法条文义解释相近，承运人依据该条可以要求托运人赔偿指示改港、退运造成的损失，故没有拒绝托运人指示的抗辩权。展开分析如下：

1. 从法理层面，隆达公司基于第三百零八条要求退运，该权利性质是形成权还是请求权？从法律性质来看，形成权需要法律明确规定。如果把《合同法》第三百零八条理解为赋予托运人对交付前货物改港、退运的单方变更权利，则与最高人民法院此前发布的精品案例要旨相悖。最高人民法院在提炼（2010）民提字第213号案件裁判要旨时认为，国际海上集装箱班轮运输时服务于国际贸易的商事经营活动，不属于公用事业，不具有公益性，也不具有垄断性、价格受严格管制的特征，故不属于公共运输，其承运人不负有强制缔约义务。[①] 请求权是指法律关系的一方请求他方为一定行为或不行为的权利。请求权能否产生

① 贺荣主编、最高人民法院民事审判第四庭编著：《中国海事审判精品案例》，人民法院出版社2014年版，第175页。

预期的法律效果，取决于义务人的行为。① 从双方邮件往来看，隆达公司对于退运需要马士基公司配合是明知的，所以提出有没有可能想想办法。不论是退运还是改港，都需要承运人配合。因此，正如再审判决关于“在托运人可以行使请求变更运输合同权利的同时，承运人也相应地享有一定的抗辩权”的表述，隆达公司的该项权利属于请求权的范畴。关于法律责任，第三百零八条亦非创设形成权或法律责任的条款，需要结合其他法律规范才能界定违约及法律后果。

2. 马士基公司拒绝改港、退运的原因。二审判决认为马士基公司没有明确拒绝隆达公司提出的退运要求，再审判决未对此专门分析，但是在说理时侧重说明了马士基公司在到港前两三天来不及安排改港，结合了国际班轮运输航线固定、货物来源多样、涉及众多货主的特点，似乎把 2014 年 7 月 9 日马士基公司的回复理解为“明确拒绝”。从马士基公司的再审理由来看，其主张依据斯里兰卡海关条例的相关规定，货物客观上不能转港和退运，只能先办理进口清关手续再退运，进口手续系进口方义务，马士基公司无从协助办理。对该主张，马士基公司在一审、二审和再审中均未提交证据证明。至此，需要分析责任推定和举证责任问题。

3. 马士基公司对其抗辩的举证责任。再审判决指出承运人拒绝托运人改港、退运要求的应当及时通知托运人不能执行的原因，未明确“原因”的内涵。从举证责任的角度来看，合同法赋予了托运人请求变更目的港、退运的权利，是否适用《民事诉讼法》第六十四条确定的“谁主张、谁举证”的证据规则分配举证责任？再审判决提出“如果变更运输合同难以实现或者将严重影响承运人正常营运”，表明再审从合同变更的角度理解隆达公司的诉求，对马士基公司关于货物回运系新的运输合同的再审理由没有采纳。从再审判决认定事实来看，改港对承运人正常营运造成严重影响足以让人确信，但与案件直接相关的相邻航次装载、航行线路以及能否清关均不得而知，退运是否会对承运人正常营运造成严重影响？从证据的可获得性与利益关联性角度来看，马士基公司似乎对此应进一步说明理由或举证。否则，法院就退运的可行及影响难以形成内心确信。然而，此种事实、责任推定以及举证责任分配缺乏法理支撑。在推定的适用中，最主要的是责任推定。过错责任（乃至无过错责任）中的过错有无是确定民事责任时第一位应考虑的，举证责任中的谁承担什么样

① 司玉琢：《海事赔偿责任限制优先适用原则研究——兼论海事赔偿责任限制权利之属性》，《中国海商法年刊》2011 年第 2 期。

的举证责任以及不能举证时的法律后果是确定民事责任时第二位应考虑的。[①]马士基公司对拒绝退运、退运合同不成立有无过错，是推定马士基公司承担赔偿责任的前提。

4. 隆达公司主张退运权利受到侵害的规范依据。罗森伯格将民法规范分为基本规范和对立规范两类，对立规范又包括权利妨害规范、权利消灭规范和权利制约规范。[②] 罗森伯格的举证责任分配理论被视为法律要件分类说的理论基础，后者在大陆法系包括我国的举证责任领域占据着支配地位。从规范依据上，《合同法》第三百零八条未包括承运人拒绝托运人指示的法律后果。托运人的回运权利对应的权利妨害、消灭以及制约条款是什么？此时，托运人作为提单持有人可要求承运人承担侵害货物所有权的责任，对应的法律规范是物权法、侵权责任法关于所有权受到侵害的规定，托运人也可以依据《合同法》第四十二条主张承运人的缔约过失。不论是侵害所有权，或者侵犯信赖利益的缔约过失，都需要具有过错这一共同要件。就前者而言，承运人已经完成货物运输和卸货，并未对货物进行处分或交给收货人，故侵权责任难以成立。就后者而言，托运人亦难以证明承运人在缔约过程中存在违反诚信协商、告知、协助、保护方面义务的行为。

5. 隆达公司不能证明马士基公司拒绝回运妨碍其回运权利。本案案由系海上货物运输合同纠纷，诉争的依据是运输合同。《最高人民法院关于适用〈中华人民共和国民事诉讼法〉的解释》第九十二条第二项规定："主张法律关系变更、消灭或者权利受到妨害的当事人，应当对该法律关系变更、消灭或者权利受到妨害的基本事实承担举证证明责任。"隆达公司要求退运，该项请求被马士基公司拒绝，是否构成权利"妨害"的基本事实？具体而言，隆达公司能否举证证明马士基公司拒绝回运是货物无法回运的直接原因，即对马士基公司抗辩所称的斯里兰卡海关条例规定，隆达公司负有证伪的举证责任。再审判决虽然没有明确采信马士基公司关于退运需要收货人清关的辩称，但是从各国海关监管的通常作法来看，马士基公司的辩称符合惯常做法和经验认知，对此隆达公司不能证伪。货物无人提取显然是托运人、收货方原因，也是货物需要回运的起因。隆达公司作为托运人和货物权利人，从责任自负角度应当对货物无法回运造成的后果承担自己责任。

从我国有关规定来看，在货物入关前直接办理退运，需要满足严格的条

① 江平：《民法中的视为、推定与举证责任》，《政法论坛》1987 年第 4 期。
② 毕玉谦：《举证责任分配体系之构建法学研究》，载《法学研究》1999 年第 2 期。

件。2014年制定施行的《海关进口货物直接退运管理办法》第四条规定："货物进境后、办结海关放行手续前，有下列情形之一的，当事人可以向货物所在地海关办理直接退运手续：（一）因为国家贸易管理政策调整，收货人无法提供相关证件的；（二）属于错发、误卸或者溢卸货物，能够提供发货人或者承运人书面证明文书的；（三）收发货人双方协商一致同意退运，能够提供双方同意退运的书面证明文书的；（四）有关贸易发生纠纷，能够提供已生效的法院判决书、仲裁机构仲裁决定书或者无争议的有效货物所有权凭证的；（五）货物残损或者国家检验检疫不合格，能够提供国家检验检疫部门出具的相关检验证明文书的。"参照前述规定，在收货人不配合同意退运且不存在上述其他情形时，隆达公司要求马士基公司配合办理直接退运，也不具有可行性。

6. 关于马士基公司的管货义务。二审判决认为承运人在目的港无人提货后应当继续履行管货义务，因为托运人基于持有全套正本提单，可以要求承运人返还货物或变更交货港，法律依据除上述《合同法》第三百零八条外，还有《海商法》第四十六条规定的"承运人对集装箱装运的货物的责任期间，是指从装货港接收货物时起至卸货港交付货物时止，货物处于承运人掌管之下的全部期间。"再审判决认为，承运人依据《海商法》第八十六条规定无须再履行管货义务。笔者认为，在持有提单的托运人明确告知无人提货，亦未指定新的收货人的情形下，承运人依据海上货物运输合同应当承担的货物交付义务已经无法履行。承运人将货物卸至目的港仓库或其他适当场所，符合《海商法》第八十六条规定，此时货物已经卸下船舶放在码头，由于码头往往是第三方经营管理，所以货物已经不在承运人掌管之下，承运人的责任期间也应当在此终止。否则，理论上只要货物在目的港无人提取的状态持续，那么承运人对货物的交付义务将永远存在，这相当于将承运人的交付货物义务作了绝对化的理解，明显有悖常理，也不符合有关司法解释[①]精神。

7. 关于货损赔偿责任。再审判决认为，承运人在无人提货时卸下货物至目的港码头堆场，货物风险已转移至收货人。笔者对此予以赞同。货物风险转移，不因承运人怠于行使《海商法》第八十七条赋予的货物留置权而有所影响。承运人因拍卖周期长、成本高、托运人未明确表示弃货以及目的港海关监

---

① 例如《最高人民法院关于审理无正本提单交付货物案件适用法律若干问题的规定》第七条规定："承运人依照提单载明的卸货港所在地法律规定，必须将承运到港的货物交付给当地海关或者港口当局的，不承担无正本提单交付货物的民事责任。"

管因素未行使货物留置权，新的货物保管责任未产生，对货物因长期无人提货遭受海关拍卖没有过错，不应承担赔偿责任。

8. 关于无单放货司法解释的适用。再审判决对一审判决适用《最高人民法院关于审理无正本提单交付货物案件适用法律若干问题的规定》第八条的做法予以了纠正。本案系目的港无人提货导致的货损纠纷，并未出现货物给无单交付的情况，故不应适用该司法解释。同理，二审判决适用该司法解释第九条认为记名提单的托运人有权中止运输、返还货物，也不适用于本案，因为该条解决的是承运人依据托运人指示完成了中止运输、返还货物后，持有记名提单的收货人要求承运人承担无单放货民事责任的问题。

二、本案延伸出来的若干思考

1. 双方未能就合同退运达成一致，托运人能否主张承运人的缔约过失。再审判决根据《海商法》第八十六条的规定，认为卸货后所产生的费用和风险应由收货人承担，解决的是货物风险在承运人、收货人之间的转移，未直接回答托运人依据《合同法》第三百零八条要求回运货物，承运人如何回应的问题。承运人卸货后，托运人要求回运货物，应当构成新的运输合同。对于回运货物，马士基公司没有强制缔约义务，且明确拒绝了隆达公司的要求，故难以适用《合同法》关于诚实信用原则的一般规定和第四十二条关于缔约过失的规定。此时如果托运人举证证明其对承运人配合回运有合理信赖、承运人存在未及时回复、拒绝回运的事由不当或依据错误，导致托运人遭受损失，则可以适用前述规定追究承运人的缔约过失责任。缔约过失责任与违约责任区别的关键不在于须赔偿的受损害利益的类型，而在于义务违反的类型，即与损害有因果关系的义务违反究竟发生在缔约过程中抑或履约过程中。① 如果承运人同意回运，双方就运输所涉运费、时间等达成一致，则海上货物运输合同依法成立，因为承运人原因导致未能回运，托运人可以依法追究承运人的违约责任。

2. 船公司对已卸下货物，是否有义务通知托运人。由于托运人要求回运货物，承运人基于诚实信用原则应当告知货物卸下后的仓储保管以及拍卖情况，义务性质上接近合同义务履行完毕后从诚实信用原则引申出来的附随义务，不能适用《海商法》第四十八条规定的“承运人应当妥善地、谨慎地装载、搬移、积载、运输、保管、照料和卸载所运货物”。因为该条规定的管货行为系从装载或卸载为止，针对的是海运期间。在诉讼中，承运人对附随义务

① 孙维飞：《〈合同法〉第四十二条（缔约过失责任）评注》，载《法学家》2018 年第 1 期。

的履行情况负有举证责任，但并不承担严格意义上的结果责任。一般而言，承运人并无主观违反附随义务的故意，并不追求货物损失结果的发生。由于货物风险已经转移至收货人或仍旧持有货权凭证的托运人，权利人对货物及时提取是防止货物受损的最佳手段，承运人疏于告知与货物是否发生损失的关联程度较小。不宜单凭该项过失而承担赔偿责任。

3. 隆达公司不能举证证明退运权利受到马士基公司妨害，二审、再审判决是否有必要在判决主文中引用《合同法》第三百零八条？二审判决认为马士基公司应当按照隆达公司的指示办理退运防止损失扩大，但第三百零八条并未规范承运人拒绝托运人指示的赔偿责任。再审判决虽然指出，在海商法未作规定的情形下，《合同法》第三百零八条可适用于海上货物运输合同纠纷，但是结论是马士基公司拒绝托运人指示合理，间接否定了《合同法》第三百零八条的适用。2009 年公布施行的《最高人民法院关于裁判文书引用法律、法规等规范性法律文件的规定》（法释〔2009〕14 号）第一条规定："人民法院的裁判文书应当依法引用相关法律、法规等规范性法律文件作为裁判依据。"从引用法条与判决结果的关联程度来看，《合同法》第三百零八条并非判决结果的直接裁判依据。

4. 是否有必要适用《合同法》第五条关于公平原则的规定。公平原则属于最基本、最抽象的法律原则，在司法实践中一般适用于客观真实无法认定、过错无法判定而又需要给受损方补偿的情形。本案再审判已经认定马士基公司有权拒绝隆达公司的回运请求，隆达公司不能举证证明马士基公司存在过失，案件基本事实清楚，引用公平原则反而略显复杂。

但是，如果从裁判说理的角度来看，《合同法》第五条和第三百零八条共同构成一个整体的裁判依据。第五条的目的是限制第三百零八条的适用，或者说两条规范形成一个体系解释。解释一：托运人有权依据第三百零八条要求承运人在交付货物前依据其指示办理货物退运、改港等，但是承运人有权依据第五条规定的公平原则予以抗辩拒绝。此时承运人提出抗辩，举证责任由承运人负担；解释二：托运人有权依据第三百零八条要求承运人在交付货物前依据其指示办理货物退运、改港等，但是该权利的行使不得违反第五条规定的公平原则。此时托运人承担举证证明其公平行使权利的举证责任。笔者倾向于解释二，较为符合本案再审判决结果，解释一导致抗辩方承担过重举证责任，易导致托运人滥用权利，不符合公平原则。当然，正在进行修订的海商法若借鉴《鹿特丹规则》中的货物控制权规则，在制度上限定控制权人行使权利的范围和要求，如明确控制权的行使不得妨碍承运人完成既定航次的其他货物交付作业，则无须再引入公平原则和举证规则来解决控制权行使的合理性问题。

5. 虽然终审裁判没有支持隆达公司依据《合同法》第三百零八条行使货物改港、退运权利，但是在法律适用层面肯定了隆达公司的该项权利，故今后此类诉讼争议焦点的发展趋势可能是托运人要求行使权利是否合理可行的问题。此处可以延伸出三个问题。第一个问题是承运人回运货物带来的费用支出和损失如何得到保障。虽然海商法并未规定托运人有权在货物离开起运港后可以单方要求承运人回运货物，但是为此预留了一定空间。根据《海商法》第七十条规定，托运人的过失导致承运人遭受损失，托运人负有赔偿责任。如果承运人配合办理货物回运，因为客观原因无法回运，承运人有权要求托运人赔偿损失。《海商法》第八十八条第二款规定，拍卖所得价款，用于清偿保管、拍卖货物的费用和运费以及应当向承运人支付的其他有关费用，不足的金额，承运人有权向托运人追偿。即使无人提货和拍卖货物所得不足以支付应得费用，承运人也有向托运人追偿损失的法律依据。在实务中如果托运人提交了正本提单和有效担保，承运人回运货物的损失可以得到可靠保障。反之，如无法就提供提单和回运费用达成一致，则不能回运的责任应由托运人承担。① 第二个问题是，承运人拒绝回运货物的合理性如何查证。对于货物无法回运的原因，除了当事人应当就其主张承担举证义务外，法院在必要时可以依职权借助相关外国法查明途径了解目的港海关的有关规定。对于托运人而言，在贸易过程中应当主动掌握收货人所在港口关于货物转运、退运的有关规定，并在诉讼中积极举证，促成法官确信托运人要求承运人回运货物是合理可行的。第三个问题是，承运人拒绝回运货物后，货物仍处于目的港码头仓库，尚未被当地海关拍卖处理，托运人如果依据《合同法》第三百零八条提起诉讼，能否以损失必然发生为由要求承运人赔偿全部货物损失？从诉讼请求的角度来看，托运人可以提起诉讼，因为将来的损失如果可以合理预见，也可以要求诉讼赔偿。此时判断货物管理义务的承担者是认定赔偿责任人的关键。承运人无管货义务，则对货物损失的发生无可归责之过错，不承担赔偿责任。承运人基于诚实信用原则所负通知、披露义务如未履行得当，因该义务并非货物损失的直接或主要原因，故此时承运人的赔偿责任亦难以直接判定。但是如果承运人怠于履行附随义务导致目的港费用不当增多，则托运人有权在承运人向其主张目的港费用时提出承运人违反减损义务之抗辩。假若托运人将诉讼请求分为两项：回运货物以及不能回运货物的赔偿损失，则需要举证证明回运货物合理可行，才

① 参见最高人民法院（2011）民申字第177号民事裁定书。

能得到司法的支持。

6. 在目的港无人提货时，法官需要审慎判断承运人行使货物留置权与托运人的货物回运权利的冲突。承运人留置货物针对的是收货人，托运人持有提单或在未签发提单时作为合同相对方，应当积极促成货物流转和货物权利人提取货物。承运人留置货物且给予托运人合理期限办理货物转运或提货，货物仍然未能转运或提取的，应当鼓励承运人尽快启动货物拍卖程序，以减少货物滞留产生的费用，[①] 并避免货物因无人管理遭受海关强制拍卖。托运人可以举证证明承运人怠于履行回运义务时，法院认定承运人应当赔偿的损失，应当考虑承运人积极处置货物带来的减损效果。

三、结语：最高人民法院类似案例体现了海商法优先适用的司法导向

2018 年 2 月 22 日，笔者以“合同法第三百零八条”为关键词在中国裁判文书网上搜索到裁判文书 62 篇，其中最高人民法院制作的裁判文书 9 篇（包括本案再审裁判文书在内），案例表明，最高人民法院在审理海上货物运输相关纠纷时谨慎适用《合同法》第三百零八条处理承运人与托运人的诉辩主张，而是优先从法律关系性质、承托双方身份、提单功能等方面解决纠纷。如（2011）民申字第 1410 号案民事裁定认为，提单证明，阳明公司与群兴公司之间直接成立海上货物运输合同，航星公司不是运输合同当事人，与托运单的记载相一致，能够相互印证。依据《合同法》第四百零二条规定，航星公司以自己的名义向阳明公司订舱的事实，不能改变其与群兴公司之间货运代理合同的性质。航星公司不承担交付货物、办理退运以及货物灭失的责任。又如（2012）民申字第 1100 号民事裁定认为，承运人太平公司没有按照提单样稿签发提单，无法按照提单样稿的约定在目的港凭单交付货物。太平公司没有谨慎履行交货义务，造成托运人格林公司的损失，太平公司应当承担赔偿责任。太平公司认为其与格林公司并未约定交货方式，应当按照《合同法》第三百零八条、三百零九条的规定直接将货物交付收货人的主张不成立，不予支持。另如（2016）最高法民申 1606 号民事裁定

---

① 以集装箱超期使用费为例，最高人民法院的典型案例认为，“因用箱人没有及时返还集装箱造成的损失，承运人应当在法律规定的时效内提起诉讼，否则将丧失对该项请求的胜诉权。马士基公司主张按照超期使用费不同的产生时间分别计算诉讼时效，缺乏事实和法律依据，本院亦不予支持。”参见最高人民法院（2015）民提字第 119 号民事判决书。

认为，即使认定骏荣公司为涉案货物运输的实际托运人。其作为FOB贸易条件的卖方将货物交给宏鹰深圳公司后，并没有要求签发提单，且未对宏鹰深圳公司出具的货代货物收据提出异议，骏荣公司在不持有提单的情况下，仅凭货代货物收据要求宏鹰深圳公司中止货物的交付，缺乏相应的法律依据。驳回了骏荣公司提出的根据《合同法》第三百零八条规定其有权要求中止运输、返还货物再审理由。

（**一审法院合议庭成员** 张建生 李书芹 孟云凤
二审法院合议庭成员 孔繁鸿 郑恩亮 霍 彤
再审法院合议庭成员 王淑梅 余晓汉 黄西武
编写人 浙江省宁波海事法院 罗孝炳
责任编辑 杨 奕
审稿人 曹守晔）

《人民法院案例选》通讯编辑

北京市高级人民法院　刘书星　刘晓虹　赵　彤
天津市高级人民法院　王　婧　孙　伟
河北省高级人民法院　王　佳
山西省高级人民法院　马云跃
内蒙古自治区高级人民法院　梁　宏　焦日清
辽宁省高级人民法院　周文政
吉林省高级人民法院　刘国春　刘洪颖
黑龙江省高级人民法院　刘芳百
上海市高级人民法院　牛晨光
江苏省高级人民法院　吕　娜　孙烁犇
浙江省高级人民法院　杨　治
安徽省高级人民法院　吴　婧
福建省高级人民法院　刘　光
江西省高级人民法院　郭　嘉
山东省高级人民法院　徐清霜　芦　强
河南省高级人民法院　郭宇凌
湖北省高级人民法院　宋淼军
湖南省高级人民法院　童飞霜
广东省高级人民法院　文靖之
广西壮族自治区高级人民法院　赵元松
海南省高级人民法院　李周伟
重庆市高级人民法院　游中川　吴雨亭
四川省高级人民法院　杜玉兰　金　晶

贵州省高级人民法院　尤　媛
云南省高级人民法院　郑天柱
西藏自治区高级人民法院　杨庭轶
陕西省高级人民法院　常媛媛　杨新斌
甘肃省高级人民法院　刘吉旭
青海省高级人民法院　孙启英
宁夏回族自治区高级人民法院　吴培渊　杨　莹
新疆维吾尔自治区高级人民法院　马小菊
解放军军事法院　徐占峰
新疆维吾尔自治区高级人民法院生产建设兵团分院　王　琼
石家庄市中级人民法院　王红岩
太原市中级人民法院　张玉森
沈阳市中级人民法院　田　震
大连市中级人民法院　侯德强
长春市中级人民法院　赵　璐
哈尔滨市中级人民法院　周　磊
南京市中级人民法院　王　静
南通市中级人民法院　沈　扬
无锡市中级人民法院　周耀明
徐州市中级人民法院　葛　文
杭州市中级人民法院　邓兴广
宁波市中级人民法院　袁玮玮
合肥市中级人民法院　张小春
福州市中级人民法院　陈学凯
厦门市中级人民法院　陈荣炜
南昌市中级人民法院　陈　健
济南市中级人民法院　赵　雯
青岛市中级人民法院　傅庆涛
东营市中级人民法院　延　颜
郑州市中级人民法院　朱世鹏
武汉市中级人民法院　柯昌洁
宜昌市中级人民法院　黄金波
长沙市中级人民法院　胡冬华

广州市中级人民法院　王龙飞　林健涛
深圳市中级人民法院　丁业强
南宁市中级人民法院　周传明
海口市中级人民法院　崔玉坤
成都市中级人民法院　郝廷婷
泸州市中级人民法院　胡　艳
贵阳市中级人民法院　施辉法
昆明市中级人民法院　冯丽萍
拉萨市中级人民法院　王　静
西安市中级人民法院　高　伟
兰州市中级人民法院　鲁千晓
西宁市中级人民法院　潘　伟
银川市中级人民法院　周志胜
天津海事法院　董丽娟
上海海事法院　英振坤
广州海事法院　付俊洋
宁波海事法院　史红萍
青岛海事法院　张　静
厦门海事法院　吴海燕
武汉海事法院　王建新
大连海事法院　刘铁男
北海海事法院　邱德平
海口海事法院　刘本荣

（各法院通讯编辑若有变动，请及时告知中国应用法学研究所，电话：010－67555922　龙菲　邮箱：rmfyalx@126.com）